よくわかる！
保育士エクササイズ
①

# 保育の指導計画と実践
# 演習ブック

門谷真希／山中早苗 編著

北村麻樹／辻柿光子／南 真由美／門谷有希 著

ミネルヴァ書房

## はじめに

　子どもたちが自らの力を最大限に発揮し、のびのびと成長していくために、保育者は毎日の保育を計画的に行うことが大切です。また、保育に関する記録をとり、計画を見直すことも大変重要なことです。記録をとったり、計画を立てて行動したりすることが苦手な人もいるでしょう。しかし、計画性のない単発的な保育を毎日行っていては、子どもたちの健やかな成長は望めません。また、同じことを繰り返すだけの保育や、連続性のない保育では子どもたちも達成感を感じることはできないでしょう。子どもたちはそれまでできなかったことができるようになると全身で嬉しさを表現し、保育者に伝えます。毎日少しずつできることが増えていくと、子どもたちは自分に自信をもって活動するようになります。保育者は子どもの育ちを見通し、次の成長を促すために必要な援助は何かを考え、保育を計画することが重要です。

　保育者は保育を行ううえで、さまざまな計画に触れることになります。自ら立案することも多いでしょう。計画を立てることは一見、大変面倒なことのように思えます。しかし、なぜ計画が必要なのか、計画が保育の中でどのような役割を果たすのかをしっかりと理解することで、計画することの意義や重要性に気づくだけでなく、計画を立てる楽しさも見えてきます。

　ここに記す記録や指導計画の見本には、初めて保育に携わる人に是非理解してほしい基本的な内容を記載するにとどめました。この教科書を使って学習するなかで、保育にはどのような計画が何のために存在し、それらが保育を行う際どのように役立つのか、ということを理解し、子どもが生き生きと活動する姿を思い浮かべながら立案を楽しむことのできる保育者を目指してください。

　保育者不足が全国的に問題となる昨今、保育者を目指す人たちも減少傾向にありますが、本書を通じ、より多くの人に日々成長する子どもたちと過ごす時間はかけがえのないものであることを理解してもらえたらと願っています。子どもたちが毎日笑顔で遊びを通して学ぶために必要な知識や技術とは何か、またどのように計画を立て、実践し、振り返ることが大切なのかを、この教科書を通して考えてください。そして、子どもの成長を楽しみに保育を計画することや、計画に基づいて実践すること、また、それを振り返りより良い保育を行うことにやりがいを感じ、保育者として活躍してくれることを期待しています。

編著者一同

CONTENTS

はじめに……………………………………………………………………………1

## 第1章
# 保育実践のサイクルを理解しよう……………5

### 1コマ目　指導計画って何だろう?……………6
1　保育課程・教育課程から指導計画へ……………6
2　保育課程・教育課程と関連させた指導計画の実際……………11
3　「計画→実践→(記録)→評価→改善」の保育サイクル……………12
演習課題……………14

## 第2章
# 保育実践に必要な視点を身につけよう……………17

### 2コマ目　「保育の流れ・意図」を理解しよう……………18
1　保育の様子を見る視点……………19
2　保育者の言葉がけ・行動には意図がある……………23
演習課題……………24

### 3コマ目　子どもの発達を理解しよう……………26
1　保育のベースは発達の理解から……………26
2　発達の個人差への目配り……………32
演習課題……………34

## 第3章
# 保育の観察記録をとろう……………37

### 4コマ目　記録をとることの意味を考えよう……………38
1　記録をとる意味と実践への活かし方……………38
2　観察記録を書くための手順……………39
3　観察記録の項目……………40
演習課題……………45

### 5コマ目　観察記録を書いてみよう……………46
1　観察記録を書くためには……………46
2　幼児(3～5歳児)クラスの観察記録の書き方……………46
演習課題……………57

### 6コマ目　観察記録を振り返ってみよう……………58
1　観察記録を振り返る視点……………58
2　観察記録を振り返る……………60
演習課題……………64

# 第4章
## 指導計画を立てよう ... 65

### 7コマ目 指導計画を立てるしくみを知ろう ... 66
1. 「保育の計画」のしくみについて ... 66
2. 保育課程・教育課程の構成 ... 67

演習課題 ... 73

### 8コマ目 年間指導計画の立て方を理解しよう ... 74
1. 年間指導計画について ... 74
2. 年間指導計画の構成について ... 75

演習課題 ... 85

### 9コマ目 月間指導計画の立て方を理解しよう ... 86
1. 月間指導計画について ... 86
2. 月間指導計画の構成について ... 87

演習課題 ... 94

### 10コマ目 週日指導計画の立て方を理解しよう ... 100
1. 週日指導計画について ... 100
2. 週日指導計画の構成について ... 101

演習課題 ... 106

### 11コマ目 個別指導計画の立て方を理解しよう ... 108
1. 個別指導計画について ... 108
2. 個別指導計画の構成について ... 112

演習課題 ... 113

### 12コマ目 部分保育指導計画の立て方を理解しよう ... 116
1. 部分保育指導計画について ... 116
2. 部分保育指導計画の立て方について ... 118
3. 幼児(3〜5歳児)クラスの部分保育指導計画作成について ... 119
4. 乳児(0〜2歳児)クラスの部分保育指導計画作成について ... 123

演習課題 ... 129

### 13コマ目 一日保育指導計画の立て方を理解しよう ... 130
1. 観察記録をとることの意味 ... 130
2. 観察記録を振り返り、一日保育指導計画を立てる ... 131

演習課題 ... 145

## 第5章
### 保育を実践して、評価・改善しよう ……………………………………… 147
#### 14コマ目 指導計画を実践してみよう ……………………………………… 148
　　1　部分保育指導計画の実践で得られるもの …………………… 148
　　2　部分保育指導計画の実践 ……………………………………… 150
　　3　模擬保育の実践形態 …………………………………………… 151
　　演習課題 ……………………………………………………………… 156
#### 15コマ目 保育の評価と改善の方法を理解しよう ………………………… 158
　　1　実践した保育について ………………………………………… 158
　　2　そのほかの保育記録について ………………………………… 164
　　3　評価と改善 ……………………………………………………… 166
　　演習課題 ……………………………………………………………… 168

## 資料集 ……………………………………………………………………… 171
### 保育所保育指針 ……………………………………………………… 172
### 幼稚園教育要領 ……………………………………………………… 181
### 幼保連携型認定こども園教育・保育要領 ………………………… 186
### 観察記録・指導計画用紙 …………………………………………… 194

　　演習課題の解答例 …………………………………………………… 199
　　索引 …………………………………………………………………… 203
　　参考文献 ……………………………………………………………… 205

---

### 本書の使い方

❶まず、「今日のポイント」でこのコマで学ぶことの要点を確認しましょう。
　↓
❷本文横には書き込みやすいよう罫線が引いてあります。授業中気になったことなどを書きましょう。
　↓
❸語句説明、重要語句やプラスワンは必ずチェックしましょう。
　↓
❹授業のポイントになることや、表、グラフをみて理解してほしいことなどについて、先生のキャラクターがセリフでサポートしています。チェックしましょう。
　↓
❺おさらいテストで、このコマで学んだことを復習しましょう。おさらいテストの解答は、最初のページの「今日のポイント」で確認できます。
　↓
❻演習課題は、先生にしたがって進めていきましょう。一部の課題については巻末に答えがついていますが、あくまで解答の一例です。自分で考える際の参考にしましょう。

※のついている演習課題は、別巻DVD『乳幼児を理解するための保育の観察と記録』とあわせて学習することで、より効果的に学習できます。

# 第1章

## 保育実践のサイクルを理解しよう

この章では、保育所・幼稚園における計画とはどのようなものかについて学びます。
保育課程・教育課程と指導計画の関係や、PDCAサイクルに基づいた
保育実践のサイクルを理解しましょう。

1コマ目 | 指導計画って何だろう? ………… 6

## 1コマ目

# 指導計画って何だろう?

**今日のポイント**

1. 保育所には、保育の全体計画としての保育課程が、幼稚園には教育の全体計画としての教育課程が存在する。
2. 指導計画は、保育課程・教育課程をもとに作成する。
3. 指導計画に基づく実践を評価し、課題点を次の保育で改善していくことが、保育の質を向上させる。

## 1 保育課程・教育課程から指導計画へ

### 1 保育所・幼稚園における計画の重要性

　乳幼児期の保育、教育は、子どもの成長、発達を促し、生涯にわたる人格形成の基礎を培う重要な役割を担っています。保育所や幼稚園において、子どもたちが成長、発達に必要な体験を積み重ねていくためには、子どもの発達過程＊を見通し、どのような保育を行うのかについての計画が必要です。

　たとえば旅をするとき、どこに行くのか、そこで何をするのかについて、誰しもが前もって計画を立てるでしょう。保育においてもそれは同じです。子どもたちを前に、何の計画もなく行き当たりばったりの保育をすると、一人ひとりの育ちに必要な経験を十分に保障することができません。保育所や幼稚園の計画とは、今、目の前の子どもたちがどのように育っているのか、これからどのように育っていってほしいのかといった保育の方向性を踏まえたみちしるべの役割を果たす重要なものなのです。

### 2 保育所・幼稚園における計画の考え方

　保育所や幼稚園では、小学校以降の学校教育とは異なり、教科書などの教材を使用した指導は行いません。小学校では教科ごとに知識や技能の獲得を目指した指導が行われますが、幼稚園では「生きる力の基礎となる心情、意欲、態度」を育てることが目標とされます。これは、保育所保育も同様です。つまり何ができるようになったのかという最終的な到達点よりも、目標にむかってどのように取り組んだのかというプロセスや、子どもの内面的な育ちを重視することが、保育所および幼稚園での保育・教育の特徴なのです。こうした保育・教育の考え方に基づき、保育所および幼稚園での計画は、子どもの心情、意欲、態度を育てるという目標が園での生

---

**重要語句**

**発達過程**

→発達をプロセスとして捉え、それぞれの月齢、年齢、あるいはその時期の子どもの発達的特徴を筋道として示す考え方。

活全体を通して総合的に達成されるよう作成されます。

　また、乳幼児期の子どもの学びは、遊びを通して得られるものであることも理解しておく必要があります。乳幼児期の子どもは、具体的な経験を通して、生きていくために必要なさまざまなことを学んでいきます。したがって、小学校以上の教科学習のような学び方ではなく、体を十分に使い、直接的な経験が豊富に得られる遊びを通した学びが重視されます。保育者*による指導や援助も、すべて遊びを通して行われます。

　また、遊びは子どもが主体的に環境に関わるなかで、より豊かに展開されます。「保育所保育指針*」「幼稚園教育要領*」「幼保連携型認定こども園教育・保育要領*」には、保育所における保育および幼稚園における教育、また幼保連携型認定こども園における保育・教育は、環境を通して行うことが記されています。

　環境に関わって遊ぶことを通し、子どもは一人ひとりさまざまな学びを経験します。どろだんごづくりをしている子どものなかでも、ある子はどのようにしたらかたく、光るだんごがつくれるかに興味を抱くでしょう。そして、思い通りのだんごができるまで砂や土を集め、水を加えたり、握る強さを調整したりしながら、何個もだんごをつくるかもしれません。別の子は、つくっただんごに小石や木の葉を飾り、お皿に載せ、それを使ってままごとやお店屋さんごっこをすることに夢中になるかもしれません。

　このとき、保育者はそれぞれの子どもがより主体的に遊びを継続できるよう、環境を構成する必要があります。光るどろだんごづくりに夢中になっている子どもには、砂を固めるための水や、だんごの表面を光らせる細かい砂をつくるためのふるいを用意するでしょう。だんごを飾り、お店屋さんごっこを楽しんでいる子どもと一緒にきれいな色の木の葉や花びらを探したり、どんぐりや松ぼっくりをさりげなく用意したりすることもできます。

## 語句説明

**保育者**
→ここでの「保育者」とは、保育士および幼稚園教諭を総称するものとして使用する。

## 重要語句

**「保育所保育指針」**
→厚生労働大臣により告示され、保育所の役割や保育内容を示した各保育所が規範とする国の最低基準。

**「幼稚園教育要領」**
→学校教育法に基づき、文部科学大臣より告示され、幼稚園の教育内容に関する国の基準。

**「幼保連携型認定こども園教育・保育要領」**
→内閣府、文部科学省、厚生労働省の1府2省による告示として2014（平成26）年に公示された、幼保連携型認定こども園の教育・保育内容に関する国の基準（「保育所保育指針」には運営に関する事項が含まれているが、ここには含まれていない）。

幼稚園は園により、また、市町村により入園年齢が異なることを覚えておきましょう。

　つまり保育者は、子どもの興味や発達過程を把握し、計画的に環境を構成する必要があります。保育者が子どもの興味や発達を考慮せず活動を考え、環境を構成すると、子どもたちがその環境に十分関わることはないでしょう。保育者が一方的に計画した活動に子どもを合わせようとすると、子どもの主体性が発揮されず、意欲的に取り組む姿勢を引き出すことは難しくなります。だからといって、子どもたちがやりたいように、好きなように活動させていれば良いというわけではありません。大切なことは、保育者が子どもの発達を読み取りながら、計画的に構成した環境に、子どもが自分から主体的に関わっていくことなのです。こうした環境のなかで、子どもたちは遊びを通し、生きていくために必要な経験を積み重ねることができるのです。

### 3 保育課程・教育課程と指導計画

　保育所、幼稚園で保育・教育を行うための計画にはどのようなものがあるのでしょうか。まず、保育所では、0歳から6歳までの子どもの発達過程を見通した保育の全体計画である保育課程が存在します。一方、幼稚園では、幼稚園に入園してから小学校に就学するまでの園生活において、幼児が経験し、身につけるべき事項を踏まえた全教育内容を示す教育課程が存在します。保育課程、教育課程とも、それぞれの年齢における発達過程を踏まえ、それぞれの時期にどのようなねらいで保育・教育を行うか、そして、それらのねらいに向かって子どもに経験してほしい内容を示すものです。

　保育所の保育課程は、「児童の権利に関する条約*」、「児童福祉法」、「児童憲章*」を前提とし、「保育所保育指針」に基づいて編成されます。幼稚園の教育課程は、「教育基本法」や「学校教育法」を前提とし、「幼稚園教育要領」に基づいて編成されます。各保育所・幼稚園には、「保育所保育指針」および「幼稚園教育要領」を踏まえながら、それぞれを取り巻く地域や園を利用する家庭の状況を考慮したうえで創意工夫をこらし、独自の保育課程・教育課程を編成することが求められているのです。保育課程と教育課程は、保育所・幼稚園で作成されるすべての計画の上位に位置づけられます。

　しかし、園での生活全体を見通した保育課程・教育課程だけでは、子どもたちと関わりながら日々の保育を行うことは困難です。そのため、保育課程・教育課程に示された保育・教育の目標にむかって、どのような保育・教育を実際に行うかについて、より具体的な計画を立てる必要があります。これが指導計画です。つまり、指導計画とは保育課程・教育課程をもとに、子ども一人ひとりの発達や生活の状況を踏まえ、次にどのように育ってほしいかという保育者の願いを具体的に反映させた保育の実践計画です。指導計画を作成するためには、目の前にいる子どもが何に関心をもっているのか、保育者である自分自身やほかの子どもとの人間関係はどうなっているのか、どの程度生活習慣を身につけているのかといった、一人ひとりの子どもの実態を把握しなければなりません。こうした子どもの実態をもと

### 重要語句

**「児童の権利に関する条約」**

→通称は「子どもの権利条約」で、18歳未満の児童の権利について、包括的に規定している。国連総会が1989年に採択し、日本は1994年にこの条約を批准した。

**「児童憲章」**

→日本国憲法の精神に従って1951年に制定された、すべての児童の権利を保障し、幸福をはかるための憲章。

2018 年 3 月 19 日現在

# 『保育の指導計画と実践 演習ブック』
# 法改正等に伴う変更のお知らせ

　本書の記述内容について、法改正等に伴い、以下のような変更がありますのでお知らせいたします。

● 図表 1-2　保育課程・教育課程と指導計画の関連（9 頁）

●図表1-2　指導計画の関連

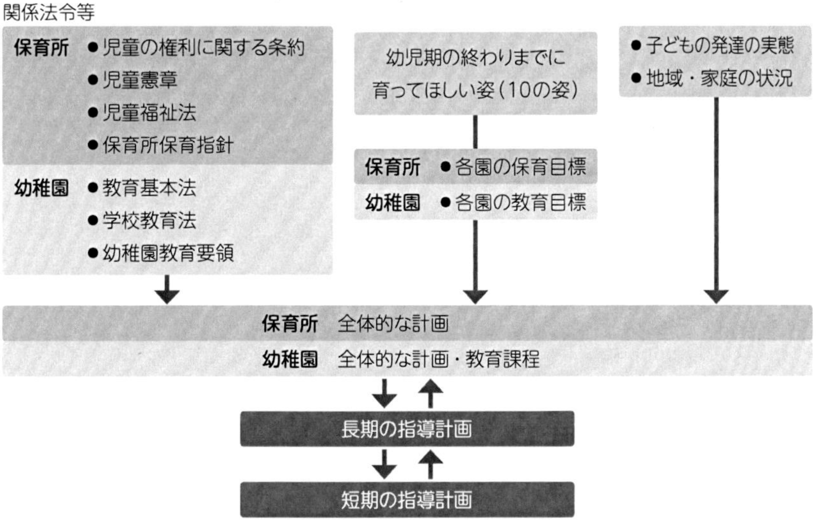

関係法令等

**保育所**
- 児童の権利に関する条約
- 児童憲章
- 児童福祉法
- 保育所保育指針

**幼稚園**
- 教育基本法
- 学校教育法
- 幼稚園教育要領

幼児期の終わりまでに育ってほしい姿（10の姿）

**保育所**　各園の保育目標
**幼稚園**　各園の教育目標

- 子どもの発達の実態
- 地域・家庭の状況

**保育所**　全体的な計画
**幼稚園**　全体的な計画・教育課程

長期の指導計画

短期の指導計画

に、子どもが主体的に関わることのできる環境や活動内容を設定し、必要な援助を考えることが、保育者には求められているのです。

## 4 指導計画の種類と保育課程・教育課程との関係

指導計画には、長期の指導計画と短期の指導計画という、大きく分けて2つが存在します。長期の指導計画は、1年間や1か月間といった長期的な視点から子どもの保育・教育を計画するものです。また、1年をいくつかの期に分けた期間指導計画も、長期の指導計画に含まれます。短期の指導計画は、1週間や1日といった、より短期的な視点から、子どもの生活に密着して作成される計画です。週間指導計画と、曜日ごとに1日ずつの計画を合わせて作成される週日指導計画も、短期の指導計画に含まれます。

●図表1-1　長期の指導計画と短期の指導計画の種類

| 長期の指導計画 | 年間指導計画 |
| --- | --- |
|  | 期間指導計画 |
|  | 月間指導計画 |
| 短期の指導計画 | 週間指導計画 |
|  | 一日指導計画 |
|  | 週日指導計画 |

●図表1-2　保育課程・教育課程と指導計画の関連

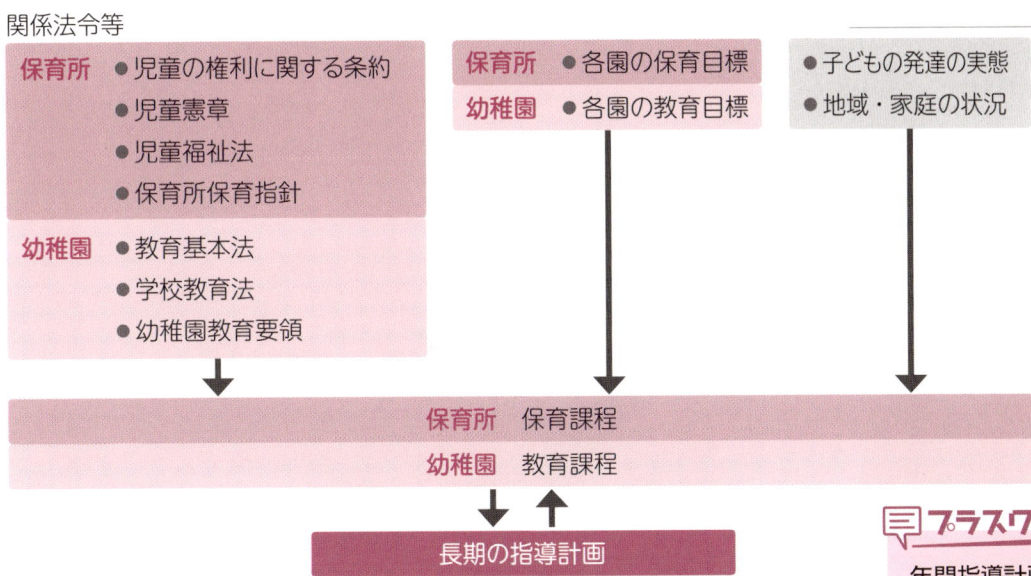

> 実習生として保育所や幼稚園で保育を行う際には、一日指導計画の作成が主となるでしょう。その場合でも、保育課程・教育課程を見せていただきましょう。そして、年間指導計画、期間、月間、週間指導計画を確認し、自身の計画した活動を一連の保育の流れのなかに位置づけるよう心がけましょう。
>
> （1コマ目　指導計画って何だろう？）

**プラスワン**

**年間指導計画**
年間指導計画は、期間指導計画を兼ねた構造となっていることが多い。よくみられるのは、1年を4期に分けて構成された計画である。

## 5　指導計画を作成することの意義

　では、指導計画を作成することは、保育を行うにあたってどのような意義があるのでしょうか。

　第一に、指導計画を作成することで、保育のねらいを明確にすることができます。実践経験の豊富な保育者であれば、一つひとつの活動について、指導計画を作成することは必要ではないかもしれません。これは、月齢・年齢ごとの子どもの発達を経験を通して理解できており、さらにこれまでの実践をもとに、目の前の子どもの発達に即した活動を考え、保育を展開することができるからです。しかし、実習生や保育者としての仕事に就いたばかりの初任者はそうではありません。

　1つ例をあげましょう。保育者を目指す学生に、授業のなかで絵本の読み聞かせを練習するため、一人1冊、絵本を選んでもって来てもらうことがあります。そのとき、学生に「どうしてその絵本を選んだのか」とたずねると、「絵がかわいかったから」、「おもしろそうだったから」といった答えが多く返ってきます。そこで、「絵本を選ぶときにも、何歳児を対象にするのか、子どもたちに、読み聞かせを通してどのような経験をしてほしいのかといったねらいを考えましょう」と話すと、学生は「なるほど」といった表情をします。しかし、何度か指導計画を書く練習を積んだあとでも、ねらいをはっきりとさせたうえで活動を設定することは容易ではありません。そして、絵本の読み聞かせに限らずほかの活動においても、自分が楽しそうだと考える活動をまず選び、それに対するねらいをあとから考える姿が目立ちます。

　このような点から考えても、実習生や初任者にとって、自分が行う活動に対して明確なねらいをもち、そのねらいにむかってどのように環境を構成し、援助を行うのかをくわしく指導計画のなかに記すことが大切になります。何を目指してその活動を行うのかを常に意識し、実際に指導計画を作成することで、頭のなかにぼんやりとあった保育の流れがはっきりとし、子どもの発達を踏まえた実践を行うことにつながるのです。さらに、指導計画を作成するなかで子どもの行動を前もって予測して援助を考えておくことで、見通しをもって保育を行うことが可能になります。起こり得るさまざまな状況を事前に考慮しておくことで、計画通りに保育が進まなかったときにも、柔軟に、臨機応変に対応することが可能になるのです。

　第二に、指導計画を記録として残すことで保育の振り返りが可能になります。保育を振り返り、よかった点や課題点を見つけることで、次の保育へと生かしていくことができるのです。この保育の振り返りについては、あとでくわしくみていきます。

指導計画はあくまでも「計画」です。計画通り無理に保育を進める必要はありません。実際の保育では、子どもの活動する姿をもとに、必要に応じて環境を再構成し、適切な援助を行う柔軟さが求められます。

## 2　保育課程・教育課程と関連させた指導計画の実際

　指導計画は、保育課程・教育課程をもとに作成されます。年間指導計画は各年齢で1つ作成されますが、週間指導計画、一日指導計画はクラスごとに作成されます。指導計画を作成する際にはまず、保育課程・教育課程のなかで自分の担当するクラスがどこに位置しているのかを確認する必要があります。保育課程・教育課程における子どもの発達過程は、おおまかな道筋として示されたものです。そのため、指導計画のなかでは、季節や行事などを含めた園生活の流れに沿って、子どもの発達過程をより具体的に捉えていきます。

　ここでは、保育所における保育課程をもとに、指導計画を作成する方法について見ていきましょう。保育課程には、保育目標として育てたい子ども像が記されます。そして、0歳児から6歳児までの発達過程を見通し、保育の目標に向かってそれぞれの年齢において子どもたちに経験してほしい事項が、保育の内容として示されます。保育内容は保育所保育の特性を踏まえ、養護（生命の保持と情緒の安定）と教育（5領域\*）に分類して示されます。

　たとえばあなたが2歳児クラスの担任だとしましょう。指導計画を立てるうえでまず必要となるのは、保育課程に書かれた保育目標を理解することです。次に、この保育目標に向かい、2歳児の時期にどのような経験が保育内容として求められているのかを、養護と教育の両方から押さえます。その際、2歳児の保育内容を、その前段階である1歳児と、次の発達段階である3歳児の保育内容との関連を意識しながら捉えることが大切です。

　先にも述べたように、保育課程に示された2歳児の保育内容は、2歳児の1年間を大枠で捉えたものです。したがって、年間指導計画を立てる際には、保育課程に記された保育目標を意識しながら、2歳児の年間目標を立てます。たとえば4つの期から構成された年間指導計画の場合、期ごとに子どもの発達や活動の実態を具体的に把握して記します。そして、子どもの実態に即して、期ごとのねらいおよび内容を記すのです。また、月間指導計画は年間指導計画をもとに立案され、週間指導計画は月間指導計画をもとに立案されます。こうしたプロセスを経ることで、どの指導計画も保育課程を反映させたものとなるのです。こうして作成される指導計画は、年→月→週→日と進むごとに、より具体的かつ詳細になります。指導計画には、保育を実際に行うにあたり、保育課程には示されていなかった環境構成と保育者の援助、家庭との連携といった項目も含まれます。

---

**重要語句**

**5領域**
→保育所保育は、養護と教育が一体となって展開される特徴がある。3歳以上児の教育は、保育所と幼稚園に整合性をもたせ、「健康・人間関係・環境・言葉・表現」の5領域で構成される。5領域は、活動において子どもが経験する内容を、発達の視点から捉えたものである。

---

0歳児クラスといっても、0歳児クラスには1歳の子どもたちがいることを忘れずに、計画を立てる必要があります。0歳児、という言葉に惑わされないように!

# 3 「計画→実践→(記録)→評価→改善」の保育サイクル

## 1 保育のPDCAサイクル

計画に基づいて保育を実践し、活動時の子どもの姿から計画を振り返り、次の計画を作成する一連の流れをPDCAサイクルとよびます。PDCAとは計画(PLAN)、実践(DO)、評価(CHECK)、改善(ACTION)を指します。保育はこれら4つの過程を経て、また次の計画へとつながっていきます。

●図表1-3　保育のPDCAサイクル

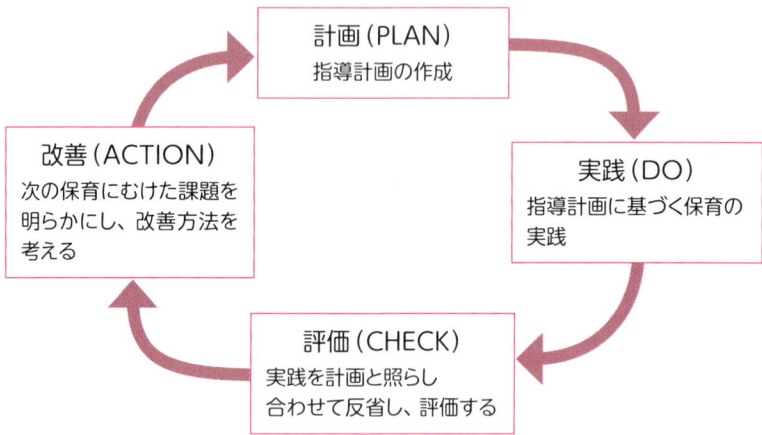

保育者は、日々の保育を振り返って反省・評価を行い、次の保育を改善していきます。こうした過程を踏まえて作成された一日指導計画を1か月間積み重ねることで、次の月の指導計画を新たに作成します。さらに、月間指導計画をもとに毎月の反省・評価を1年間積み重ね、次の年の年間指導計画を作成するのです。図表1-3は、指導計画の作成を基準に保育のPDCAサイクルを図式化したものです。こうした一連の流れは保育課程・教育課程というさらに大きな計画の循環サイクルのなかに、小さな循環サイクルとして位置づいています。PDCAサイクルの一要素である評価は、一連の流れのなかで保育・教育を見直し、次の日、次の月、そして次の年の保育・教育へとつなげていく重要な要素です。保育・教育を日々見直すことは、保育所および幼稚園の全体計画である保育課程・教育課程の改善にもつながるのです。

## 2 保育における評価のあり方

保育における評価のあり方について、ここでは保育所における保育の評価に焦点を当てて説明します。「保育所保育指針」には、保育所における「保育の内容等の自己評価」について、①保育士等の自己評価と、②保育

所の自己評価の2つの側面から記されています。①で示された保育士等とは、保育士のほか、看護師や栄養士など、保育所におけるさまざまな職務に携わる者を指します。さらに「保育所保育指針」には、計画に基づいた保育を実践し、その記録をもとに反省し、自己評価を行うことで、専門性の向上や保育実践の改善に努めなければならないと記されています。ここで重要なことは、保育所の職員がそれぞれ行う自己評価を、保育所全体の計画につなげていくことです。さらに、保育所はその自己評価の結果を家庭や地域に公表し、第三者の意見を受けて、保育の改善に努めることも求められています。

　実習生も同様に、実施した保育を振り返り、評価を行います。実習では毎日の保育について記録をとります。この記録は指導計画の作成時、子どもの実態を把握するうえで役立つ資料となります。そして、指導計画を作成して実際に保育を行い、計画と実践にずれがなかったかを振り返ります。評価を行う際には、以下の6つの視点から行うと良いでしょう。

　　①子どもの実態……子どもの実態をしっかり捉えられていたか
　　②ねらい・内容……子どもの発達や興味、関心に基づいたねらい・
　　　　　　　　　　　内容となっていたか
　　③時間………………時間に見通しをもち、子どもが活動する際の時間
　　　　　　　　　　　配分が適切であったか
　　④教材………………必要なものを、必要な数そろえるなど事前準備が
　　　　　　　　　　　適切であったか
　　⑤空間………………場所の広さや保育者の立ち位置など、実践時の空
　　　　　　　　　　　間構成のあり方は適切であったか
　　⑥援助・配慮………子どもの意欲を高めるような援助や配慮がなされ
　　　　　　　　　　　ていたか

　保育の評価はこれまでも、子どもの心情、意欲、態度の育ちに着目して行われてきました。しかし、従来の評価は、子どもの評価に重点が置かれる傾向がありました。2008（平成20）年に「保育所保育指針」が改定されてからは、子どもの評価だけでなく、保育者が行った保育が適切だったかどうかを評価することが重視されるようになっています。保育者には、自分が行った保育を反省し、改善点を見つけていくことが求められています。そして、一人ひとりが行う自己評価から保育所全体の課題を明らかにし、その課題の解決にむかって職員全体で取り組むなかで、保育の計画に反映させ、保育の質を向上させることが必要になっているのです。

### おさらいテスト

❶ 保育所には、保育の全体計画としての［　　　］が、幼稚園には教育の全体計画としての［　　　］が存在する。
❷ ［　　　］は、保育課程・教育課程をもとに作成する。
❸ 指導計画に基づく実践を評価し、課題点を次の保育で［　　　］していくことが、保育の［　　　］を向上させる。

**演習課題**

## 1コマ目の内容を復習しよう

① 保育所の役割や保育内容について示した国の最低基準は何ですか。
[　　　　　　　　　　　　　　　　　　　　　　　　　　　　　　]

② ①は、どこの省庁が作成していますか。
[　　　　　　　　　　　　　　　　　　　　　　　　　　　　　　]

③ ①に基づいて編成される、保育所の全体計画を何とよびますか。
[　　　　　　　　　　　　　　　　　　　　　　　　　　　　　　]

④ 幼稚園における教育の内容について示した国の基準は何ですか。
[　　　　　　　　　　　　　　　　　　　　　　　　　　　　　　]

⑤ ④は、どこの省庁が作成していますか。
[　　　　　　　　　　　　　　　　　　　　　　　　　　　　　　]

⑥ ④に基づいて編成される、幼稚園の全体計画を何とよびますか。
[　　　　　　　　　　　　　　　　　　　　　　　　　　　　　　]

⑦ 保育所では③に基づき、幼稚園では⑥に基づいて作成される、日々の保育実践のための具体的な計画を何とよびますか。
[　　　　　　　　　　　　　　　　　　　　　　　　　　　　　　]

⑧ ⑦には、長期的な視野に立った計画と、短期的な視野に立った計画の2種類が含まれます。長期と短期それぞれの計画には、どのようなものが含まれますか。
　長期の指導計画
[　　　　　　　　　　　　　　　　　　　　　　　　　　　　　　]

　短期の指導計画
[　　　　　　　　　　　　　　　　　　　　　　　　　　　　　　]

# 演習課題

## 自分で調べてみよう

インターネットなどで、保育課程・教育課程について調べてみましょう。

① 調べた保育課程と教育課程を比較し、違いなど、気づいたことを書き出してみましょう。

②　①で使用した保育課程に示された保育目標を書き出してみましょう。

③ 保育課程には、保育目標と年齢ごとの保育の内容以外にどのような項目が含まれていますか。書き出してみましょう。

④ 保育課程に示された1歳児の保育目標を書き出してみましょう。

⑤ 保育課程に示された1歳児の養護に関する内容を書き出してみましょう。

## 保育の評価について復習しよう

① 「保育所保育指針」第4章2「保育の内容等の自己評価」について、当てはまる語句を下から選び、文章を完成させましょう。

保育士等は、保育の（　　　　　）や保育の（　　　　　）を通して、自らの（　　　　　）を振り返り、（　　　　　）することを通して、その（　　　　　）の向上や保育実践の（　　　　　）に努めなければならない。

| ・自己評価　・改善　・計画　・専門性　・保育実践　・記録 |

② 保育の評価のための6つの視点（13ページ）に対し、具体的にどのように評価を行うかを書いてみましょう。

| 評価の視点 | 具体的な評価 |
| --- | --- |
| ①子どもの実態 | |
| ②ねらい・内容 | |
| ③時間 | |
| ④教材 | |
| ⑤空間 | |
| ⑥援助・配慮 | |

# 第2章

## 保育実践に必要な視点を身につけよう

この章では、実習に行ったときに必要となる、保育を見る視点について学びます。
保育には必ず流れや意図があり、そのことを理解するためには、
子どもの発達過程に関する知識が必要となります。

| 2コマ目 | 「保育の流れ・意図」を理解しよう………18 |
| 3コマ目 | 子どもの発達を理解しよう………26 |

# 2コマ目 「保育の流れ・意図」を理解しよう

**今日のポイント**

1. 保育には流れがあり、その流れを把握することで適切な援助ができる。
2. 保育現場における環境構成や活動には意図があることを理解し、観察し、記録する。
3. 1日の流れを子どもの活動に基づいて区切り、観察したことを整理して記録する。

　保育士や幼稚園教諭を目指している学生は、保育所や幼稚園、幼保連携型認定こども園に行き、まず保育を見ることを目的とした観察実習を経験します。実習では、かわいい子どもたちをいとおしく思ったり、保育者の指導を聞いて子どもたちが活発に活動する姿に感動を覚えたり、自分の幼いころを思い出して懐かしく思ったり、学校の講義とは違った喜びを感じることと思います。

　しかし、観察実習の目的は、喜びや感動を味わうだけではありません。目の前で展開されている保育から、以下について学ぶことが大切な目的です。

　　①園生活の1日の流れを知ること
　　②一人ひとりの子どもを理解すること
　　③保育者の指導および援助の方法や環境構成について学ぶこと

　観察実習をするにあたっては、子どもたちと適当な距離を保ちながら客観的に見ることや、子どもと関わりながら直接的に観察することが重要になります。子どもたちの行動だけでなく、子ども同士の関わり方や保育者の関わり方などを知り、子どもの発達を理解することを目指しましょう。そのためにはしっかり観察し、記録をとることが必要です。その記録が、その後、実際に子どもたちと関わり、子どもたちの発達に応じた保育を計画し、実践する際に生きてきます。

　何よりも実習中は、「子どもたちが興味をもっている遊び」「子どもたちのなかに育てたい態度や子どもたちに経験させたいこと」など、クラスの実態を把握し、早く子どもたちと親しくなれるよう努力することが大切です。一人ひとりのことを理解しようと一生懸命働きかけることが、子どもたちとの信頼関係を築く第一歩であることを忘れず、積極的に関わるようにしましょう。

## 1 保育の様子を見る視点

まず、1日の生活をしっかり観察しながら実習します。

● 図表 2-1　登園前、登園時の流れ

|  | ポイント |
|---|---|
| 登園前 | 【子どもたちを迎える準備のとき】<br>・保育者が行う一連の準備をしっかりと観察し、実習生として何をすべきか考え、自主的に動くようにしましょう。<br>（準備で行われることの例）<br>・部屋を清掃し、窓を開け換気をします。<br>・花瓶の水を替え、動植物の様子や成長を確かめます。<br>・廊下や園庭を掃きながら、危険なものがないか確認します。<br>・雨天のときは、傘立てや足拭きマットを準備します。<br>・手洗い場やトイレを清掃します（石けん・トイレットペーパーなどの備品の確認）。<br>・砂場のカバーを外して、犬や猫の糞がないか確認します。<br>・遊びの準備や環境を整え、保護者への確認事項、子どもへの関わり方、援助方法などを確認します。<br>・遊びに必要なものに関して、「何が・どこに・どのように」置いてあるのかを確認します。 |
| 登園時 | 【子どもや保護者との出会いのとき】<br>・笑顔で、子どもや保護者にあいさつし、保育者とともに必要事項を確認します。<br>・保育者が子どもや保護者とあいさつをしている様子や保護者と会話している様子、また、話している内容や受け答えの仕方などをよく見ます。<br>・子どもたちが登園直後に行う活動（持ち物整理、身支度や帳面にシールを貼るなど）の様子をよく観察します。 |

登園後の過ごし方は、園によって、また日によって異なります。実習園の流れに従って実習しましょう。

> 保育者の手伝いを手際よくしながら、1日をスタートさせましょう。

**2コマ目** 「保育の流れ・意図」を理解しよう

 **プラスワン**

**環境構成**
保育室だけでなく、廊下などにも、遊びに必要なものが配置されているので、その様子も記録しておくこと。

> 朝の出会いは、子どもたちと楽しく過ごすための第一歩です。実習初日は名前を聞かれても子どもたちは嫌な気持ちになりません。初日に全員の顔と名前を覚えましょう！

● 図表2-2　登園後の流れ

| | ポイント |
|---|---|
| 自ら選んで遊ぶ経験をしているとき | 【個々の子どもたちについて理解を深めるとき】<br>・保育者がどのように動き、援助しているかを見ます。<br>・子どもが遊び始める様子を見います。<br>　＊遊びを始めたきっかけ<br>　　（例）「自分で遊びたいものを見つけて」<br>　　　　　「保育者や友だちのまねをして」<br>　　　　　「保育者の誘いかけに応じて」<br>　　　　　「友だちの誘いかけに応じて」<br>・実際に遊んでいる具体的な様子を見ます。<br>　＊遊んでいるときの子どもを観察する視点<br>　　（例）「誰と、どこで、何をしているか」<br>　　　　　「遊びに使用しているものは何か」<br>　　　　　「道具などの数はどのくらいあるか」<br>　　　　　「道具などが置いてある場所はどこか」<br>　　　　　「どのように友だちと関わっているか」<br>　　　　　「どのように保育者と関わっているか」<br>　＊遊んでいて問題が起こったときの子どもの様子<br>　　（例）「ただ泣いている」<br>　　　　　「すねている」<br>　　　　　「保育者のそばにいく」<br>　　　　　「他の子どもをたたく」<br>　　　　　「保育者に言葉で伝える」<br>　　　　　「近くにいる友だちに話す」<br>・いろいろな子どもと関わりながら観察します（偏った関わりにならないように）。 |
| 学級全体で遊ぶ経験をしているとき | 【集団のなかの子どもたちについて理解を深めるとき】<br>・活動のねらい、内容を把握します。<br>・活動に入る前に行う導入をどのように行っているか、観察します。<br>・子どもたちの様子、保育者の関わり方、保育者の援助などを観察します。<br>・保育者が使用する言葉に注目します。<br>・活動の締めくくりをどのように行っているか、観察します。<br>・活動前、活動中、活動後の子どもたちの様子を観察します。<br>・全体的な流れを捉えます。<br>・活動で使用した道具、教具、教材などの準備、片付け方にも注目します。 |
| 昼食・午睡・降園までの時間 | 【子どもたちの生活習慣・生活能力について理解を深めるとき】<br><mark>昼食の時間</mark><br>・準備から片付けまでの流れを把握します。<br>・準備中の様子を観察します。<br>　＊排泄・手洗い・うがいを行う<br>　　「順番に並んで、排泄・手洗い・うがいをしているか」<br>　　「水道水は、適量を出しているか」<br>　　「ていねいに、手洗い・うがいをしているか」 |

> **プラスワン**
>
> **子どもの遊び**
> 子どもたちの遊びを観察するときは、「年齢」「季節」などから違いを感じ取ることが重要である。

子どもがけがをしたときは、すみやかに保育者に知らせましょう。また、自分で判断できないときや解決できないときには、必ず相談するようにしましょう。

排泄・手洗い・うがいは、随時必要に応じて行われています。回数は年齢・活動内容などにより異なるので注意して観察しましょう。

| | ポイント |
|---|---|
| 昼食・午睡・降園までの時間 | ＊机、台ふきんを出す・配膳する<br>　「ふきんをしっかりしぼって机を拭いているか」<br>　「友だちと協力して準備しているか」<br>　「自分のできることは自分でしているか」<br>　「準備ができたら静かに待っているか」<br>＊食前の歌をうたう<br>・食事中の様子を観察します。<br>　「姿勢よく、座って食べているか」<br>　「食器や弁当箱に手を添えたり、持ったりして食べているか」<br>　「よくかんで、こぼさないで食べようとしているか」<br>　「こぼしたら、自分で処理をしたり先生に伝えたりしているか」<br>　「好き嫌いはしていないか」<br>・保育者の関わり方を観察します。<br>　「楽しい雰囲気で食事ができるよう、どのようなことに配慮しているか」<br>　「どのような言葉がけをしているか」<br>　「ハプニングが起こったときはどのように対応しているか」<br>　「個別指導が必要な子どもに対し、どのように関わっているか」<br>　「食物アレルギーのある子どもについてどのように対応しているか（食べものに対する工夫・食べている場所など）」<br>・食後の様子を観察します。<br>　＊食後の歌をうたう<br>　＊食事の後片付けを行う<br>　　「決められたところに片付けているか」<br>　＊食後の活動<br>　　「排泄・手洗い・歯磨きをしているか」<br>　　「食後は、静かに遊んでいるか」<br>　　（絵本・あやとり・折り紙・パズルなど）<br><br>**降園までの時間**<br>・活動内容に応じて観察します。<br>　午睡時<br>　　「排泄・手洗い・着替えなどの寝る準備はどのように行われているか」<br>　　「子どもたちが眠りにつくまで、保育者はどのように行動しているか」<br>　　「眠れない子どもたちに対してどのような援助を行っているか」<br>　　「子どもたちが眠りについたあと、保育者はどのような活動を行っているか」 |

昼食は、お弁当であるか、給食であるかは、園によって異なりますが、いずれにしても、実習生は保育者の指示に従って手伝い、その後、子どもたちと一緒に食事をします。

2コマ目 「保育の流れ・意図」を理解しよう

1日の保育の流れを具体的に思い出しながら、疑問点や反省点を考えて、保育者に聞きましょう。

日誌の提出は期限を守ることが重要です。忙しいなか、確認していただく先生方にご迷惑がかからないよう、毎日必ず提出しましょう。

### プラスワン

「……で悲しく見えた」
見えたのは、子どものどのような表情や態度かを書く。

|  | ポイント |
|---|---|
| 昼食・午睡・降園までの時間 | 午睡後、おやつの時間まで<br>「子どもたちをどのように起こしているか」<br>「寝具はどのように片付けているか」<br>「排泄・手洗い・着替えなどはどのように行われているか」など<br>「眠りから覚めた子どもたちの様子はどうか（どのような視点で子どもたちの様子を見る必要があるか）」<br>「昼食時とはどのように準備が異なるか」 |
| 降園 | 【1日を締めくくり、子どもたちを見送るための準備をするとき】<br>・子どもたちが降園に向けて行う活動（持ち物整理、身支度や帳面をかばんにしまうなど）の様子をよく観察します。<br>・子どもが「明日も元気に登園しよう」という気持ちになるように指導している様子を見ます（簡単な手遊び・絵本・紙芝居など）。<br>・終わりのあいさつや保護者に伝えていることなどにも注意し観察します。 |
| 降園後 | ・保育者が行う降園後の活動をしっかりと観察し、実習生としてその理由について考えます。また、できることは率先して行います。<br>【明日の保育へ向けて環境を整えるとき】<br>・保育室や園庭などの清掃をします。<br>・明日の準備をします。<br>・1日の保育の流れを思い出しながら、反省点はないか、改善点はないかを考えます。<br>・保育者の許可を得て、実習日誌を書き提出します（限られた時間であれば、記録の整理などをしておき、次の日に実習日誌を提出することを、保育者に伝えておきます）。 |

　一人ひとりの子どもを理解していくことは、保育の基本です。まず、子どもの顔と名前を覚えましょう。自分の名前を呼ばれると、子どもは喜び親近感が生まれ、子どもとの関係が豊かになります。実習初日は絶好のチャンスです。何度も名前を呼んで話しかけ、名前がわからなければ、必ずその都度尋ねて名前を呼ぶことを意識して関わるようにしましょう。

　また、保育者の指示がない場合、保育の観察をする場所は自分で判断しなければなりません。子どもたちの遊びや生活の流れを乱すことなく、子どもたちの様子をよく見ることができる場所を探しましょう。

　観察するだけではなく、子どもと関わっても良いときは、子どもたちの目線に合わせて（かがんで）関わりながら、全体の様子も把握するようにしましょう。記録を書くためにメモをとるときは、①だらだらと続けた文章ではなく短く簡潔に書くこと、②保育の流れを忠実に書くこと、③保育者の関わりが、子どものどの活動に対してなされているのか、わかるように書くこと、④子どもの行為や行動について、自分の感情を加えて書くこと、⑤誰が・何をしたのか、はっきりわかるように書くこと、⑥疑問に思ったこと、質問したい事項などを明確に書くことを、心がけましょう。

## 2 保育者の言葉がけ・行動には意図がある

　保育者は、子どもたちが「毎日喜んで園に来て生活する」ことを願って保育を進めています。そんな保育の始まりが「朝の出会い」です。保育者は、朝の出会いで子どもたちの心をキャッチするために、健康状態を知るだけではなく、「朝のあいさつ」をしたときの子どもの表情や、持ち物を整理しているときの様子などから、内面を感じ取ります。そして子どもの様子がいつもと違っていれば、時には直接的、また、間接的に子どもに声かけを行います。

　言葉にできない思いを知り、言葉にしていくことは、保育者としての大切な役割です。保育者は子どもたちにとって、自分では説明できない思いや考えを代弁してくれる頼もしい存在です。しっかりと子どもの様子を観察し、よき代弁者となれるよう努力しましょう。

　朝のあいさつ以外にも大切なことがあります。それは毎日保育者が子どもの登園時にかける最初の言葉です。「○○ちゃん今日も元気だね」「○○くん昨日の遊びの続き考えたかな」など、子どもたち一人ひとりと目を合わせ、一日の活動意欲へと導く「朝の一言」は朝のあいさつとは違った意図をもっています。朝の一言は子どもたちの「～したい」という活動意欲につながる重要なコミュニケーションです。

　保育者は、季節や環境を取り入れながら子どもたちと一緒に遊び、子どもたちの発達を理解しながら保育を進めています。「いつも笑顔で話しかけてくれる先生」「困ったときは、一緒に考えたり手伝ったりしてくれる先生」「楽しい活動を経験させてくれる先生」「認めたり励ましたりしてくれる先生」そんな保育者が子どもたちは大好きです。

　また、保育者がうまくできないことに何回も挑戦する姿を子どもたちに見せることも、子どもたちの「やる気」を育てます。保育者がどのように子どもたちと関わっているか、見守っているかを保育者の行動や言動を見逃さず、聞き逃さず捉えるようにしましょう。

　そして、疑問に思ったことは、進んで保育者に聞きましょう。それらを具体的に記録しておくと、自分自身が援助・指導するときに役立ちます。

### おさらいテスト

❶ 保育には［　　　］があり、その［　　　　　］を把握することで適切な援助ができる。

❷ 保育現場における環境構成や活動には［　　　　］があることを理解し、観察し、記録する。

❸ 1日の流れを［　　　　］に基づいて区切り、観察したことを整理して記録する。

## 実習の準備をしよう1

実習に行くと必ず子どもたちの前で自己紹介をします。

①自己紹介で話したいことを考え、書き出しましょう。

②考えた自己紹介を友だちに聞いてもらい感想を伝え合いましょう。

③友だちの意見や感想をもとに自己紹介を見直してみましょう。

# 演習課題

## 実習の準備をしよう2

観察実習をするにあたり気をつけなければならないことをまとめましょう。

- 子どもが登園前

- 子どもが在園中

- 子どもが降園後

# 3コマ目 子どもの発達を理解しよう

### 今日のポイント

1. 子どもの発達について、月齢、年齢ごとに順を追って理解する。
2. 子どもの発達過程を理解することで、適切な指導計画を立案できるようになる。
3. 全体を見る視点だけでなく、個人を見る視点を養い、個人差に対応しながら指導計画を立てる必要性に目を向ける。

## 1 保育のベースは発達の理解から

### 1 子どもの発達を理解する重要性

　乳幼児期の保育・教育に携わる人たちが、子どもがどのように成長していくのかを理解することは、どうして大切なのでしょうか？　また、どのくらいくわしく知っておく必要があるのでしょうか？

　たとえば、まだ歩くことができない0歳児の子どもたちを前に、「さあ、皆さん。よーい、どん、で走りましょう！」と促す保育者はいません。子どもの発達について学んだことがない人にとっても、歩くことができない赤ちゃんは、走ることはできない、と理解しています。しかし、いつごろ乳児は歩き始めるのか？　という質問に対して、的確に答えることのできる人はどのくらいいるでしょうか？　保育、教育に携わる者としては、この質問にきちんとこたえられなくてはなりません。なぜなら、第1章でも述べているように、子どもたちの発達を促す援助を行うことは、保育者の大きな責任の1つであるからです。

　では、発達を促す援助とはいったいどんな援助でしょう？　先ほどの例に戻って考えてみましょう。まだ歩くことができない子どものなかにも、寝返りができる子、ひとり座りができる子、つかまり立ちができる子など、あらゆる段階の子どもたちがいます。寝返りができるようになったとき、どういった援助をすることが発達を促すことになるのか、一人で座ることができるようになったら、次は何を目指して援助すれば良いのかなど、日々成長する子どもたちを前に保育を行っていくということは、子どもたちの現状を捉え、次なる目標を見据え、計画的に活動内容を構成していくということです。したがって、子どもの発達の特性や発達過程をしっかりと理解していなければ、適切な保育、援助を行うことが難しくなるのです。

子どもたちにとって、遊びは成長するための大切な活動です。楽しくない活動は、遊びにはなりません。楽しめる活動を促すためには、子どもたちにとって、「ちょうど良い」活動を準備しなくてはなりません。そのために、発達過程を理解しておくことが欠かせません。

## 2 子どもの発達

　それでは、子どもの発達について、順を追って見ていきましょう。「保育所保育指針」では、子どもの発達過程をおおむね8つの区分として捉えています。各時期の発達を、乳児期では5つの側面（全身の運動発達、視線・手指の発達、言葉の発達、人との関わりの発達、生活リズムの変化）から、幼児期では4つの側面（生活リズムは2歳ごろまでに確立されるため除く）から見ていきましょう。ただし、この区分は、「おおむね」とされているように、その年齢の子どもたちが皆「均一的に発達する基準」というわけではないので注意が必要になります。発達過程はあくまでも目安です。子どもは一人ひとり、それぞれのペースで発達することを忘れず、保育者は、一人ひとりの発達過程や心身の状態に応じた適切な援助および環境構成を行うことが大切です。

●図表3-1　子どもの発達の8区分

# 子どもの発達の8区分（おおむね6か月未満〜おおむね2歳）

| | おおむね6か月未満 | おおむね6か月から1歳3か月未満 |
|---|---|---|
| 全身の運動発達 | ・生まれたときから首がしっかりしている子もいるが、たいていの場合、3〜5か月ごろにかけて首がすわる。<br>・うつぶせにしたとき腕で支えて頭を持ち上げたり、縦抱きにしても首がぐらぐらしないことが、首すわりの目安となる。<br>・首がすわれば寝返りをする。ほとんどの子が7か月ごろまでには寝返りができ、その後は腹ばいをする子も出てくる。 | ・寝返りができると支えなしで座れるようになり、その後、つかまり立ちができる（多くの場合、7か月を過ぎるころから、はいはいをするが、なかにはしない子もいる）。<br>・つたい歩きができ、その後、支えなしで2秒ほど立てるようになる。<br>・立てる時間が長くなり、歩けるようになると、行動範囲が広がるため、周囲の人やものに興味を示し、探索活動が活発になる。多くの子が1歳3か月までに一人で歩けるようになる。また、大人とボールを転がすなどの運動もできる。<br>はいはいや、玩具の車の運転はバックからできるようになります。注意して観察してみましょう。 |
| 視線・手指の発達 | ・6か月ごろまでの期間、手足の動きは徐々に活発になり、視覚、聴覚などの感覚が著しく発達する。<br>・1か月を過ぎると、興味のあるものを目で追う（追視する）。遠くをはっきり見ることはできないため、顔の近くで指などをゆっくり動かしてみると、追視を確認できる。<br>・3か月ごろからは渡したガラガラなどを握り、4か月を過ぎると興味のあるものに手を伸ばすようになる。このころになると、目と手の協応作業ができ、手を見つめるような仕草を見せる。 | ・9か月ごろになると、親指とほかの指でものをつかむことができ、腕や手先を意図的に動かせる。誤飲事故なども起こりやすくなるため、注意が必要になる。<br>・11か月ごろからは、積み木を打ち合わせたり、スイッチを押したり、容器のふたを開け閉めしたりなど、繊細な動きができる。 |
| 言葉の発達 | ・新生児でも、大きな音がするとビクッと体を反応させることがある。<br>・生後1か月ごろからは、機嫌が良いと「アー」「ウー」などの声を出し、2か月を過ぎると母音の発音が可能になる。<br>・4か月ごろには喃語が多くなり、相手をすると、会話をしているかのように声音を変えたり、違う音を出したりする。<br>・5か月ごろからは、声がするほうに顔を向けるようになる。 | ・母音を組み合わせたり、子音を入れたり、濁音を発音できるようになるため、9か月ごろからは「ぶぅぶぅ」「だぁだぁ」などの喃語が出てくる。<br>・11か月ごろには「ママ」「パパ」「マンマ」といった一語文を話す。使用語彙は少ないが、理解語彙はどんどん増えていく。<br>・1歳を過ぎると意味のある単語を発する子が増える。また、名前を呼ばれると動作や言葉で返事ができる。<br>言語の発達は個人差が大きい、ということを理解しておきましょう。 |
| 人との関わりの発達 | ・生まれたばかりは視力が弱く、ぼんやりとしかものの形を認識できないが、養育者が顔を近づけると、じっと見つめる。<br>・生後2か月ごろになると、あやすと笑ったり、喃語で答えたりする。徐々に、快、不快の分化が著しくなり、泣くことが少なくなる半面、そのときどきの気持ちによって、泣き方に違いが出てくる。<br>・4か月を過ぎると、自分自身の欲求や、快、不快を、表情の変化や身体の動き、喃語などで表現する。これに応答的に関わる特定の大人との間に情緒的な絆が形成され、いなくなると寂しくなって泣く。 | ・受動的だった生活から、自分の意思で自ら積極的に動く生活へと変化する。<br>・5〜6か月ごろは人見知りが始まり、ふだん生活をともにする人と、そうでない人を区別して対応する。<br>・10か月を過ぎると、規制されたことに対し、自分の意思を通そうとする。大人のまねをしたり、泣かずに欲しい物、して欲しいことを示したり、バイバイをしたり、応答的な関わりが増える。愛情を求めるようにもなる。 |
| 生活リズムの変化 | ・新生児は「寝る、起きる、授乳、寝る」を2時間半くらいの間隔で繰り返す。<br>・1〜2か月ごろには、3時間くらいの間隔で空腹を訴えるようになり、夜間は5〜6時間、続けて眠る。<br>・3〜5か月ごろになると、授乳は1日5回程度となる。<br>・4か月ごろからは、すりつぶしたものを嚥下できる。夜中の授乳も、しっかり飲んだときは1回ですむ。<br>・5か月を過ぎると、日中の昼寝は3〜4回となる。 | ・5か月から1歳2か月を目安に離乳食から幼児食へ徐々に移行する時期だが、一度に必要量を摂取することが難しいため、食事の回数はおやつを含め、複数回になる。<br>・9か月ごろになると夜はまとめて眠り、昼寝は1回2時間程度になる。生活リズムを整えるために、日中しっかりと身体を動かし遊ぶことが大切である。<br>・11か月ごろにはコップを使って飲むことができる。 |

28

第2章 保育実践に必要な視点を身につけよう

## おおむね1歳3か月から2歳未満

- 歩きはじめ、行動範囲が広がることから、探索活動がより活発になる。
- 細かい動きはできないが、すべり台をすべる、またのぼり下りができる。
- 1歳6か月を過ぎるころから走り始める。
- 1歳8か月ころから階段をのぼるようになるが、1歩のぼると、もう片方の足を引き上げそろえてから、また1歩のぼる、というようなのぼり方をする。

- クレヨンなどを手の平全体でギュッと握って、なぐりがきをする。
- 1歳半ごろになると、積み木を積むなど細かい動きができるようになるだけでなく、さらにそれを楽しむようになる。
- 布や紙で小さな玩具を包む、指を上手に使ってビンの中にボタンを入れる、小さな穴のなかに積み木を入れることなどを楽しむ。

- 1歳3か月を過ぎると名前に応答するだけではなく、「待ってね」「あとでね」といった言葉の意味を理解し、少しの時間であれば対応できる。
- だんだんと意味のある言葉が増え、1歳8か月を過ぎると「ワンワンいた」などの二語文を使う。

- 1歳2か月を過ぎると簡単なお手伝いができるだけではなく、意欲的に行おうとする。
- 喜び、怒り、恐れなどの感情をはっきりと表すようになり、嫉妬心も芽生えてくる。そのため、ものをやりとりしたり、取り合ったりする姿がみられる。
- 1歳5か月を過ぎると玩具などを実物に見立てるなどの象徴機能が発達し、人やものとの関わりが強まる。
- 自分の意思を伝えたいという欲求が高まり、指差し、身振り、片言などを盛んに使う。

- 生活リズムが確立される。
- 3回の食事で必要な栄養が摂取できる。
- 日中はたっぷり遊び、夜はしっかり眠ることが重要になる。午後4時以降の午睡は、夜の睡眠に影響するため、注意が必要となる。

## おおむね2歳

- 全身の機能が滑らかに働くようになり、歩く、走る、跳ぶなどの基本的な運動ができる。
- 足を交互に出して階段をのぼるようになる。
- 3歳近くになると、両足ジャンプや片足で数秒間立つ子も出てくる。
- 保育者のまねをしながら、音楽に合わせて身体を動かすことができる。

 このころになると排泄の自立のための身体的機能が整ってきます。

- 指先の機能発達にともない、食事、衣類の着脱など身の周りのことを自分でしようとする。
- スプーンやフォークを上手に使い、すくったものをこぼさず口に運べる。
- 描線とイメージを結びつけて象徴的な絵をかくようになる。

- 2歳を過ぎると、発声が明瞭になり、急激に言葉数が増え（すべての品詞が出そろうといわれる）、二語文、三語文を話す（語彙は約300語程度）。
- 2歳後半になると、「～だから～だ」といった因果関係や、「今」「さっき」などの時間的な概念を言葉で表現できる。質問が増え、大人を困らせるようにもなる。

「きれいではない」といいたいときに、「きれいくない」というのは幼児語の典型的な例です。

- あらゆることに興味を示し、何でもしてみたくなり、行動範囲が広がる。
- この時期は第一次反抗期とよばれ、探索活動が盛んになるなか、自我の育ちの表れとして、強く自己主張する姿がみられる（自己発揮）。
- 自分の意思や欲求を言葉で表現できるようになるため、人と関わりながら、ものごとの間に共通性を見いだせるようになる。
- 象徴機能が発達すると、大人と一緒に簡単なごっこ遊びを楽しむようになる。

友だちと遊ぶ楽しさを感じることができるよう援助しましょう。

# 子どもの発達の8区分（おおむね3歳～おおむね6歳）

## おおむね3歳

### 全身の運動発達

- 基本的な運動機能が伸び、食事、排泄、衣類の着脱などはほぼ自立できる。
- ギャロップなどの動きができるようになり、まねをして身体を動かすだけでなく、動きで自分自身の気持ちを表現する。

楽しいときに、友だちと両手をつないでぐるぐるその場で回ってみたりするのも、うれしい、楽しいという気持ちを動作で表していることの一例です。

### 視線・手指の発達

- 手指のコントロールが発達し、箸での食事、衣服の着脱ができる。
- 絵画や造形における表現では、発達とともに複雑さが見られるようになる。
- 絵画においては、目や口をかくように促すと、バランスのとれた顔をかく。このころの子どもたちの絵には頭足人（顔から直接足や手が出た人）が頻繁に登場するという特徴がみられる。
- はさみを使い、直線を切ることができる。

上手にできたかではなく、上手に表現できたかに注目し、保育することが重要です。

### 言葉の発達

- 日常会話がおおよそ可能になり、発音もある程度はっきりしはじめる。
- 話し言葉の基礎ができることにより、盛んに質問するなど知的興味や関心が高まる。
- 伝えたいことをうまく言葉にできず、もどかしい思いをしたりあきらめたりすることがある。周囲の大人が思いをくみ、言葉を足すなどの援助をすることで、発語への意欲が増し、言葉による表現が豊かになる。

### 人との関わりの発達

- 自我がよりはっきりし、友だちとの関わりも多くなるが、最初は同じ場所で同じような遊びをそれぞれ楽しむ平行遊びが多い。徐々に友だちと一緒に遊べるようになると、遊ぶ人数も増えていく。
- 大人の行動や日常生活において経験したことを、友だちとのごっこ遊びに取り入れる。予想や意図、期待をもって行動できるようになる。
- ぶつかることが多くなるので、自己発揮をしながら、他者と一緒にいることを楽しめる経験を重ねていくことが大切になる。

思いはなるべく満たして、受け入れられているという安心感を与えることが大切ですが、社会的に認められない要求に関しては、しっかりと説明し、根気よく付き合っていく必要があります。

## おおむね4歳

### 全身の運動発達

- 全身のバランスをとる能力が発達し、身体の動きが巧みになる。
- 自然など身近な環境に積極的に関わるなかで、さまざまなものの特性を知り、遊びのなかに取り入れるようになる。
- なわとびや平均台、自転車などを上手に操作できる。

### 視線・手指の発達

- 衣類の着脱が一人でできる。前ボタンやスナップ、ファスナーも開け閉めできる。
- 口をゆすぐ、歯磨きをする、顔を洗う、鼻をかむなど、日常生活において必要な行動を自分でする。
- 制作活動においては、好んで折り紙をしたり、自主的に紙や廃材を使って創作したりする。

### 言葉の発達

- 幼児語はほとんど姿を消し、複数の文章を組み合わせてまとまりのある内容を表現する力がつく。
- 友だちと主張をぶつけ合い、やりとりを重ねながら、自分の感情をコントロールできるようになるが、大人の援助を必要とすることも多い。
- 大人が嫌がるような言葉を使い出すのもこの時期の特徴である。
- 自然事象や社会事象、文字などへの興味や関心が深まる。

語彙が2,000語程度にまで増えます。

### 人との関わりの発達

- 想像力が豊かになり、目的をもってつくったり、描いたり、試したりするが、自分の行動やその結果を予測して不安になるなどの葛藤も経験する。
- 仲間とのつながりが強くなるなかで、けんかも増えるが、決まりの大切さに気づき、守ろうとするようにもなる。
- 感情や想像力が豊かになることで、身近な人の気持ちを察し、少しずつ自分の気持ちを抑え、我慢ができるようになる（自己抑制）。

## おおむね5歳

- 基本的な生活習慣が身につき、運動機能はますます伸び、喜んで運動遊びを行い、仲間と活発に遊ぶ。
- 友だちと一緒になわとびを跳ぶなど、動きを合わせた活動ができる。

- 経験の度合いにかかわらず、たいていの場合、手助けなく衣服の着脱ができる。
- 身体の前であれば、衣服の紐をかた結びで結べる。

- 大人の助けを借りずに自分たちの力で話を進めていくことができる。
- 言葉を使い、共通のイメージを伝え合って遊ぶことができ、目的に向かって集団で行動することが増える。
- 遊びを発展させ、楽しむために、自分たちで決まりをつくるようになる。

- 自分なりに考えて判断、批判する力が生まれ、けんかを自分たちで解決しようとする。お互いに相手を許したり、異なる思いや考えを認めたりするなど社会生活に必要な基本的な力を身につける。
- 他人の役に立つことをうれしく感じるなど、仲間のなかの一人としての自覚が生まれる。

> この時期に、言葉で思いを伝えることや、相手の言葉に耳を傾けることが楽しいと感じる経験を積み重ねることで、人と関わることに対して、好意的な感情が生まれるため、意識して援助することが大切になります。

## おおむね6歳

- 全身運動が滑らかで巧みになり、快活に跳び回るようになる。
- これまでの体験から自信が生まれ、予想や見通しを立てる力が育ち、心身ともに力があふれ、運動する意欲が旺盛になる。
- 竹馬に乗りバランスをとりながら前に進むといったような複雑な運動を好んで行う。

- はさみで丸く紙を切ったり、板にくぎを打ったり、プラスチックモデルを組み立てたりするような細かく、複雑な作業ができる。
- 鍵盤ハーモニカを演奏するなど、表現活動においても広がりがみられる。

- コミュニケーションの道具として獲得した言葉を、思考のための道具として使うことが可能になる（心のなかで言葉を使って考えることができるようになる）ため、思考力や認識力が高まる。

- 友だちの意思を大切にしようとする。役割分担が生まれるような協同遊びやごっこ遊びを行い、満足するまで取り組もうとする。
- さまざまな知識や経験を生かし、創意工夫を重ね、遊びを発展させることができる。
- 身近な大人に甘え、気持ちを休めることもあるが、さまざまな経験を通して自立心が一層高まっていく。

## 2 発達の個人差への目配り

### 1 発達過程と個人差の捉え方

　これまで、子どもたちの発達を「保育所保育指針」の区分に沿って大まかな流れで見てきました。そのなかで、「○か月で〜できるようになる」といった表現を使いましたが、これはあくまで参考にするための資料であり、子どもたち全員がこの順序に沿って、必ずこの過程をたどるというわけではありません。子どもが10人いれば、10通りの発達過程があるということを忘れないでください。決して、「進んでいる」「平均的(普通)」「遅い」というように子どもたちの能力を判断する指標として使用しないでください。

　「発達の個人差」とは、子どもによって「遅い、早いがある」という意味ではなく、子どもによってさまざまである、という意味です。発達の過程においては、ある程度のプロセスを知識としてもち、そのうえで、しっかりと保育者が保育者自身の目で子どもたちの様子を観察し、記録し、分析し、それぞれの子どもたちが健やかに成長できるよう、保育を行っていくことが重要になります。子どもたちの発達を見守り、促し、援助できる保育者として本当の意味での「発達の個人差」を理解することはとても大切なことです。

### 2 個々の成長と集団としての成長

　保育者は、個人差へ目を配りながら、集団としての成長も促す必要があります。子どもたちを常に集団として見ていると、集団としての成長のみに気をとられることになるでしょう。反対に、一人ひとりの子どもの成長はしっかり見ることができていても、全体に目を向けていないと、集団生活において経験すべき活動を促すことができなかったり、個々を気にするあまり総合的な見通しをもって集団を成長させることができなくなったりします。

　たとえば、担当しているクラスの子どもたちが鬼ごっこに夢中になっているとします。保育者は、鬼ごっこのどのような部分が子どもたちを夢中にさせているのか、率先して子どもたちを鬼ごっこへと導いている主導者はいるのか、いつも決まったメンバーなのか、遊びのなかで生まれる衝突をどのように解決しているのか、それとも解決できていないのかなど、子どもたちが集団としてどのくらい成長しているのか、ということに目を向けて観察します。そして、その集団のなかでそれぞれの子どもたちが、どのように自分の思いを伝え、友だちの気持ちを考えながら活動に参加しているのか、ルールは守れているのかなど、それぞれの子どもの成長にも目を向けます。そうすることで、集団としての子どもたちと、個々の子どもたちの成長に目を向けることができるようになります。

　バランスよく、個々の成長と集団としての成長を促すことのできる保育

者になるためには、日常の保育のなかでさまざまな角度から子どもたちの様子を観察し、記録し、分析し、保育を考えていく習慣を身につける必要があります。次の章でも述べますが、子どもたちの様子を記録することは、保育を計画的、効果的に行うことにつながるだけでなく、自らの保育を見直すきっかけにもなります。子どもたちのために積極的に記録をとることのできる保育者を目指しましょう。

### おさらいテスト

❶ 子どもの発達について、[　　　]、年齢ごとに順を追って理解する。
❷ 子どもの発達過程を理解することで、適切な[　　　]を立案できるようになる。
❸ 全体を見る視点だけでなく、個人を見る視点を養い、[　　　]に対応しながら指導計画を立てる必要性に目を向ける。

## 演習課題

### 第2章で学んだことをもとに、自分の言葉でまとめよう

「全身の運動発達」、「視線・手指の発達」、「言葉の発達」、「人との関わりの発達」、「生活リズムの変化」について、図表3-1 子どもの発達の8区分をもとに、おおまかな発達の流れを考えながら、箇条書きにしてみましょう。

【全身の運動発達】

【視線・手指の発達】

【言葉の発達】

【人との関わりの発達】

【生活リズムの発達】

## 演習課題

### 映像を見て書き出してみよう

①子どもたちの様子を見て、子どもたちの発達に目を向け、気づいたことを書きましょう。

②グループになり、気づいた点について意見交換を行い、ほかの人の意見を書きましょう。

③もう一度、同じ映像を見るとしたら、どのようなことに注意して見れば良いかを、書き出してみましょう。

## 演習課題

### 発達過程と発達の個人差についてまとめよう

①発達過程とはどのようなものか説明しましょう。

②「発達の個人差」について説明しましょう。

③集団としての成長と個々の成長について説明しましょう。

④子どもたちが健やかに成長するために、保育者がすべきことを説明しましょう。

# 第3章

## 保育の観察記録をとろう

この章では、実際に観察記録をとる際の手順について学びます。
まずは観察記録の各項目の意味や書くときのポイントを理解し、
次に、記録例を見ながら実際に書いてみましょう。
観察記録をとったあとは、振り返ることも大切です。

| | | |
|---|---|---|
| 4コマ目 | 記録をとることの意味を考えよう | 38 |
| 5コマ目 | 観察記録を書いてみよう | 46 |
| 6コマ目 | 観察記録を振り返ってみよう | 58 |

# 4コマ目 記録をとることの意味を考えよう

### 今日のポイント

1. 記録をとることで自分自身に距離を置き客観的に見つめ直す機会となる。
2. 記録をとることは指導保育者と対話するための手がかりとなる。
3. 記録を書く際には基本的な情報や1日の大まかな流れを把握したあと、詳細に目を向けることが大切である。

　実習では具体的な目的をもって臨み、子どもたちとの生活や指導を受ける保育者との関わりを通してさまざまなことを学びます。実習中に経験したことは、緊張や忙しさから時間の経過とともに捉え方が変化したり、忘れてしまったりすることがあります。そのため自らが体験を通して学んだことを記録することが大切なのです。客観的な資料として記録を残しましょう。

## 1 記録をとる意味と実践への活かし方

　記録をとるということは、ただ起こった出来事を書きとめれば良いというわけではありません。「保育を流れとして捉え、保育の意図をくみ取り、そのなかで子どもの育ちを記録する」ことが保育における「観察記録」の目的です。記録として残すことで、活動を振り返ることができ、さまざまな発見につながります。

　また文章化することで、観察した人だけでなく、保育の場に携わる人たちすべてが情報を共有できます。

　実習中に「記録」をとることの意義をまとめると、以下のようになります。

① **自分自身に距離を置き客観的に見つめ直す機会となる**

　普段の授業と異なり、実習を行う保育の現場ではさまざまな出来事が目の前で展開されます。そのため、実習生自身も多様な役割を果たすことになります。しかし、保育を行っている最中に、一つひとつの出来事を自分がどのように捉え、それに対し、どのような判断に基づいて行動しているかを意識することは困難です。そのため、「記録」することによって、

- 「どのような状況のもとで」
- 「何を見て」
- 「何を感じ取り、何を考えていたか」

を振り返ることができるようになります。つまり、保育現場に身を置いて

いたときは、「何をしているのか自分でもわからない」というような状況であったとしても、記録をとることによって結果的に「そのとき」ならではの体験をつかみとることが可能になるのです。このように「記録」を書くこと自体が、いわば自分自身に対して距離を置き、自分の保育のあり方を振り返るきっかけになります。

### ② 指導保育者と対話するための手がかりとなる

　見たこと・感じとったこと、そしてそこから考えたことなどを書き残すことにより、指導する保育者もその記録を見て実習生の学習状況を理解するとともに、より適切な助言をするためのきっかけが得られます。

　指導する保育者から、
「わからないことがあれば遠慮なく質問してください」
「何か、困ったことはありませんでしたか」
と聞かれても、その場になるとそれまで感じ取っていたことを十分に整理する余裕がなく、質問や悩みなどをうまく伝えられない場合もあります。このような場合、あとで観察記録を書きながら自分自身の問題や課題を整理することで、質問事項を明確にすることができます。

　このように、記録は保育者とのより良い関係づくりにおいても活かすことができるのです。園によって記録のとり方はさまざまなので、実習させていただく園の方針に従って記録をとり、助言をいただくよう心がけましょう。

## 2　観察記録を書くための手順

　第2章でくわしく述べられた保育を観察する視点をもとに、記録を書く手順について考えてみましょう。どのようなことに注意し書く必要があるのでしょうか。記録の手順としては、以下のようになります。
　①基本的な情報を把握する
　②1日の大まかな活動の流れを書く（メモをとる）
　③一つひとつの活動について詳細を書く（環境構成や子どもの様子など）
　④保育者の援助や配慮とともに実習生の動き、考察を書く

　これらのことをできるだけ客観的にかつ正確に書きとめる必要があります。そのためにも、観察記録はその日のうちに書き終えることが大切です。1日を振り返り、整理しながら書くことによって、自分自身の行動を意識するようになり、書く作業を通してその場では気づかなかった新たな発見をすることもあります。また、設定したその日の課題（学ぼうとしたこと）に関して、学べたことや疑問に思ったこと、指導保育者からの助言などを記し、それをもとにして翌日の課題を設定します。

## 3 観察記録の項目

それでは、観察記録の項目についてくわしく見ていきましょう。観察記録に必ず書くことと、なぜそれらを書きとめておくことが大切なのかについて考えてみます。

観察記録をとる際は、基本的な情報を把握することが大切です。基本的な情報をもとに、実際の保育を観察し記録します。

●図表4-1　基本的な情報

| 月　　日　　曜日　　天候　　　　観察者（実習生）氏名 |||||
|---|---|---|---|---|
| 担当クラス　　組　　歳児　　計　　名（男児　　名・女児　　名）欠席　　名 |||||
| 観察者（実習生）の目標 |||今日の主な活動 ||
| ねらい |||内　容 ||
| 時間 | 環境の構成 | 子どもの活動 | 保育者の<br>援助・配慮 | 実習生の<br>援助・考察 |
|  |  |  |  |  |

### ①基本的な情報の整理について

観察記録を書くにあたって、『日付、天候、観察者（実習生）の氏名』はもちろんですが、それに加えて担当（観察）した『クラス名、何歳児クラス』であったか、『男児、女児』はそれぞれ何名いて、『合計』何名であったか、また『欠席者』は何名であったかも記録します。

第2章で発達過程を理解し、発達に応じた援助の必要性について述べましたが、発達過程を考慮すると、ある程度、年齢によって毎日の保育が違ってくるということは理解できると思います。だからこそ、観察したのは何歳児のクラスだったのかということを記録することが大切になってくるのです。

> 雨の日と晴れの日では、保育の行い方や内容が変わることもありますよね！

では、クラスの人数や欠席者数はどうでしょうか？　クラスの人数が10人程度であった場合のクラス運営と、30人近くまたはそれ以上いる場合のクラス運営は同じようにできるのかどうかを考えてみてください。たとえば、10人の子どもたちにはさみを一人ずつ配っていく場合と、30人の子どもたちに同じようにはさみを配る場合を想像してみましょう。10人のクラスと比べて30人のクラスでは、はさみを配るだけでも3倍の時間がかかることがわかると思います。排泄時、昼食時、さまざまな場面で時間のかかり方が違ってくるので、観察したクラスの人数が何人であったかは、記録をとるうえでとても重要な情報となります。

　次に、男児、女児の人数をそれぞれ記載するのはどうしてでしょうか？　男児が多いクラス、女児が多いクラス、男児と女児の人数にほとんど差がないクラスでは違いがみられるのでしょうか？　観察記録をとり、保育を振り返る際には、あらゆる視点から振り返りを行うことが大切です。

　たとえば、ある活動において男児は興味・関心をもって活動していたけれど女児は興味を示していなかった場合や、男児は男児同士で遊び、女児は女児同士で遊ぶ姿が多くみられた場合などには、クラスのなかの男女の割合が重要になってきます。このように、男児、女児の人数もきちんと把握することが今後、指導計画を作成するうえで大切になります。欠席者数を含め、基本的な情報を記録することで保育が行われた背景が見えてきます。成長・発達が著しい乳幼児にとって観察した時期や状況は、保育を理解するうえで必要不可欠なものなのです。

### ②観察の視点について

　基本的な情報を整理して記すことができると、次は観察の視点を定めるための項目について考えます。1つ目が『観察者（実習生）の目標』です。目標をもたずに観察すると、何に注意し観察すれば良いのかがあやふやになり、起こった出来事を記録するだけになってしまいます。どういった目標をもって今日の観察を行うのか、しっかり考え記述しましょう。

　『今日の主な活動』については、1日の保育のなかで主となる活動を考えて書きます。日々の保育のなかには、必ず主となる活動があります。主となる活動を記録することで、毎日の保育に偏りがないかを振り返ることができます。ただし、1日のなかではさまざまな活動が行われるため、どの活動が主であったのか判断する自信がない場合や確信がもてない場合は、担当の保育者に確認しましょう。その際、「『今日の主な活動』には何を書けば良いですか？」と尋ねるのではなく、まずは自分自身で考え、何らかの活動を記載したうえで質問することを心がけましょう。

　保育には必ず、「ねらい」があります。「保育所保育指針」「幼稚園教育要領」「幼保連携型認定こども園教育・保育要領」にも記されていますが、保育者が子どもに身につけてほしい心情、意欲、態度が「ねらい」であり、その「ねらい」に対して子どもたちに経験させたいことを「内容」として設定します。保育者のねらいや活動における意義を理解することは、観察者にとって重要なことです。ねらいがどこにあるのかを理解したうえで観察するのと、そうでないのとでは観察する視点が大きく違ってきます。保育

---

**4コマ目　記録をとることの意味を考えよう**

### 💬プラスワン

**メモをとるタイミング**

・できるだけ子どもたちがそばにいないときにメモをとる（子どもたちが活動に集中できなくなるため）。

・保育者が手遊びや絵本の読み聞かせなどをしていて、子どもたちが落ち着いて活動しているときにメモをとる（子どもたちが安全であり、援助があまり必要ではないため）。

> **プラスワン**
>
> **メモする事項**
> 子どもの活動内容、活動時間と保育者の援助・配慮を中心にメモをとる。

者に事前に尋ねる機会があれば確認し、確認することができなければ、保育者のねらいがどこにあり、どのように行動しているのかということに注意しながら観察するように心がけましょう。そして観察記録を書く際には、1日を通しての「ねらい」と「内容」に加えて、その日の主となる活動に対しての「ねらい」と「内容」をそれぞれ、『ねらい』と『内容』に記録しましょう。

### ③1日の流れを記録することについて

次は、1日の流れを記録することについて考えます。1日の保育を記録する際、多くの場合、①時間、②環境の構成、③子どもの活動、④保育者の援助・配慮、⑤観察者（実習生）の援助・考察、という5つの項目に従って記録します。保育の流れをつかむために行う記録なので、時系列で記録することが重要です。そのためには実習中であっても必要最低限のことはメモをとるように心がけましょう。

●図表4-2　1日の流れ

| 月　　日　　曜日　　天候　　　　　観察者（実習生）氏名 |||||
|---|---|---|---|---|
| 担当クラス　　組　　歳児　計　名（男児　名・女児　名）欠席　名 |||||
| 観察者（実習生）の目標 |||今日の主な活動 ||
| ねらい |||内　容 ||
| 時間 | 環境の構成 | 子どもの活動 | 保育者の援助・配慮 | 実習生の援助・考察 |
| ❶ | ❷ | ❸ | ❹ | ❺ |

## ❶ 時間

まずは時間についてです。いつ、どんな活動を行ったかを記録し、子どもたちの生活リズムや日課*（デイリープログラム）について把握します。

## ❷ 環境の構成

保育室の中でどの位置に保育者や実習生がいて、どのような形で子どもたちが集まり活動しているのかがわかるように記録します。多くの場合、保育室の様子を図表4-3のように表します。

● 図表4-3　保育室の様子

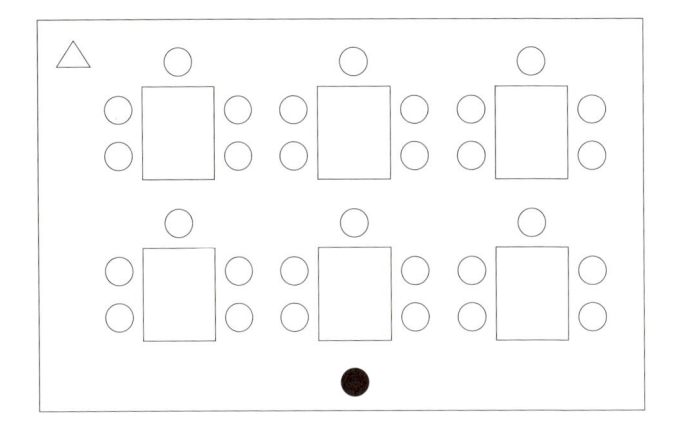

●　保育者
○　子ども
△　実習生

> **重要語句**
>
> **日課（デイリープログラム）**
> →食事・排泄・睡眠など生理的な周期を軸に登園から降園までの生活を時間を追って表にしたもの。

## ❸ 子どもの活動

子どもたちが行う活動について記録します。このとき注意することは、子どもが主語となるように記録することです。また、子どもの活動に対する保育者の援助や配慮は、横並びにそろえて書き、時系列がわかりやすく示されるよう気をつけましょう。

## ❹ 保育者の援助・配慮

子どもたちの活動に対して保育者が行う援助や配慮を記録します。保育者がどのように援助しているか、また、どういった配慮をしているかは、記録をとるうえで最も重要な情報となります。メモをもとに細かく記入する必要があります。

## ❺ 観察者（実習生）の援助・考察

観察者（実習生）の行った援助や活動時に考えたこと、感じたことを記録します。あとから振り返り、もっと積極的に活動できた場面はなかったか、より適切に援助するためにはどのようにすればよかったかなどについて考えるために重要な記録です。

記録用紙の形式は学校や保育現場によりさまざまです。形式によって若干の相違はありますが、基本情報として、『月日、曜日』『天候』『観察者（実習生）氏名』『クラス名、年齢』『出席者数、男児と女児の人数、欠席者数』を記録します。そして、観察の視点となる観察者（実習生）の『目標』、そして、保育者の『ねらい』とそのねらいに対する『内容』および『今日の主な活動』を記録すること、保育の流れをつかむために必要な『時間』

『環境の構成』『子どもの活動』とそれに対する『保育者の援助・配慮』『観察者（実習生）の援助・考察』を記録します。

　まずは記録をとるという作業に慣れることが大切です。常に子どもの様子を観察して、把握し、メモに残し、あとで1日の活動を振り返ることを習慣化していきましょう。

### おさらいテスト

❶ 記録をとることで自分自身に距離を置き[　　　]に見つめ直す機会となる。

❷ 記録をとることは指導保育者と[　　　]するための手がかりとなる。

❸ 記録を書く際には[　　　]や[　　　]を把握したあと、詳細に目を向けることが大切である。

## 演習課題

## 観察記録の理解を深めよう

**演習テーマ 1** 記録について自分でまとめよう

①なぜ、記録をとる必要があるかについて自分なりにまとめて書きましょう。

②記録を書くにあたって、保育の流れをメモする必要があります。メモをとる際に気をつけなければならないことは何か、書きましょう。

**演習テーマ 2** 映像を見て書き出してみよう

子どもたちの様子を見て、気づいたこと（例：子どもの発達について・興味関心についてなど）を書きましょう。

# 5コマ目 観察記録を書いてみよう

**今日のポイント**

1. 観察記録を書くために、まず基本的な情報を把握する。
2. 1日の大まかな流れをつかみ、活動の詳細に注目する。
3. 保育者の援助や配慮について、記録をとることで理解を深める。

## 1 観察記録を書くためには

記録を書くための手順は次のようになります。
① 基本的な情報を把握する
② 1日の大まかな活動の流れを書く（メモをとる）
③ 一つひとつの活動について詳細を書く（環境の構成や子どもの活動など）
④ 保育者の援助や配慮とともに実習生の動き、考察を書く

この流れを理解したうえで、保育を観察し、観察中にとったメモをもとに書きます。観察中にメモをとることは、時にとても難しいのですが、必要最低限度の項目は書きとめるよう努力しましょう。

## 2 幼児（3〜5歳児）クラスの観察記録の書き方

　幼児クラスの活動は、保育所、幼稚園にかかわらず、活動内容に大きな違いはありません。はじめて集団に入る子どもたちか（幼稚園に入って1年目か）、そうでないかによって多少の差はありますが、幼児期になると適応能力も高くなり、その差が縮まるスピードも速くなるためあまり問題にはなりません。それでは、手順に沿って実際はどのように観察記録を書くのか見てみましょう。

### 1 基本的な情報を把握する

　まずは、基本的な情報を把握し記入しましょう。3歳児のクラスでの観察初日の記録をとると仮定し、順を追って書いてみます。まず、基本的な

---

**プラスワン**

記録を書くときの注意①

観察記録（実習日誌）は黒のボールペンで書く（消すことができるペンは不可）。修正液や修正テープなどを多用しない（修正液・テープは不可とする園もある）。

第 3 章　保育の観察記録をとろう

情報と目標を記入すると図表 5-1 のようになります。

● 図表 5-1　基本的な情報と目標の記入例

| 2月　6日　月曜日　　天候　晴れ　　観察者（実習生）氏名　○○　○○ |||||
|---|---|---|---|---|
| 担当クラス　キリン組　　3 歳児　　計　　19 名（男児　10 名・女児　9 名）　欠席　0 名 |||||
| 観察者（実習生）の目標<br>・クラスの子どもたちの顔と名前を覚える。<br>・1 日の流れを把握し、積極的に活動する。 |||  今日の主な活動  ||
| ねらい ||| 内　容 ||
| 時間 | 環境の構成 | 子どもの活動 | 保育者の<br>援助・配慮 | 実習生の<br>援助・考察 |
|  |  |  |  |  |

　次に、「今日の主な活動」「ねらい」「内容」についてです。子どもに身につけてほしい心情や意欲、態度、子どもに経験してほしいことを、保育者は、毎日その日のねらいとして設定し、そのねらいが達成できるような内容（実際に行う活動）を考えます。「今日の主な活動」「ねらい」「内容」に関しては、事前に保育者と相談し記入しても良いのですが、1 日の保育を観察するなかで、「今日の主な活動」は何であったか、「ねらい」と「内容」は何であったかをまずは自ら考えて書くほうが、より深く保育を理解することができるようになります。

## 2　1 日の大まかな活動の流れを書く

　基本的な情報が記入できたら、1 日の大まかな活動の流れを整理します。メモを参考に登園したときから降園するまでの子どもたちの行動、活動を流れとして記録します。3 歳児クラスの 1 日であれば、メモは以下のようになるでしょう。

　　　 8：00　順次登園
　　　　　　　合同保育
　　　 8：50　片付け
　　　　　　　排泄、手洗い、うがい
　　　 9：00　朝の会（朝のあいさつ）
　　　　　　　朝の活動
　　　10：30　排泄、手洗い
　　　10：40　鬼ごっこ（集団保育*／設定保育*）
　　　11：40　排泄、手洗い、うがい
　　　12：00　昼食（準備・後片付けを含む）
　　　12：40　排泄、手洗い、歯磨き
　　　　　　　自由遊び

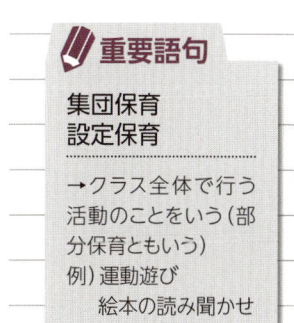

**重要語句**

集団保育
設定保育
→クラス全体で行う活動のことをいう（部分保育ともいう）
例）運動遊び
　　絵本の読み聞かせ

47

　　　　　　　　片付け
　　　　（幼稚園はこの後、降園準備、終礼・預かり保育となります）
　　　１３：００　排泄、手洗い
　　　１３：１０　絵本
　　　１３：１５　午睡
　　　１５：００　排泄、手洗い
　　　１５：２０　おやつ
　　　１５：５０　排泄、手洗い、うがい
　　　１６：００　降園準備
　　　１６：１０　終わりの会（終わりのあいさつ）
　　　１６：３０　合同保育・延長保育・順次降園

　これらを、実習記録に記入すると、図表5-2のようになります。

● 図表5-2　1日の大まかな流れ

| 時間 | 環境の構成 | 子どもの活動 | 保育者の援助・配慮 | 実習生の援助・考察 |
|---|---|---|---|---|
| 8:00 | | ○順次登園する。<br>○好きな遊びをする。 | | |
| 8:50 | | ○片付けをする。<br>○排泄、手洗い、うがいをする。 | | |
| 9:00 | | ○朝の会に参加する。<br>○朝の活動に参加する。 | | |
| 10:30 | | ○排泄、手洗いをする。 | | |
| 10:40 | | ○集団保育（設定保育）に参加する。 | | |
| 11:40 | | ○排泄、手洗い、うがいをする。 | | |
| 12:00 | | ○昼食の準備をする。<br>○昼食をとる。<br>○片付けをする。 | | |
| 12:40 | | ○排泄、手洗い、歯磨きをする。<br>○好きな遊びをする。<br>○片付けをする。 | | |
| 13:00 | | ○排泄、手洗いをする。<br>○午睡の準備をする。 | | |
| 13:10 | | ○絵本の読み聞かせを聞く。 | | |
| 13:15 | | ○午睡をする。 | | |
| 15:00 | | ○起床し、着替えをする。<br>○排泄、手洗いをする。 | | |
| 15:20 | | ○おやつを食べる。 | | |
| 15:50 | | ○排泄、手洗い、うがいをする。 | | |
| 16:00 | | ○降園準備をする。 | | |
| 16:10 | | ○終わりの会に参加する。<br>○好きな遊びをする（延長保育）。 | | |
| 16:30 | | ○順次降園する。 | | |

必ず下書きし、情報をきちんと整理した上で清書しましょう。

このように毎日、ある程度決まった流れがあり、子どもたちが自主的に動くことができるように工夫して保育を行っている園が多いため、流れとしての子どもの活動が記録できたら、毎日同じことを同じように記録するのではなく、省略できるところは省略し、しっかりと観察し、その日その日の活動において、記録すべきところを考え、意味のある記録を書くように心がけましょう。このように流れを把握し、記録できたら次の段階に進みます。

## 3　一つひとつの活動について（環境構成や子どもの様子など）詳細を書く

1日の保育の流れが整理できたら、各活動におけるくわしい内容を記入します。大きな流れを白丸（○）、その流れの中の詳細を黒点（・）で表すなど、わかりやすい表記を心がけて記します。

● 図表5-3　観察記録①

| 時間 | 環境の構成 | 子どもの活動 | 保育者の援助・配慮 | 実習生の援助・考察 |
|---|---|---|---|---|
| 8：00 | | ○順次登園する。<br>・持ち物の整理をする。<br>・歯ブラシ、コップ、タオルを出し、所定の位置に配置する。<br>・帳面にシールを貼る。 | | |
| | 〈保育室〉<br>ござかカーペットを敷く<br>（ピアノ、絵本棚、机、ロッカー、ブロックコーナー、机、机、机、ままごとコーナー、椅子・机、水道、ロッカー、入口） | ○好きな遊びをする。<br>・保育室でブロック、ままごと遊びをする。<br>・帽子をかぶり、靴を履き園庭に出る。<br>・園庭でボール遊びや砂場遊びをしたり、固定遊具で遊んだりする。 | | |
| 8：50 | 〈園庭〉<br>（花壇、すべり台、砂場、倉庫、鉄棒、水道） | ○片付けをする。<br>・ブロックやままごとの道具をかごに戻す。<br>・ボールや道具を棚に戻す。<br><br>○排泄、手洗い、うがいをする。<br>・順番に並んで排泄、手洗い、うがいを行う。 | | |
| 9：00 | 〈保育室〉<br>（図が入らないため次ページ参照） | ○朝の会に参加する。<br>・朝の歌をうたう。<br>・朝のあいさつをする。<br>・かえる体操をする。<br>・今日の活動について説明を聞く。 | | |

**プラスワン**

記録を書くときの注意②

・記録を書く際に統一する表記
「教室」→「保育室」
「先生」→「保育者」
「子供」→「子ども」
「私」→「実習生」
「お昼寝」→「午睡」
「トイレに行く」
　→「排泄する」

第3章　保育の観察記録をとろう

5コマ目　観察記録を書いてみよう

49

| 時間 | 環境の構成 | 子どもの活動 | 保育者の援助・配慮 | 実習生の援助・考察 |
|---|---|---|---|---|
| 10:30 | ピアノ 絵本棚 机 ロッカー<br>○○○○○<br>○○○○○<br>○○○○○ 椅子・机<br>水道 ロッカー 入口<br>●保育者<br>○子ども<br>△実習生 | ○手遊びをする。<br>・「(手遊びの題名)」を保育者の見本を見ながら行う。<br><br>○絵本の読み聞かせを聞く。<br>・保育者の話を聞く。<br>・絵本「(絵本の題名)」を見る。<br>・絵本について感想を言う。<br><br>○排泄、手洗いをする。 | | |
| 10:40 | 〈園庭〉<br>花壇 すべり台 砂場 倉庫<br>●<br>○○○○○○<br>鉄棒 ○○○○○○<br>△ 水道 | ○園庭で鬼ごっこをする。<br>・帽子をかぶり、靴を履き、園庭に出る。<br>・遊びの説明を聞く。<br>・鬼を決め、鬼ごっこをする。<br>・保育者の周りに集まり、鬼ごっこについて話す。<br>・再び鬼を決め、鬼ごっこをする。<br>・遊びの感想をみんなで言い合う。 | | |
| 11:40 | | ○排泄、手洗い、うがいをする。<br>・靴は靴箱に戻し、帽子はロッカーに入れる。 | | |
| 12:00 | 〈保育室〉<br>ピアノ 絵本棚 机 ロッカー<br>□ □ ●<br>□ □ 椅子・机<br>△<br>水道 ロッカー 入口 | ○昼食の準備をする。<br>・当番が机を拭く。<br>・配膳をする。<br>・当番以外の子どもは、机に4人ずつ座る。<br><br>○昼食をとる。<br>・「いただきます」の歌をうたう。<br>・食事のあいさつをする。<br>・給食（弁当）を食べる。<br><br>○片付けをする。<br>・自分の食器を片付ける。<br>・当番が机を拭く。<br>・ごみを拾う。<br>・雑巾がけをする。 | | |

| 時間 | 環境の構成 | 子どもの活動 | 保育者の援助・配慮 | 実習生の援助・考察 |
|---|---|---|---|---|
| 12：40 | | ○排泄、手洗い、歯磨きをする。<br>・排泄、手洗いを行う。<br>・自分の歯ブラシを取りに行き、歯を磨く。<br><br>○好きな遊びをする。<br>・パズルなど、設定されている環境のなか静かに遊ぶ。<br><br>○片付けをする。<br>・パズルのピースがそろっているか確認し、所定の棚に戻す。 | 歯ブラシの保管など、衛生上の問題から歯磨きを行う園と行わない園があります。 | |
| 13：00 | | ○排泄、手洗いをする。<br><br>○午睡の準備をする。<br>・当番の子どもたちがふとんを敷く。<br>・着替えをする。<br>・服をたたんでロッカーの前に置く。 | | |
| 13：10<br><br>13：15 | 〈保育室〉<br>ピアノ／絵本棚／机／ロッカー／椅子・机／水道／ロッカー／入口 | ○絵本の読み聞かせを聞く。<br>・保育者の話を聞く。<br>・絵本「(絵本の題名)」を見る。<br>・絵本について感想を言う。<br><br>○午睡をする。<br>・自分のふとんに入る。<br>・ふとんの中で静かに休息をとる。 | | |
| 15：00 | | ○起床し、着替えをする。<br>・起床後、ふとんを片付け、着替えをする。<br><br>○排泄、手洗いをする。 | | |
| 15：20<br><br>15：50 | 〈保育室〉<br>ピアノ／絵本棚／机／ロッカー／椅子・机／水道／ロッカー／入口 | ○おやつを食べる。<br>・当番が机を拭く。<br>・机に4人ずつ座る。<br>・「いただきます」の歌をうたう。<br>・食事のあいさつを行う。<br>・おやつを食べ、片付ける。<br><br>○排泄、手洗い、うがいをする。 | | |

**プラスワン**

**個人情報の保護**

観察記録(実習日誌)には、子どもやその家族のプライバシーに十分留意し、実名は記入しない(個人が特定できるような書き方をしない)。

| 時間 | 環境の構成 | 子どもの活動 | 保育者の援助・配慮 | 実習生の援助・考察 |
|---|---|---|---|---|
| 16:00 | | ○降園の準備をする。<br>・歯ブラシ、コップ、タオルをかばんに入れる。<br>・帳面や便りをかばんに入れる。 | | |
| 16:10<br><br>16:30 | 〈保育室〉<br>ピアノ　絵本棚　机　ロッカー<br>○○○○○○<br>○○○○○○<br>○○○○○○<br>△<br>水道　ロッカー　入口　椅子・机 | ○終わりの会に参加する。<br>・終わりの歌をうたう。<br>・終わりのあいさつをする。<br>・明日の活動について説明を聞く。<br><br>○好きな遊びをする（延長保育）。<br>・他クラスと合同になり、好きな遊びを選んで遊ぶ。<br><br>○順次降園する。<br>・保護者とともに帰宅する。 | | |

このように子どもの行動を時間の経過とともに記入すると、その1日に何をしたのか、どのような動きであったのかが整理されます。

## 4　保育者の援助や配慮とともに実習生の動き、考察を書く

1日の子どもの様子、活動についての記録が整理できたら、次は、保育者の援助や配慮、そして観察者（実習生）の動き、考察をまとめます。そもそも、保育者の援助や配慮（働きかけ）とはどのようなことを指すのでしょうか？　大きく3つに分けて考えてみましょう。

1つ目は、保育者・観察者（実習生）が行う言葉がけです。「子どもたちに笑顔であいさつをする」「保育室への移動がスムーズに行われるように声をかける」といったように、全体に対しての言葉がけもあれば、一人ひとりに対してのものもありますが、すべての言葉がけを記入するのではなく、その場面で必要であると思われるものを記入するようにしましょう。

2つ目は保育者・観察者（実習生）が特に目を配らなければいけないと思われるときの行動についてです。「子どもたちが石けんできれいに手が洗えているか、洗い忘れがないかを確認する」「保育者の目が届く場所で遊んでいるか、安全に遊具を使用しているかを確認する」など、子どもたちが健やかに成長するために必要な援助について記録します。

3つ目は、子どもの気持ちに寄り添い、子どものやる気を引き出せるような態度、行動についてです。「残さず食べることができた子どもには、がんばりを認め喜びを共感する」「子どもたちの楽しみを理解し、くやしがる思いに共感する」など、関心、意欲、前向きな姿勢を育てるための教育的配慮について記録します。

それでは、実際に観察記録を書いてみましょう。

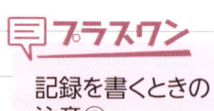

---

**プラスワン**

記録を書くときの注意③

ら抜き言葉に注意して記入する。
「食べれる」
↓
「食べられる」

---

保育者の言葉がけをきいて考えたことや、書きとめておきたいことは、実習生の援助、考察欄に書きましょう。

## 第3章　保育の観察記録をとろう

● 図表5-4　観察記録②

| 時間 | 環境の構成 | 子どもの活動 | 保育者の援助・配慮 | 実習生の援助・考察 |
|---|---|---|---|---|
| 8：00 | | ○順次登園する。<br>・持ち物の整理をする。<br>・歯ブラシ、コップ、タオルを出し、所定の位置に配置する。<br>・帳面にシールを貼る。 | ○一人ひとりに笑顔であいさつをする。<br>・保護者との会話や子どもの様子を見て、体調を把握する。<br>・準備、整理がきちんと行われているか確認する。 | |
| | 〈保育室〉<br>ピアノ／絵本棚／机／ロッカー<br>ブロックコーナー／机／机／机<br>ままごとコーナー／椅子・机<br>水道／ロッカー／入口<br><br>〈園庭〉<br>花壇／すべり台／砂場／倉庫<br>鉄棒／水道 | ○好きな遊びをする。<br>・保育室でブロック、ままごと遊びをする。<br>・帽子をかぶり、靴を履き園庭に出る。<br>・園庭でボール遊びや砂場遊びをしたり、固定遊具で遊んだりする。 | ○子どもたちの遊びを観察し、必要があれば援助する。<br>・安全に遊ぶことができているか確認する。 | |
| 8：50 | | ○片付けをする。<br>・ブロックやままごとの道具をかごに戻す。<br>・ボールや道具を棚に戻す。 | ○手順通りに行っているか、所定の位置に戻しているかなどを確認する。 | |
| | | ○排泄、手洗い、うがいをする。<br>・順番に並んで排泄、手洗い、うがいを行う。 | ○手をきれいに洗えているか、洗い忘れがないか確認する。 | |
| 9：00 | 〈保育室〉<br>ピアノ／絵本棚／机／ロッカー<br>○○○○○<br>○○○○○<br>○○○○○<br>○○○○△<br>椅子・机<br>水道／ロッカー／入口<br>●保育者<br>○子ども<br>△実習生 | ○朝の会に参加する。<br>・朝の歌をうたう。<br>・朝のあいさつをする。<br>・かえる体操をする。<br>・今日の活動について説明を聞く。 | ○子どもの様子を見ながら朝の歌を弾き歌いする。<br><br>・日にちや曜日を確認し、出席をとる。 | |
| | | ○手遊びをする。<br>・保育者の周りに集まる。<br>・「(手遊びの題名)」を保育者の見本を見ながら行う。 | ○元気に活動に参加できていることを認める。 | |
| | | ○絵本の読み聞かせを聞く。<br>・保育者の話を聞く。<br>・絵本「(絵本の題名)」を見る。<br>・絵本について感想を言う。 | ○集中して聞いているか子どもの反応を見ながら読み方を工夫し、進める。<br>・それぞれの思いを受け止める。 | |

> **プラスワン**
> 記録を書くときの注意④
> 子どもの活動と保育者の援助は行をそろえて記入する。

5コマ目　観察記録を書いてみよう

| 時間 | 環境の構成 | 子どもの活動 | 保育者の援助・配慮 | 実習生の援助・考察 |
|---|---|---|---|---|
| 10:30 | | ○排泄、手洗いをする。 | ○順番を守り、静かに待つことができているかを確認する。 | |
| 10:40 | 〈園庭〉<br>花壇 すべり台 砂場 倉庫<br>鉄棒 ○○○○○○○<br>○○○○○○○<br>△<br>水道 | ○園庭で鬼ごっこをする。<br>・帽子をかぶり、靴を履き、園庭に出る。<br>・遊びの説明を聞く。<br><br>・鬼を決める。<br>・保育者の周りに集まり、鬼ごっこについて話す。<br>・再び鬼を決め、鬼ごっこをする。<br>・遊びの感想をみんなで言い合う。 | ○外に出る準備が整っているかを確認し、すみやかに落ち着いて園庭に出るように促す。<br>・友だちと楽しく遊べるように、ルールを守ることを約束する。<br>・安全に活動できるよう見守る。<br><br>・子どもたちの楽しむ姿、くやしがる思いに共感し、次回への意欲へとつなげる。 | |
| 11:40 | 〈保育室〉<br>ピアノ 絵本棚 机 ロッカー<br>□○ □○ □○<br>○□○ ○□○ ●□○<br>△ 椅子・机<br>水道 ロッカー 入口 | ○排泄、手洗い、うがいをする。<br>・靴は靴箱に戻し、帽子はロッカーに入れる。<br><br>○昼食の準備をする。<br>・当番が机を拭く。<br>・配膳をする。<br>・当番以外の子どもは、机に4人ずつ座る。 | ○園庭からクラスに移動するときの移動方法を確認する。<br><br><br>○当番の子どもが机を拭くことができるようすみやかに机と台ふきんを用意する。 | |
| 12:00 | | ○昼食をとる。<br>・「いただきます」の歌をうたう。<br>・食事のあいさつを行う。<br>・給食（弁当）を食べる。<br><br><br>○片付けをする。<br>・自分の食器を片付ける。<br>・当番が机を拭く。<br>・ごみを拾う。<br>・雑巾がけをする。 | ○準備ができたことを確認し、歌とあいさつを促す。<br>・残さず食べることができるよう声をかける。<br>・食事中のマナーや態度を観察し、必要な援助を行う。<br><br>○所定の位置にルールを守って片付けることができているかを確認する。 | |
| 12:40 | | ○排泄、手洗い、歯磨きをする。<br>・排泄、手洗いを行う。<br>・自分の歯ブラシを取りに行き、歯を磨く。 | ○一人ひとり歯磨きができているかを確認する。 | |

| 時間 | 環境の構成 | 子どもの活動 | 保育者の援助・配慮 | 実習生の援助・考察 |
|---|---|---|---|---|
| | | ○好きな遊びをする。<br>・パズルなど、設定されている環境のなか静かに遊ぶ。<br><br>○片付けをする。<br>・パズルのピースがそろっているか確認し、所定の棚に戻す。 | ○静かに遊ぶことができるものを選び、落ち着いて遊ぶことができるように援助する。<br><br>○子どもたちが確認しているか確かめる。 | |
| 13:00 | | ○排泄、手洗いをする。<br><br>○午睡の準備をする。<br>・当番の子どもたちがふとんを敷く。<br>・着替えをする。<br>・服をたたんでロッカーの前に置く。 | ○静かに行動するように伝える。<br><br>○子どもたちがスムーズにふとんを敷くことができるように環境を整える。<br>・各自が衣服を整理できているかを確認する。 | |
| 13:10 | 〈保育室〉<br>ピアノ／絵本棚／机／ロッカー／椅子・机／水道／ロッカー／入口 | ○絵本の読み聞かせを聞く。<br>・保育者の話を聞く。<br>・絵本「(絵本の題名)」を見る。<br>・絵本について感想を言う。 | ○子どもたちが眠りにつくことができるよう、落ち着いた雰囲気で読む。 | |
| 13:15 | | ○午睡をする。<br>・自分のふとんに入る。<br>・ふとんの中で静かに休息をとる。 | ○子どもたちが寝ている様子を見まわり、子どもの状態を把握する。 | |
| 15:00 | | ○起床し、着替えをする。<br>・起床後、ふとんを片付け、着替えをする。 | ○起床後の子どもたちの様子を観察し、着替えやおやつの準備がスムーズに行えるように援助する。 | |
| 15:20 | 〈保育室〉<br>ピアノ／絵本棚／机／ロッカー／椅子・机／水道／ロッカー／入口 | ○排泄、手洗いをする。<br><br>○おやつを食べる。<br>・当番が机を拭く。<br>・机に4人ずつ座る。<br>・「いただきます」の歌をうたう。<br>・食事のあいさつをする。<br>・おやつを食べ、片付ける。 | ○きちんと行えているのかを確認する。<br><br>○楽しい雰囲気のなか、おやつを食べることができるように、一人ひとりと会話をする。 | |

| 時間 | 環境の構成 | 子どもの活動 | 保育者の援助・配慮 | 実習生の援助・考察 |
|---|---|---|---|---|
| 15:50 | | ○排泄、手洗い、うがいをする。 | ○ていねいに行えるように促す。 | |
| | | ○降園の準備をする。<br>・歯ブラシ、コップ、タオルをかばんに入れる。<br>・帳面や便りをかばんに入れる。 | ○かばんに入れるものを伝えて確認し、忘れ物がないよう声をかける。<br>・名前を呼んで、帳面と便りを配布し、人数を確認する。 | |
| 16:10 | 〈保育室〉<br>ピアノ／絵本棚／机／ロッカー／椅子・机／水道／ロッカー／入口 | ○終わりの会に参加する。<br>・終わりの歌をうたう。<br>・終わりのあいさつをする。<br>・明日の活動について説明を聞く。 | ○今日の活動について振り返り、子どもたちの思いを受け止め、明日への期待がもてるようにする。<br>・一人ひとりと視線を合わせてあいさつをする。 | |
| 16:30 | | ○好きな遊びをする（延長保育）。<br>・他クラスと合同になり、好きな遊びを選んで遊ぶ。 | ○全体に意識を配りながら、子どもたちの様子を観察する。 | |
| | | ○順次降園する。<br>・保護者とともに帰宅する。 | ○保護者に必要な連絡事項と1日の子どもの様子について伝える。<br>・笑顔であいさつし、見送る。 | |

　このように、3つの視点から保育者の援助や配慮を記録していくことで、観察記録が整理され、順序立てて1日を振り返ることができるようになります。メモをとる際に、この3つの視点を意識してとるようにしましょう。
　記録をとるために大切なことは、どのような記録を何のためにとるのか、ということを理解することです。そして、そういった記録をとるためには、何をしなければならないかについて理解することも必要です。
　記録は自分自身の行動を客観的に見る機会となり、ほかの保育者と対話するためのきっかけとなります。自分自身の保育を見直すことや、ほかの保育者と対話することは、より良い保育への道を開く手がかりとなることでしょう。3つの視点を意識し、有意義な記録をとることができるようになりましょう。

### おさらいテスト

❶ 観察記録を書くために、まず[　　　]を把握する。
❷ 1日の大まかな流れをつかみ、活動の[　　　]に注目する。
❸ 保育者の[　　　]や配慮について、記録をとることで理解を深める。

## 演習課題

### ビデオをもとに、メモをとる練習をしよう

観察記録のトレーニングを行ってみましょう。

| 時間 | 環境の構成 | 乳幼児の活動 | 保育者の援助と配慮 |
|---|---|---|---|
|  |  |  |  |

| 時間 | 環境の構成 | 乳幼児の活動 | 保育者の援助と配慮 |
|---|---|---|---|
|  |  |  |  |

| 時間 | 環境の構成 | 乳幼児の活動 | 保育者の援助と配慮 |
|---|---|---|---|
|  |  |  |  |

# 6コマ目 観察記録を振り返ってみよう

### 今日のポイント

1. 1日の流れを把握し、継続的に行われる保育について理解する。
2. 子どもの様子や保育者の援助・配慮について観察できているところ、できていないところを把握する。
3. 自分自身の援助や配慮について振り返り、課題を明確にする。

　観察記録は書くことも大切ですが、その後、その内容について振り返ることが重要です。実習における観察記録では、1日の保育を整理し記録したあと、その記録をもとに自分自身の実習における姿勢や態度、子どもとの関わりなどについて振り返ります。この振り返りは、保育者として働く際にも必要不可欠なことです。保育者は、常に自分自身の保育を振り返り、より良い援助や配慮ができるよう努めることが大切です。

## 1　観察記録を振り返る視点

### 1　1日の流れについて

　まず、最初に1日の流れが把握できているかどうかを確認しましょう。決まった流れのなかで生活することは、子どもたちにとって重要なことです。なぜなら、子どもたちは整った生活リズムを身につけることで、安心してのびのびと活動することができるようになるからです。特に集団生活の場において、毎日決まった流れのなかで活動するということはとても大切なことなのです。それゆえに、その流れを把握できていないと、適切な援助や配慮を行うことができません。

　では、流れが把握できているということはどのようにして判断すれば良いのでしょうか？　観察記録を見てみましょう。1日の流れを時系列で書くことができていますか？　それぞれの活動が始まった時間、終わった時間、次の活動までに要した時間などが明確でしょうか？　毎日記録をとるなかで、いつ、どのくらいの時間を、どのような活動に費やしたかを明記することは、自分自身が保育をする機会を与えられたときに参考になるだけでなく、子どもたちの様子を観察するうえでも役に立ちます。

　たとえば、行っている活動の内容にかかわらず、ある時間帯は元気がない子どもがいることに気がついたり、時間帯にかかわらず、30分以上同

> **プラスワン**
>
> 日課について
> 園によって生活の流れはさまざまなため、比較検討すると良い。

じ活動が続くと集中力がもたない子どもがいることに気づいたりすることができます。観察記録を1日の流れが把握できているかどうか、という視点でまず振り返ってみましょう。

### 2 子どもの活動について

次は、子どもの活動についてです。子どもが行った活動をすべて記録できているでしょうか？　観察者から見れば、書きとめる必要がないように思われる事柄がとても大切な情報となる場合もあります。たとえば、排泄についてです。乳児クラスと幼児クラスでは排泄を促す頻度が異なります。年齢ごとにどのくらいの頻度で行われているのかを記録することで、子どもたちの発達に即した援助について考えることができるようになります。片付けについても同様です。どのくらいの時間をかけて行っているのか、どの程度の片付けを促しているのか（ボールをかごに入れる、ブロックをばらばらにしてから片付ける、など）を記録することで、援助の仕方や配慮する点が異なってくることが理解できると思います。

また、子どもの活動は保育者に促されて行われるときが多いため、保育者の援助や配慮の部分と重なる事項も多くなるのですが、子どもたちが活動を行っているときの様子や、態度、言動などを加えて記録することが大切になります。1日の子どもの様子を大まかに把握したあとは、各活動における子どもたちの様子をできるだけ細かく観察し記録します。そうすることで、子どもたちが課題としていることは何かを把握することができます。そして、子ども一人ひとりをより深く理解することで、子どもたちにとって必要な環境を構成することや、適切な援助ができるようになります。

観察記録を振り返り、子どもたちの大まかな活動の流れを把握し、子どもたちが活動している様子をしっかりと観察できていたかどうか、次回はどのようなことに注意し観察するべきなのか、また、どのようにメモをとり記録すれば良いかなどをしっかり考え、次の記録をとる際に活かしましょう。

### 3 保育者の援助・配慮について

実習生として最も大切になるのが、この保育者の援助・配慮についての記録です。保育者がどのような場面でどのように援助しているのか、また、どんな配慮をしているのかを知ることが実習における大きな目標の1つであることは間違いありません。では、どのような援助、配慮について観察すべきなのでしょうか？　前述したように、

①保育者・観察者（実習生）が行う言葉がけ
②保育者・観察者（実習生）が特に目を配らなければいけないと思われるときの行動
③子どもの気持ちに寄り添い、子どものやる気を引き出せるような態度、行動

という大きく分けて3つの視点から観察すると良いのですが、保育の流れがつかめていないうちは、こういった詳細に目を向け、観察し、記録する

> 観察記録から子どもの発達の様子がうかがえます。気をつけて振り返りましょう。

> 記録の整理がしやすいメモのとり方を自分なりに工夫しましょう。

6コマ目　観察記録を振り返ってみよう

ことはとても困難です。保育者の援助・配慮に関しては、自分自身の記録に番号を振るなど工夫し、観察できている視点と、観察できていない視点とを明確にし、次回観察する際に活かすことが大切になります。

## 2 観察記録を振り返る

それでは、実際に観察記録を振り返ってみましょう。3歳児クラスを観察したときの記録のなかで、登園から朝の会を行うまでの1時間程度の記録が次のようになりました（図表6-1）。

●図表6-1　観察記録の振り返り

| 10月　16日　月曜日　天候　晴れ　観察者（実習生）氏名　○○　○○ |||||||
|---|---|---|---|---|---|---|
| 担当クラス　うさぎ組　3歳児　計　22名（男児　12名・女児　10名）　欠席　0名 |||||||
| 観察者（実習生）の目標<br>・クラスの子どもたちの<u>名前を覚える</u>。<br>・1日の流れを把握し、積極的に活動する。 ||| 今日の主な活動<br>・廃材で楽器をつくる。<br>・手づくり楽器で遊ぶ。 ||||
| ねらい<br>・気の合う友だちと一緒に<u>身体を動かす遊び</u>を楽しむ。<br>・<u>身近な素材を使って楽器をつくる</u>。<br>・手づくり楽器で演奏することを楽しむ。 ||| 内　容<br>・友だちと楽しく一緒に遊ぶ。<br>・紙コップとビーズを使ってマラカスをつくる。<br>・友だちと一緒に、手づくり楽器を演奏する。 ||||
| 時間 | 環境の構成 | 子どもの活動 | 保育者の<br>援助・配慮 | 実習生の<br>援助・考察 ||
| 8:00 | （保育室）<br>［ピアノ］［絵本棚］［ロッカー］<br>［ブロックコーナー］［机］［机］［机］<br>ままごとコーナー<br>［椅子・机］<br>［水道］［ロッカー］［入口］ | ○順次登園する。<br>・持ち物の整理をする。<br>・<u>帳面に印を押す</u>。<br><br><br>○好きな遊びをする。<br>・<u>ボール遊びをする</u>。 | ○一人ひとりに笑顔であいさつをする。①<br>・保護者との会話、子どもの様子から体調を把握する。②<br>・準備、整理がきちんと行われているか確認する。②<br><br>○子どもたちが好きな遊びに集中できるよう、<u>環境を整える</u>。②③<br>・子どもたちの遊びを観察し、必要があれば援助する。②③ | ・元気よく笑顔であいさつする。①<br><br><br><br><br><br><br>・子どもの意欲が引き出せるよう、一緒に遊ぶ。③<br><br>なぜ、下線が引いてあるのか、考えてみましょう。 ||

第3章　保育の観察記録をとろう

| 8:50 | | ・<u>片付けをする</u>。<br>・使っていたものを片付ける。 | ・手順通りに行っているか、所定の位置に戻しているかなどを確認する。①② | ・進んで片付けができるように言葉がけをする。① |
| --- | --- | --- | --- | --- |
| | | ○排泄、手洗い、うがいをする。<br>・順番に並んで排泄、手洗い、うがいを行う。 | ○手をきれいに洗えているか、洗い忘れがないか確認する。② | |

　それでは、振り返ってみましょう。まずは、流れです。1時間という短い時間のなかでも、さまざまな活動が行われていることが確認できます。活動の流れとして、順次登園する⇒好きな遊びをする⇒片付けをする⇒排泄、手洗い、うがいをするとなっていることが記録から伺えます。しかし、記録を注意して見ると、観察者が「片付けをする」という活動を、「好きな遊びをする」という活動の一部だと考えていることがわかります。子どもたちにとって、好きな遊びをすることと片付けをするということはまったく異なった活動である、ということを理解することも、子どもたちを理解するうえでとても大切な視点となります。

　次に「子どもの活動」について見てみましょう。観察者は「好きな遊びをする」に続いて「ボール遊びをする」と記録しています。「好きな遊びをする」ということは「ボール遊びをする」ということと同じなのでしょうか？

　「好きな遊びをする」子どもたちのなかで、何人かの子どもたちが「ボール遊び」をしていたのだとしたら、「ボール遊び」以外にも「すべり台で遊ぶ」や「砂場で遊ぶ」というように、「好きな遊びをする」時間に行われていた遊びをいくつか記録しておく必要があります。そうすることで、どのような遊びを子どもたちは好み、行っているのかということを継続的に広い視野で振り返ることが可能になります。

　また、「片付けをする」という大きな流れに対し、「使っていたものを片付ける」と詳細を記録していますが、片付ける、ということは使っていたものを片付ける、ということなので、二度同じことを書いていることになります。ここでは、何をどのように片付けたのか、具体的に書くことが重要になります。たとえば、読んでいた絵本を棚に戻す、といったようにです。

　そして、「保育者・観察者の援助・配慮」についてです。①保育者・観察者（実習生）が行う言葉がけ、②保育者・観察者（実習生）が特に目を配らなければいけないと思われるときの行動について、③子どもの気持ちに寄り添い、子どものやる気を引き出せるような態度、行動について、という大きく分けて3つの視点から観察記録を振り返り、それぞれの項目に対し、番号を付けてみると左記の記録のようになります。この時間帯の記録に関して見てみると、③についての記述がやや少なく感じられます。次回の観察に向けて課題が明確になることが理解できるでしょう。

　たとえば、「片付けをする」という場面について振り返ってみると、そ

> 子どもの活動に対する援助などはきちんと整理し、そろえて記録することができていますね。

> 誤字脱字をチェックすることは重要ですが、このように重複している内容がないかも必ず見直しましょう。

> 大きな流れは（○）、そのなかの詳細を（・）で表すなど、表記を整理することが大切です。

6コマ目　観察記録を振り返ってみよう

こには保育者がどのように子どもたちのやる気を起こし、片付けに取り組めるよう援助しているかは記録されていません。同じように砂場で遊んでいても、3歳児と5歳児では片付けに必要な援助や時間が異なります。また、意欲の引き出し方も変わってくるはずです。観察をする際には、そういったことを意識しながら、記録をとるよう心がけましょう。また、「実習生の援助・考察」についても、「進んで片付けができるように言葉がけをする」とありますが、一緒に行おうと誘ったのか、がんばっている姿を認めたのか、少しやる気がなくなってきたように見えた子どもを励ましたのか、具体的に記録しておかなければ、どんな言葉がけを行ったのか忘れてしまいます。毎日何度も行う片付けだからこそ、同じような言葉がけになってしまうことがないよう、意識して記録することが大切です。これらを整理すると図表6-2のようになります。

　観察記録を振り返るときには、目標を見直したり、記録できていなかった点などに目を向けたりする必要があります。目標を書くことで、客観的に自分の目標を見直すことができ、その改善点に気づくことができます。また、記録を整理することで、見逃していた事柄や、その場では気がつかず行動できなかったことなどが見えてきます。観察者は自分自身の目標を達成することができたかどうか、記録を通して振り返ることが大切です。

　記録をとるだけでも大変なのに、その記録を振り返ることができるだろうか、と疑問に思う人もいるでしょう。また、記録を振り返ったところで、課題や問題点に気づくことができるだろうか、と不安に思う人もいるかもしれません。観察者として自分自身では気がつかなくても、一生懸命記録をとっていれば、それを見た保育者が経験を生かしてさまざまなことに気づき、指導、助言を行ってくれます。記録をとる意義にあったように、記録をとり、その記録を分かち合うことで、保育観を共有することができるようになり、より良い保育を行う知識、技術を高めることが可能になるのです。

### おさらいテスト

❶ [　　　　　]を把握し、[　　　　]に行われる保育について理解する。
❷ [　　　　　　]や保育者の援助・[　　　　]について観察できているところ、できていないところを把握する。
❸ 自分自身の援助や配慮について振り返り、[　　　　]を明確にする。

第3章 保育の観察記録をとろう

● 図表6-2 観察記録の振り返り（訂正版）

| 10月 16日 月曜日 　天候　晴れ　観察者（実習生）氏名　○○　○○ |||||
|---|---|---|---|---|
| 担当クラス　うさぎ組　　3歳児　　計　22名（男児　12名・女児　10名）欠席　0名 |||||
| 観察者（実習生）の目標<br>・クラスの子どもたちの名前を覚える。<br>・1日の流れを把握し、積極的に活動する。 |||| 今日の主な活動<br>・廃材で楽器をつくる。<br>・手づくり楽器で遊ぶ。 |
| ねらい<br>・気の合う友だちと一緒に身体を動かす遊びを楽しむ。<br>・身近な素材を使って楽器をつくる。<br>・手づくり楽器で演奏することを楽しむ。 |||| 内　容<br>・友だちと楽しく一緒に遊ぶ。<br>・紙コップとビーズを使ってマラカスをつくる。<br>・友だちと一緒に、手作り楽器を演奏する。 |
| 時間 | 環境の構成 | 子どもの活動 | 保育者の<br>援助・配慮 | 実習生の<br>援助・考察 |
| 8:00 | （保育室）<br>［図：ピアノ、絵本棚、机、ロッカー、ブロックコーナー、机、机、机、ままごとコーナー、椅子・机、水道、ロッカー、入口］<br>（園庭）<br>［図：花壇、すべり台、砂場、倉庫、鉄棒、水道］ | ○順次登園する。<br>・持ち物の整理をする。<br>・帳面に印を押す。<br><br>○好きな遊びをする。<br>・ボール遊びをする。 | ○一人ひとりに笑顔であいさつをする。<br>・保護者との会話、子どもの様子から体調を把握する。<br>・準備、整理がきちんと行われているか確認する。<br>○子どもたちが好きな遊びに集中できるよう、環境を整える。<br>・子どもたちの遊びを観察し、必要があれば援助する。 | ・元気よく笑顔であいさつする。<br><br><br><br>・子どもの意欲が引き出せるよう、一緒に遊ぶ。 |
| 8:50 | | ・片付けをする。<br>・使っていたものを片付ける。<br><br>○排泄、手洗い、うがいをする。<br>・順番に並んで排泄、手洗い、うがいを行う。 | ・手順通りに行っているか、所定の位置に戻しているかなどを確認する。<br><br>○手をきれいに洗えているか、洗い忘れがないか確認する。 | ・進んで片付けができるように言葉がけをする。 |

吹き出し注釈：
- 名前を覚えるだけでは不十分です。名前と顔が一致するよう記憶しましょう。
- これは「内容」になるので、「身近な素材を使用して楽器をつくる方法を知る」と書きましょう。
- どのような援助ができたと思いますか？ 保育者の対応を参考にして、援助し、記録できるように準備しましょう。
- 子どもたちはみんなボール遊びをしていたのでしょうか？ 戸外で好きな遊びを行ったのであれば、子どもたちが行っていた主な活動をいくつか書きましょう。
- 園庭の遊具などの配置を書きましょう。
- 好きな遊びとは異なった活動になるため、「・」ではなく「○」で表します。
- 「ボールを棚に戻す」など、何をどのように片付けたかが、わかるように記しましょう。
- どのように整えるのか、具体的に記しましょう。また、図で表す必要がある場合は、環境の構成欄に記録します。
- どのような言葉がけですか？ 具体的に書きましょう。（例：励ます）

6コマ目　観察記録を振り返ってみよう

63

## 演習課題

### 観察記録の振り返りをしよう

自分の観察記録を振り返り、課題点を具体的に書き出し、グループで話し合いましょう。

① 1日の流れについて

[　　　　　　　　　　　　　　　　　　　　　　　]

② 子どもの活動について

[　　　　　　　　　　　　　　　　　　　　　　　]

③ 保育者の援助・配慮について

[　　　　　　　　　　　　　　　　　　　　　　　]

④ 観察者の援助・考察について

[　　　　　　　　　　　　　　　　　　　　　　　]

# 第4章

## 指導計画を立てよう

この章では、実際の指導計画の例を見ながら、さまざまな指導計画の立て方について学びます。指導計画には年間、月間、週、日、個別、部分という種類があり、それぞれ注意すべきポイントがあります。

| | | |
|---|---|---|
| 7コマ目 | 指導計画を立てるしくみを知ろう | 66 |
| 8コマ目 | 年間指導計画の立て方を理解しよう | 74 |
| 9コマ目 | 月間指導計画の立て方を理解しよう | 86 |
| 10コマ目 | 週日指導計画の立て方を理解しよう | 100 |
| 11コマ目 | 個別指導計画の立て方を理解しよう | 108 |
| 12コマ目 | 部分保育指導計画の立て方を理解しよう | 116 |
| 13コマ目 | 一日保育指導計画の立て方を理解しよう | 130 |

# 7コマ目 指導計画を立てるしくみを知ろう

**今日のポイント**

1. 保育課程や教育課程はすべての指導計画のもとになり、職員全員に共通認識を与えるものである。
2. 保育課程・教育課程は各園が計画的・組織的に保育を行うために作成される。
3. 保育課程・教育課程と指導計画は、相互に関連しあう。

## 1 「保育の計画」のしくみについて

　保育者は子どもたちが健やかに成長できるよう援助するために、保育の原則に基づいて、さまざまな計画を立てます。保育における計画の重要性については第1章でくわしく述べましたが、もう一度さまざまな計画について復習し、実際の計画に触れることで理解を深め、自分自身が保育に携わる際に活かすことができるようにしましょう。

　第1章の図表1-1には、長期の指導計画と短期の指導計画についてその流れが示されています。そのなかで、関係法令や、目標、子どもの発達や実態、地域や家庭の状況などを踏まえて、園での生活全体を見通し、保育課程・教育課程が各園において作成されるということは理解できたと思います。

　保育課程・教育課程を受けて作成されるものが長期、または、短期の指導計画です。この長期、短期の指導計画を立てるときにも、「幼稚園教育要領」（以下、教育要領）、「保育所保育指針」（以下、保育指針）、「幼保連携型認定こども園教育・保育要領」（以下、教育保育要領）そして発達過程や子どもの姿を考慮することが不可欠となります。

　保育課程や教育課程は園の生活全体を見通しているため、子どもたちの活動などの詳細には触れられていません。だからこそ、計画が大きな枠組みから詳細へと進むなかで、教育要領や保育指針または教育保育要領を振り返り見直す必要があるのです。

　保育課程や教育課程は、保育者が単独で作成するのではなく、法人や各園において入園から卒園までの期間（在園中）、一貫性をもち保育することができるよう方針として打ち出されるものです。園は職員全員で共通認識をもち、計画的かつ組織的に保育に取り組む必要があるため、保育課程や教育課程を作成することにより、全職員が協働し、実践をもとに保育者

> 子どもの姿をきちんと捉えることが計画を立てるうえでとても重要になります。しっかり観察しましょう。

66

第4章 指導計画を立てよう

が自己評価を行うとともに、園全体の保育についても評価し、課題を見いだすことが目標とされています。これらの課程をもとに、各年齢別に保育者が年間指導計画を立てます。年間指導計画を作成するにあたっても、教育要領や保育指針または教育保育要領に記された保育内容について理解し、それらをもとに考えることが重要です。また、担当する子どもたちの発達過程を把握することも大切です。子どもたちの姿をきちんと捉え、1年を見通して計画を立てます。以下の図は図表1-1の保育課程・教育課程の編成の流れをくわしく示したものです。

● 図表7-1　保育課程・教育課程の編成の流れ

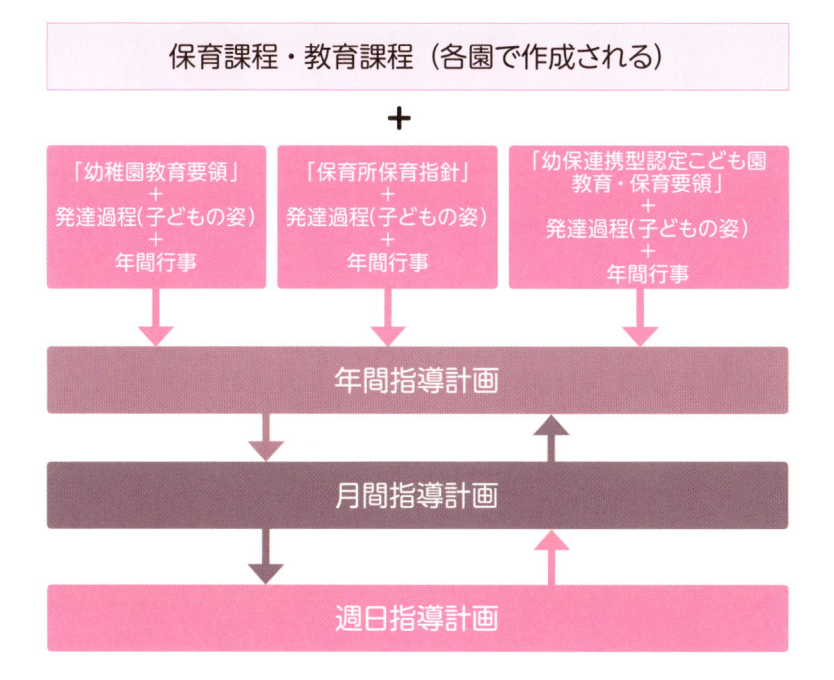

```
保育課程・教育課程（各園で作成される）
                    ＋
┌──────────────┬──────────────┬──────────────┐
│「幼稚園教育要領」│ 「保育所保育指針」│「幼保連携型認定こども園│
│      ＋       │      ＋       │  教育・保育要領」  │
│発達過程(子どもの姿)│発達過程(子どもの姿)│      ＋       │
│      ＋       │      ＋       │発達過程(子どもの姿)│
│   年間行事    │   年間行事    │      ＋       │
│              │              │   年間行事    │
└──────┬───────┴───────┬──────┴──────┬───────┘
       ↓              ↓             ↓
              年間指導計画
                  ↓ ↑
              月間指導計画
                  ↓ ↑
              週日指導計画
```

> **プラスワン**
>
> **指導計画について**
> 年間指導計画は月間指導計画を受けて変更されることもある。また、同様に週日指導計画を受けて月間指導計画が変更されることもある。

　保育課程や教育課程の形式は園によってさまざまです。しかし、ある程度、決まった内容で構成されていることも事実です。では、作成された保育課程、教育課程を見ながら、どのような構成になっているのか、くわしく見てみましょう。

## 2　保育課程・教育課程の構成

　保育課程・教育課程の構成例を次ページに示します。
68ページ～69ページ…保育課程
70ページ～71ページ…教育課程

# 平成　　年度　保育課程　　　　　　　　　　　　○○保育園

| 保育理念 | 心身ともに健康的な子どもを育てる | | |
|---|---|---|---|
| 保育目標 | ● 元気な子ども（身体的）<br>● 思いやりと感謝の心をもつ子ども（情緒的） | | |
| 基本的<br>社会的責任 | ● 適切な法人施設運営　　● 人権尊重<br>● 個人情報保護　　　　　● 苦情処理解決 | | |

| | | 0歳児 | 1歳児 | 2歳児 |
|---|---|---|---|---|
| 子どもの<br>保育目標 | | ●一人ひとりの生活リズムが整う<br>●保育者との信頼関係を基盤に、人、物への関心が広がる<br>●欲求や気持ちを受け止めてもらい自己表現を活発に行う | ●保育者に援助してもらいながら生活に必要な身の周りのことを自分でしようとする<br>●十分に身体を動かし探索活動を行う<br>●欲求、気持ちを受け止めてもらい、自己主張する力が育つ | ●生活に必要な身の周りのことを自分でしようとする<br>●自分の思いを言葉や行動で表現する<br>●交流・行動範囲を広げいろいろなことに興味をもつ |
| 養護 | 生命の保持 | ●一人ひとりの生活リズムが整うよう配慮する<br>●個々の成長を促せるように援助する | ●生活習慣を身につけられるよう、適切な援助を行う<br>●一人ひとりの心身の状態を把握し快適に生活できるようにする | ●生活遊びのなかから自我が育つような関わりをもつ<br>●自分の身体を思う通りに動かすことができるような活動を取り入れる |
| | 情緒の安定 | ●自分の気持ちを安心して表すことができるように関わる<br>●応答的な触れ合いや言葉がけを行う | ●人との関わりの心地よさや安心感を得られるようにする<br>●主張する子どもの気持ちを受け止めながらも善悪についてはきちんと伝える | ●自己主張と自己抑制のバランスがとれるように援助する<br>●探索意欲をもつことができるよう関わる |
| 教育 | 健康 | ●個人差に配慮され、清潔になることの心地よさを感じる | ●歩行や運動機能が発達し身の周りのことを自分でしようとする気持ちが芽生える | ●生活のなかから援助してもらいながら自分でできたことに喜びを感じる |
| | 人間関係 | ●保育者との関わりにより信頼関係が生まれる | ●生活や遊びのなかから決まりがあることを知る | ●友だちや保育士等と一緒に活動することを楽しむ |
| | 環境 | ●安心できる人的・物的環境のもと、感覚の働きが豊かになる | ●好みの物に興味をもちさまざまな遊びを楽しむ | ●自然に触れることで季節を知り、好奇心や探究心を養う |
| | 言葉 | ●簡単な言葉を理解し喃語による応答をする | ●言葉に関心をもち二語文を話す | ●親しみをもって元気に日常のあいさつをする |
| | 表現 | ●いろいろな素材に触れ全身で感触を楽しみ感性を育む | ●音やリズムに合わせて身体を動かすことを楽しむ | ●生活遊びからさまざまな出来事に触れ、イメージを豊かにする |
| 食育 | 食を営む力の基礎 | ●食べることに意欲をもつ | ●自分で食べる楽しさを感じる | ●さまざまな食材を意欲的に食べる |
| 健康支援 | | 健康状態、発育発達状態の把握<br>異常が認められたときの対応 | 心身状態や家庭生活、養育状態の把握<br>年間保健指導計画 | |
| 安全対策・<br>事故防止 | | 毎月の避難訓練<br>消防点検<br>年間交通安全教育指導計画 | 年間避難訓練指導計画<br>救命講習（救急・AED）<br>危機管理マニュアル | |
| 家庭・<br>地域への支援 | | 子育て支援（園庭開放・育児相談など） | | |
| 特色ある保育 | | 英会話指導<br>体育指導 | 音楽指導 | |

| 保育方針 | 身体的・社会的・情緒的・知的な発達を援助し、たくましい子どもを育成する |||

- 友だちと仲良く遊べる子ども（社会的）
- 想像力豊かで意欲的な子ども（知的）
- 保育の説明責任
- 情報提供
- 地域活動・交流

| 3歳児 | 4歳児 | 5歳児 |
|---|---|---|
| ●生活に必要な身の周りのことを自分でする<br>●好きな遊びやごっこ遊びを楽しみながら友だちを一緒にいることを楽しむ<br>●心身ともに成長し、自己表現ができるようになる | ●生活に必要な行動の意味を理解し自分から進んで行う<br>●けんかや葛藤を経験しながら相手の気持ちに気づくことができる<br>●集団での生活や行動がスムーズにできるようになる | ●健康・安全に関わる行動を自らの判断で行おうとする<br>●成長への期待や喜びを感じながら仲間とともに園生活を送る<br>●意欲的に活動し、さまざまな体験を通して達成感や充実感をみんなで味わう |
| ●運動機能が高まるようにする<br>●自ら整理整頓しようとする気持ちがもてるように援助する | ●自ら体調の変化に気づくようにする<br>●運動量が増し、活発に活動できるようにする | ●生活に必要な習慣を身につけられるようにする<br>●健康に生活する必要性を理解できるようにする |
| ●自我を大切にした、主体性の育成をする<br>●友だちとの関係のなかで、自己主張や葛藤を受け止める | ●想像力を豊かにし、自発性や探索意欲を高める<br>●最後までやりとげる気持ちをもてるように援助する | ●生活リズムに応じた活動内容の調和を図り休息がとれるようにする<br>●何事においても意欲的に行えるようにする |
| ●身の周りを清潔にし、必要な行動を自分でする | ●身体に関心をもち、異常を感じたら自ら知らせる | ●室内外の危険な場所、危険な行動を知り行動する |
| ●決まりの大切さを知り守ることができる<br>●季節により、自然や生活に変化があることを知る | ●物を大切に扱い、友達と関わり、思いやりや親しみをもつ<br>●遊具や物に興味をもち、考えたり、試したり工夫して遊ぶ | ●遊びや行事を通して友だちと協力し、力を合わせることの大切さを知る<br>●園内外の行事などに参加することに楽しさ、喜びを感じる |
| ●生活や遊びのなかで聞いたり話したりし、言葉のやりとりを楽しむ<br>●いろいろな素材や用具で工夫して遊ぶ | ●言葉の楽しさを知り、言葉を豊かにする<br>●音楽に親しみ歌ったり楽器を使ったりして楽しさを味わう | ●文字で伝える面白さを知る<br>●演じて遊ぶなど、動きや言葉での表現を楽しむ |
| ●食材に興味をもち、食事を味わう | ●食事の楽しさ、大切さ、マナーを心得る | ●植物の成長を通して、命の大切さを知り、栄養について興味をもつ |
| 毎月の身体測定<br>年間食育指導計画 | 年2回の内科検診<br>アレルギー食対応 | 歯科検診 |

| 環境・衛生管理 | 室内外の設備・用具などの清掃、消毒、安全管理および点検<br>全職員の検便・寄生虫検査<br>子ども・職員の健康保持 | 衛生管理マニュアル<br>子どもの寄生虫検査<br>年間行事計画 |
|---|---|---|
| 研修計画 | 園内・園外職員研修 ||
| 自己評価 | 職員の評価<br>保育園の評価 ||

| 幼 | 平成　　年度 | 教育課程 | | ○○幼稚園 |

| 教育理念 | ●主体的に生きる力を育む<br>●思いやりの心を育てる |
|---|---|
| 教育目標 | ●自分で考えたり、工夫したりして、積極的に活動に取り組む<br>●友だちとの関わりを楽しみながら、心のつながりや満足感、達成感を味わう |

## 4歳

| | Ⅰ 期（4・5月） | Ⅱ 期（6・7月） | Ⅲ 期（9～12月） | Ⅳ 期（1～3月） |
|---|---|---|---|---|
| 育てたいこと | ●幼稚園生活に慣れ、喜んで登園する<br>●好きな遊びを見つけ、幼稚園生活を楽しむ<br>●基本的な生活習慣を身につけ、自分のことは自分でしようとする<br>●生活のきまりや約束を知って遊ぶ<br>●自分のしたい遊びをしようとする<br>●身近な動植物を見たり、触れたりして関心をもつ<br>●保育者の話を興味をもって聞く<br>●喜んで歌ったり、楽器を使ったりして遊ぶ | ●戸外で遊ぶ楽しさや開放感を味わう<br>●梅雨期や夏の過ごし方を知る<br>●歯の大切さを知る<br>●プール遊びの約束を守る大切さを知り、安全に遊ぶ<br>●保育者と関わりながら好きな遊びを楽しむ<br>●砂、土、水の感触を楽しむ<br>●身近な自然に触れたり、自然物を遊びに取り入れようとする<br>●遊びの場に合った言葉を知る<br>●自分の感じたことや思ったことを絵画や制作で表現する | ●友だちと一緒に身体を動かして、いろいろな遊びを楽しむ<br>●基本的な生活習慣を身につける<br>●積極的に戸外での遊びに参加する<br>●旬の食べ物を知る<br>●友だちと関わりながら遊ぶ楽しさを味わう<br>●友だちと一緒に簡単なルールのある遊びをする<br>●遊びに必要なものをみんなでつくることを楽しむ<br>●秋の自然物に気づき遊びに取り入れる<br>●思ったことや考えたことを喜んで話す<br>●手作り楽器で自分なりの表現をする<br>●いろいろな素材を使って表現することを楽しむ | ●病気の予防方法を知る<br>●運動遊具や固定遊具を使って、友だちと一緒に自分たちでルールのある遊びに挑戦する<br>●友だちとの関わりのなかで相手の気持ちに気づいていく<br>●トラブルが起きたとき、自分たちで話し合ったり解決したりしようとする<br>●年長児との交流を通して、進級への期待をもち、意欲的に活動に取り組む<br>●伝統的な行事に親しむ<br>●感じたことや考えたことを自分なりに表現することを楽しむ<br>●いろいろなものになりきって、のびのびと踊ったり歌ったりする |
| 環境構成・援助 | ●一人ひとりの子どもの不安や緊張を受け止め、安定して過ごせるようにする<br>●いろいろな遊具やコーナーを準備し、自分の好きな遊びを楽しめるようにする<br>●健康的な生活をするために必要な習慣を知り、身につけることができるようにする<br>●一人ひとりに身支度や持ち物の整理の方法や手順を知らせて、少しずつ自分でできるように援助する<br>●動植物に触れるなかで、発見や驚きを受け止め、共感しながら興味や関心がもてるようにする<br>●音楽に慣れ親しむ活動を取り入れる | ●遊びを十分に楽しめるように時間や場所を保障する<br>●繰り返し楽しめる遊びや新しい遊びを取り入れ、存分に楽しめるような工夫をする<br>●歯磨き指導を行い、歯を大切にしようと思えるようにする<br>●一人ひとりの健康状態を把握し、プール遊びを安全に行えるようにする<br>●子どもの興味に対応できるように遊具や用具、材料を準備する<br>●保育者が仲立ちをし、友だちとの接し方、遊びへの参加の仕方が分かるように援助する<br>●トラブルが起きたときは、それぞれの主張を十分に聞き、相手の思いに気づけるようにする | ●一人ひとりの気持ちを受け止め、子ども同士の遊びや繋がりが広がるようにする<br>●季節の特徴を知ることができるように四季について伝える<br>●一人ひとりの興味や意欲を大切にし、身体を動かす遊びが楽しめるように遊具や用具を準備しておく<br>●きまりや約束ごとを理解できるようにわかりやすく伝える<br>●遊びに必要なものがいつでも使えるように準備しておく<br>●自分の聞いたことや思ったことを友だちやクラス全員に伝えられる時間をつくる | ●施設内外の安全点検、温度や換気に気をつける<br>●いろいろな遊びに挑戦する姿を認め、意欲をもって取り組めるようにする<br>●さまざまな人々との触れ合いが深まるように環境を整える<br>●一人ひとりの個性を認めながら自己発揮ができるように援助する<br>●互いの良さに気づきながら遊べるようにする<br>●日本の行事を伝承し、興味をもちながら参加できるようにする<br>●1年間の成長を伝え、喜び合えるようにする |

| 教育方針 | ●健康でたくましい子ども<br>●仲間と協力して最後までやり遂げる子ども | ●思いやりのある心豊かな子ども<br>●豊かな表現のできる子ども |
|---|---|---|

## 5歳

| Ⅰ 期（4・5月） | Ⅱ 期（6・7月） | Ⅲ 期（9〜12月） | Ⅳ 期（1〜3月） |
|---|---|---|---|
| ●年長児になった自覚をもって、意欲的に活動に取り組む<br>●保育者や友だちと関わりながら、戸外で身体を動かして遊ぶ<br>●自分の健康に関心をもち、生活に必要な活動を自らしようとする<br>●友だちと一緒に遊ぶ楽しさを感じ、自分達で遊びを進めていこうとする<br>●春の自然に興味をもち、触れて遊ぶ<br>●飼育動物や栽培物に親しみをもち、触れたり世話をしたりする<br>●保育者や友だちの話を聞いたり、自分の気持ちを伝えようとしたりする<br>●友だちと一緒に楽しく歌ったり、身体表現をしたりする | ●水分補給の大切さを知り、夏の健康的な生活習慣を身につける<br>●早寝・早起き・朝ごはんの大切さを理解する<br>●正しい歯磨きの仕方を身につける<br>●自分の力を十分発揮し、さまざまな遊びを楽しむ<br>●友だちとのつながりを感じ、自分の気持ちが伝わる喜びを味わう<br>●遊びのなかで相手の気持ちや考えをわかろうとする<br>●自然などの身近な環境に触れ、見たり試したり考えたりして遊ぶ<br>●飼育動物や栽培物の世話をしていくなかで、生命の大切さ、成長、変化に気づく<br>●水・砂・泥などのさまざまな素材に触れながら遊びを広げていく<br>●自分の思いや考えを言葉で伝えるとともに、友だちの話を関心をもって聞く | ●友だちと一緒に運動遊びに取り組み、進んで身体を動かす<br>●寒暖を感じ、自ら衣服の調節をする<br>●病気の予防に関心をもち、自ら進んで手洗い、うがいをする<br>●友だちとイメージや考えを出し合ったり、受け入れ合ったりして遊びを進めていこうとする<br>●遊びのなかで感じたことや考えたことを話し合い、友だちと遊びを進めていく喜びを味わう<br>●秋の自然物を使い工夫してさまざまな遊びを楽しむ<br>●身近な自然物を取り入れて遊ぶなかで、数量・図形などに関心をもつ<br>●友だちと相談したり、力を合わせたりして取り組むなかで、喜びや悲しみを共感する<br>●絵本・物語に親しみ、想像力を豊かにする | ●寒さに負けず、十分身体を動かして遊ぶことで、健康的な身体づくりをする<br>●生活に見通しをもって意欲的に行動する<br>●自分たちの生活の場を協力して整える<br>●友だちや異年齢児と共通の目的をもって、自分たちで活動を進め充実感を味わう<br>●共通の目的に向かって、それぞれが自分の役割を意識して取り組む<br>●季節の遊びを楽しむなかで、互いの良さに気づき、協同しながら一緒に遊ぶ楽しさを味わう<br>●学校生活の様子を知るとともに、就学への喜びや期待を膨らませる<br>●続き話や童話に興味をもち、友だちと楽しんで聞く<br>●人の話をよく聞き、自分の考えを人にわかるように話し、対話する<br>●イメージや動きを言葉などで表現したり、演じて遊んだりする |
| ●新しいクラスで生活する不安を受け止め、安心して過ごせるようにする<br>●年長児になった喜びや張り切っている気持ち、役に立ちたい気持ちを認める<br>●春ならではの自然物について、知ることができるようにする<br>●自分たちで進んで生活や遊びに取り組めるように必要な援助を行う<br>●保育者も子どもたちと一緒に身体を動かして遊び、お互いに親しみの気持ちがもてるような関わりをする | ●夏ならではの遊びが十分楽しめるように、工夫したり試したりできる遊具や用具を準備しておく<br>●友だちと一緒にダイナミックな遊びをする中で、思いきり身体を動かせるようにする<br>●一人ひとりの健康状態を把握し、プール遊びを安全に行えるように、環境を整える<br>●健康に過ごすための習慣や歯磨きの方法を理解できるようにする<br>●夏の自然事象に関心をもち、野菜を収穫する喜びや調理する楽しさを味わう機会をもつ<br>●動植物に触れるなかで、発見や驚きを受け止め、共感しながら生命の大切さや成長、変化を伝える | ●一人ひとりのがんばりを認め、自信をもって生活や活動ができるようにする<br>●病気の予防方法を伝え、健康的に過ごすように促す<br>●子どもたちのイメージを大切にしながら、共通のイメージをもって遊びを進めていくことができるように素材や材料を準備し、自分たちで取り組んだ充実感が味わえるようにする<br>●自分たちで相談したり協力したりしながら、遊びが進められるようにゆったりとした時間をもつ<br>●友だちと一緒に動いたり競い合ったり、保育者と一緒に遊んだりするなかで、身体を動かして遊ぶ楽しさを味わえるようにする<br>●遊びや生活のなかで数や文字に興味をもち、活動に取り入れることができるように環境を整える | ●施設内外の安全点検、温度や換気に気をつける<br>●季節の遊び（正月の遊びなど）が存分に楽しめるように遊具や用具を準備する<br>●仲間といることの楽しさ、クラスのつながりやまとまりを感じられるように、創作したことを発表する機会をもつ<br>●異年齢児と交流をもったり、友だちとゆったり遊んだりして、楽しく過ごせるようにする<br>●遊びの様子を見守り、思いが実現できるように支援する<br>●園生活の思い出と共に成長を喜びあえるような場をつくる |

それではそれぞれの項目を見てみましょう。まず、保育課程には「保育理念」「保育方針」「保育目標」が掲げられています。そして、「子どもの保育目標」が年齢別に示されています。そして、「保育の内容」についても同じように年齢別に明記されています。

　「保育の内容」に関しては「養護」と「教育」に分かれており、「養護」は「生命の保持」と「情緒の安定」の２区分に分けて記されていることが多く、「教育」に関しては保育内容５領域「健康」「人間関係」「環境」「言葉」「表現」の５区分に分けて記されているものが多いと言えるでしょう。その他は「食育」「健康支援」「安全対策・事故防止」「家庭・地域への支援」などが示されています。

　保育課程においては、その形式にあまり差はみられませんが、教育課程の形式は、各市町村、各園によってさまざまです。ここにある見本のように、４歳児クラスと５歳児クラスの年間指導計画をつなげて教育課程としている園もあれば、教育理念や方針などを表ではなく文書としてまとめ提示している園もあります。

　平成20年3月に「幼稚園教育要領」が改訂されたことを受け、教育課程においてもこれまでの幼稚園教育の基本的な考えは引き継ぎながら、「預かり保育」や「子育ての支援」、「特別支援教育」など、内容の充実を図ることが重視されるようになり、その内容が見直されてきました。幼稚園教育においては幼小連携についても大きく取り上げられており、幼稚園生活における目標がどのような形で小学校生活につながるのかを考慮し、計画を立てる必要があります。

　また、幼保連携型認定こども園においては、保育課程に近い形式をとっている園が多くみられます。

　実習先の園の教育課程や保育課程を見る機会は少ないかもしれません。しかし、保育はこのようにさまざまな計画によって、大きな流れの一環として行われるため、たとえ短い実習期間であっても、１年の計画がどのようなもので、実習させていただく期間にはどのような保育の流れや目標があり、子どもたちがどのような力を身につけるべきなのか、ということを理解しておくことはとても大切です。遠慮せず質問し子どもたちとより良い関わりがもてるように準備しましょう。また、一日保育指導計画や部分保育指導計画を立てる際には、その月、その週の目標を理解したうえで、子どもの姿をよく観察し計画を立てるよう心がけましょう。

### おさらいテスト

❶ 保育課程や教育課程はすべての［　　　］のもとになり、職員全員に［　　　］を与えるものである。

❷ 保育課程・教育課程は各園が［　　　］・［　　　］に保育を行うために作成される。

❸ 保育課程・教育課程と［　　　］は、相互に関連しあう。

## 演習課題

# 保育課程・教育課程を振り返ろう

### 演習テーマ 1 自分でまとめてみよう

保育課程および教育課程に含まれる項目と内容について、見本（68～71ページ）を参照しながら気づいたことを書き出してみましょう。

[ 保育課程



]

[ 教育課程



]

### 演習テーマ 2 自分で調べ、共通点・相違点をまとめてみよう

①ホームページなどで、他の保育園の保育課程について調べ、見本（68～69ページ）と比較し、共通点や相違点をまとめてみましょう。

[ 保育園（公立・民間（私立））



]

②ホームページなどで、他の幼稚園の教育課程について調べ、見本（70～71ページ）と比較し、共通点や相違点をまとめてみましょう。

[ 幼稚園（公立・私立）



]

# 8コマ目 年間指導計画の立て方を理解しよう

### 今日のポイント

1. 年間指導計画は、保育課程もしくは教育課程をもとに立てる。
2. 年間指導計画を立てるときには、個人の発達だけでなく集団としての成長を見通すことが重要である。
3. 年間指導計画における「養護」の項目は保育者、「教育」は子どもが主語になるように計画を立てる。

## 1 年間指導計画について

　保育課程・教育課程を見てみると、年齢ごとに、たとえば3歳から4歳、4歳から5歳へと、どのように保育が関連し、推移していくかを見ることができます。それは、保育課程や教育課程が全在園期間を通して、年齢別に示された目標を踏まえ立てられた計画だからです。自分のクラスのことだけに目を向けるのではなく、それぞれの保育者がどのような目標のもと保育を行うのかということについて、保育者全員が共通認識をもち、見通しを立てて保育を行っていくことが、子どもたちの健やかな成長を促すことにつながる、ということを理解しましょう。

　保育課程または教育課程をもとに、保育者が年齢別に1年間を見通して立てる計画を年間指導計画といいます。年間指導計画は、保育課程、教育課程に基づき、年間行事予定を踏まえながら、一人ひとりの子どもの月齢、保育年数、発達の実態、地域や家庭環境などを考慮して立てるものです。

　0、1、2歳児のような低年齢の子どもは、発達の個人差が著しいため、個別指導計画が主となり、年間指導計画は発達の近い子どもごとに立てられます。クラスをどのように運営していくのか、遊びをどのように展開していくのかなどを考慮し、1年間、連続性をもち保育を行うことができるように計画します。

　3歳児以上の子どもは、発達に応じた保育に加え、個々の成長だけではなく、子ども相互の関係や協同的な活動を促すこと、異年齢で構成されるグループなどにおいて、一人ひとりの生活や経験を把握し適切な援助や環境構成を行うことが重要となります。そのため、年間指導計画においても、個々の成長とともに、集団としての成長を見通した計画を立てなければなりません。これらのことを念頭に置き、年間指導計画がどのように構成されているかを見てみましょう。

> 同年齢クラスが複数の場合は合同で1つの年間指導計画を作成します。

## 2 年間指導計画の構成について

　それでは、7コマ目に見本として掲載した保育課程・教育課程をもとに立てた、年間指導計画を実際に見ながら項目について理解を深めましょう。年間指導計画を立てるにあたって、年間行事予定が必要となるため、年間行事予定表とともに見てみましょう。

76ページ…年間行事予定表（保育所）
77ページ…年間行事予定表（幼稚園）
78ページ～79ページ…年間指導計画（5歳児・保育所）
80ページ～81ページ…年間指導計画（5歳児・幼稚園）

8コマ目　年間指導計画の立て方を理解しよう

# 年間行事予定表 保育所

身体測定は各月に行います

| | 2015年 4月 | | 5月 | | 6月 | | 7月 | | 8月 | | 9月 | | 10月 | | 11月 | | 12月 | | 2016年 1月 | | 2月 | | 3月 | |
|---|---|---|---|---|---|---|---|---|---|---|---|---|---|---|---|---|---|---|---|---|---|---|---|---|
| 1 | 水 | 入園・進級式 | 金 | | 月 | | 水 | プール開き・すいか割り | 土 | おまつりごっこ | 火 | | 木 | | 日 | | 火 | | 金 | 元日 | 月 | | 火 | |
| 2 | 木 | | 土 | 憲法記念日 | 火 | | 木 | | 日 | | 水 | 誕生会 | 金 | | 月 | | 水 | | 土 | 年始休み | 火 | | 水 | |
| 3 | 金 | | 日 | みどりの日 | 水 | | 金 | | 月 | | 木 | | 土 | | 火 | 文化の日 | 木 | 避難訓練 | 日 | 年始休み | 水 | 節分・豆まき | 木 | ひなまつり |
| 4 | 土 | | 月 | こどもの日 | 木 | | 土 | | 火 | 避難訓練 | 金 | | 日 | | 水 | | 金 | | 月 | 平常保育開始 | 木 | | 金 | 小運動会 |
| 5 | 日 | | 火 | 振替休日 | 金 | | 日 | | 水 | | 土 | | 月 | | 木 | 自由保育 | 土 | | 火 | | 金 | 生活発表会 | 土 | |
| 6 | 月 | | 水 | | 土 | | 月 | | 木 | | 日 | | 火 | | 金 | | 日 | | 水 | 避難訓練 | 土 | | 日 | |
| 7 | 火 | | 木 | | 日 | | 火 | 七夕まつり | 金 | | 月 | | 水 | | 土 | | 月 | 作品展 | 木 | 自由保育 | 日 | | 月 | |
| 8 | 水 | | 金 | | 月 | 個人懇談 | 水 | お泊り保育(年長) | 土 | | 火 | | 木 | 運動会予行 | 日 | | 火 | 作品展 | 金 | | 月 | | 火 | |
| 9 | 木 | | 土 | | 火 | 個人懇談 | 木 | お泊り保育(年長) | 日 | | 水 | | 金 | 運動会 | 月 | | 水 | 作品展 | 土 | | 火 | | 水 | 誕生会 お別れ会 |
| 10 | 金 | | 日 | 母の日 | 水 | 個人懇談 | 金 | | 月 | | 木 | | 土 | | 火 | | 木 | | 日 | | 水 | 建国記念の日 | 木 | |
| 11 | 土 | | 月 | 個人懇談 | 木 | | 土 | | 火 | | 金 | お店屋さんごっこ | 日 | | 水 | 避難訓練 | 金 | | 月 | 成人の日 | 木 | | 金 | |
| 12 | 日 | | 火 | 個人懇談 | 金 | 誕生会 | 日 | | 水 | | 土 | | 月 | 体育の日 | 木 | 保育参観 | 土 | | 火 | | 金 | 誕生会 | 土 | |
| 13 | 月 | | 水 | 個人懇談 | 土 | | 月 | | 木 | お盆休み | 日 | | 火 | | 金 | | 日 | | 水 | | 土 | | 日 | |
| 14 | 火 | | 木 | 寄生虫検査 | 日 | | 火 | | 金 | お盆休み | 月 | 敬老の日 | 水 | | 土 | 誕生会 | 月 | | 木 | 誕生会 | 日 | | 月 | |
| 15 | 水 | | 金 | | 月 | | 水 | | 土 | お盆休み | 火 | | 木 | | 日 | | 火 | | 金 | | 月 | | 火 | |
| 16 | 木 | 誕生会 | 土 | | 火 | | 木 | | 日 | | 水 | | 金 | | 月 | | 水 | | 土 | | 火 | | 水 | |
| 17 | 金 | | 日 | | 水 | 歯科検診 | 金 | | 月 | | 木 | | 土 | | 火 | | 木 | | 日 | | 水 | | 木 | |
| 18 | 土 | | 月 | | 木 | | 土 | | 火 | | 金 | | 日 | | 水 | | 金 | | 月 | | 木 | | 金 | |
| 19 | 日 | | 火 | 避難訓練 | 金 | | 日 | | 水 | | 土 | 避難訓練 | 月 | | 木 | | 土 | | 火 | | 金 | 避難訓練 | 土 | 卒園式 |
| 20 | 月 | | 水 | 内科検診 | 土 | 父の日 | 月 | 海の日 | 木 | | 日 | | 火 | | 金 | | 日 | | 水 | | 土 | | 日 | 春分の日 |
| 21 | 火 | | 木 | | 日 | | 火 | 夏期特別保育開始 | 金 | | 月 | 国民の休日 | 水 | | 土 | 勤労感謝の日 | 月 | | 木 | | 日 | | 月 | 振替休日 |
| 22 | 水 | | 金 | | 月 | 避難訓練 | 水 | 夏期特別保育終了 | 土 | | 火 | 秋分の日 | 木 | 誕生会 | 日 | | 火 | | 金 | | 月 | | 火 | 避難訓練 |
| 23 | 木 | 避難訓練 | 土 | 園外保育 | 火 | | 木 | 7・8月生まれの誕生会 | 日 | | 水 | 避難訓練 | 金 | | 月 | | 水 | 天皇誕生日 | 土 | | 火 | | 水 | |
| 24 | 金 | | 日 | | 水 | | 金 | | 月 | | 木 | | 土 | | 火 | 内科検診 | 木 | クリスマス会・誕生会 | 日 | | 水 | お別れ遠足(年長) | 木 | |
| 25 | 土 | | 月 | | 木 | | 土 | | 火 | | 金 | | 日 | | 水 | | 金 | おもちつき | 月 | | 木 | | 金 | |
| 26 | 日 | | 火 | 園外保育 | 金 | 自由保育 | 日 | | 水 | | 土 | | 月 | | 木 | | 土 | | 火 | | 金 | | 土 | |
| 27 | 月 | | 水 | | 土 | | 月 | | 木 | | 日 | | 火 | | 金 | | 日 | | 水 | | 土 | | 日 | |
| 28 | 火 | | 木 | じゃが芋掘り | 日 | | 火 | | 金 | 自由保育 | 月 | | 水 | 避難訓練 | 土 | | 月 | 年内保育終了 | 木 | | 日 | | 月 | |
| 29 | 水 | 昭和の日 | 金 | | 月 | | 水 | 避難訓練 | 土 | | 火 | | 木 | さつま芋掘り | 日 | | 火 | 年末休み | 金 | 発表会予行 | 月 | | 火 | |
| 30 | 木 | | 土 | | 火 | | 木 | | 日 | | 水 | | 金 | | 月 | | 水 | 年末休み | 土 | | | | 水 | 新年度準備 |
| 31 | | | 日 | | | | 金 | | 月 | | | | 土 | | | | 木 | 年末休み | 日 | | | | | |

# 第4章 指導計画を立てよう

## 8コマ目 年間指導計画の立て方を理解しよう

### 年間行事予定表　幼稚園　※身体測定は各月に行います

| | 2015年 4月 | 5月 | 6月 | 7月 | 8月 | 9月 | 10月 | 11月 | 12月 | 2016年 1月 | 2月 | 3月 |
|---|---|---|---|---|---|---|---|---|---|---|---|---|
| 1 | 水 | 金 こどもの日の集い・尿検査 | 月 歯科検診 | 水 プール開始 | 土 | 火 始業式 | 木 | 日 | 火 個人懇談 | 金 元旦 | 月 | 火 |
| 2 | 木 | 土 | 火 | 木 | 日 | 水 | 金 | 月 | 水 個人懇談 | 土 | 火 | 水 |
| 3 | 金 | 日 憲法記念日 | 水 歯科検診 | 金 | 月 | 木 | 土 | 火 文化の日 | 木 個人懇談 | 日 | 水 節分・豆まき | 木 |
| 4 | 土 | 月 みどりの日 | 木 | 土 | 火 | 金 | 日 | 水 | 金 | 月 | 木 | 金 お別れ会 |
| 5 | 日 入園・進級式 | 火 こどもの日 | 金 | 日 | 水 | 土 | 月 | 木 | 土 | 火 | 金 | 土 |
| 6 | 月 | 水 振替休日 | 土 | 月 | 木 | 日 | 火 | 金 | 日 | 水 | 土 | 日 |
| 7 | 火 始業式 | 木 年中弁当開始 | 日 保育参観 | 火 弁当終了・七夕の集い | 金 | 月 | 水 | 土 | 月 | 木 | 日 | 月 誕生会 |
| 8 | 水 | 金 | 月 | 水 プール参観 | 土 | 火 | 木 | 日 | 火 | 金 始業式 | 月 小学校1日入学(年長) | 火 |
| 9 | 木 家庭訪問 | 土 | 火 | 木 個人懇談 | 日 | 水 敬老の日の集い | 金 | 月 | 水 | 土 | 火 | 水 |
| 10 | 金 家庭訪問 | 日 | 水 交通安全教室 | 金 個人懇談 | 月 | 木 | 土 | 火 | 木 お楽しみ会 | 日 成人の日 | 水 建国記念の日 | 木 |
| 11 | 土 | 月 | 木 | 土 | 火 | 金 | 日 運動会 | 水 | 金 | 月 弁当開始 | 木 | 金 |
| 12 | 日 | 火 | 金 | 日 | 水 | 土 | 月 体育の日 | 木 | 土 | 火 | 金 | 土 |
| 13 | 月 家庭訪問 | 水 遠足 | 土 | 月 | 木 | 日 | 火 | 金 | 日 | 水 | 土 | 日 |
| 14 | 火 | 木 避難訓練 | 日 | 火 誕生会 | 金 | 月 | 水 | 土 | 月 | 木 | 日 | 月 |
| 15 | 水 | 金 | 月 | 水 大掃除 | 土 | 火 | 木 | 日 | 火 弁当終了 | 金 | 月 | 火 |
| 16 | 木 | 土 | 火 | 木 終業式 | 日 | 水 | 金 | 月 | 水 誕生会 | 土 土曜参観 | 火 | 水 卒園式 |
| 17 | 金 | 日 | 水 消防訓練指導 | 金 | 月 | 木 | 土 | 火 | 木 | 日 | 水 保育参観(園遊び)・懇談 | 木 |
| 18 | 土 | 月 保育参観・懇談 | 木 プラネタリウム見学 | 土 | 火 | 金 保育参観・懇談 | 日 | 水 | 金 | 月 | 木 | 金 |
| 19 | 日 | 火 | 金 | 日 | 水 | 土 | 月 | 木 | 土 | 火 | 金 | 土 |
| 20 | 月 | 水 | 土 | 月 海の日 | 木 | 日 敬老の日 | 火 | 金 | 日 | 水 | 土 | 日 春分の日 |
| 21 | 火 | 木 | 日 | 火 | 金 登園日・誕生会 | 月 敬老の休日 | 水 | 土 | 月 大掃除 | 木 | 日 | 月 振替休日 |
| 22 | 水 保育参観・PTA総会 | 金 視力検査(年長) | 月 誕生会 | 水 | 土 | 火 国民の休日 | 木 遠足 | 日 | 火 天皇誕生日 | 金 | 月 | 火 |
| 23 | 木 | 土 | 火 | 木 | 日 | 水 秋分の日 | 金 | 月 勤労感謝の日 | 水 終業式 | 土 | 火 誕生会 | 水 終了式 |
| 24 | 金 | 日 内科検診 | 水 | 金 | 月 | 木 保育参観・懇談 | 土 | 火 | 木 | 日 | 水 | 木 |
| 25 | 土 | 月 | 木 誕生会 | 土 | 火 | 金 | 日 | 水 誕生会 | 金 | 月 誕生会 | 木 | 金 |
| 26 | 日 | 火 | 金 | 日 | 水 | 土 | 月 | 木 | 土 | 火 | 金 | 土 |
| 27 | 月 誕生会 | 水 誕生会 | 土 | 月 | 木 | 日 | 火 誕生会 | 金 | 日 | 水 誕生会 | 土 | 日 |
| 28 | 火 | 木 | 日 | 火 | 金 | 月 | 水 | 土 | 月 | 木 | 日 | 月 |
| 29 | 水 昭和の日 | 金 | 月 | 水 | 土 | 火 | 木 | 日 | 火 | 金 | 月 | 火 |
| 30 | 木 | 土 | 火 | 木 | 日 | 水 | 金 | 月 | 水 | 土 | | 水 |
| 31 | | 日 | | 金 | 月 | | 土 | | 木 | 日 | | 木 |

# 平成　　年度　年間指導計画

| （子どもの）保育目標 | ● 健康・安全に関わる行動を自らの判断で行おうとする<br>● 成長への期待や喜びを感じながら仲間とともに園生活を送る<br>● 意欲的に活動し、さまざまな体験を通して達成感や充実感をみんなで味わう |
|---|---|

| 年間区分 | | I期（4月〜6月） | II期（7月〜9月） |
|---|---|---|---|
| ねらい | | ●年長になった自覚をもち、意欲的に活動に取り組む<br>●生活習慣を身につける<br>●友だちとの関わりを深め、年下の子を世話するなかで親しみをもつ | ●夏の過ごし方を知り、体調の変化に気づく<br>●運動や踊りなどで全身を使用して表現することを楽しむ<br>●友だちと一緒に活動に参加するなかで達成感を味わう |
| 養護 | 生命 | ●自分の健康や身体の仕組みに興味をもてるようにする | ●生活をするなかで適切な休息の取り方に気づくなど自ら快適に過ごす方法を見いだせるようにする |
| | 情緒 | ●友だちとの信頼関係を築けるようにする | ●日常生活において、さまざまな活動を自ら行おうとする姿を認め、自信をつけられるようにする |
| 教育 | 健康 | ●病気の予防について興味、関心をもつ<br>●生活の流れがわかり、身の周りのことを自分でする | ●安全に遊ぶ方法や行動を身につける |
| | 人間関係 | ●友だちと関わるなかで問題解決を積極的に行う | ●年長児としての自覚をもち、教え合ったり、注意し合ったりするとともに親しみをもって年下の子どもたちの世話をする |
| | 環境 | ●保育室に親しみをもち、大切に扱う | ●栽培物に親しみをもち、成長を見守る |
| | 言葉 | ●文字や言葉に関心をもち話したり書いたりするなかで自分の思いを伝えようとする | ●物事について思ったことや感じたことを進んで言葉で伝える |
| | 表現 | ●素材の性質により使い方を変える | ●表現することへの興味、関心が高まる |
| 食育 | | ●栄養と身体とのつながりを知る | ●栽培物の成長を知ることで、それぞれの実のつき方を覚える |
| 配慮事項 | | ●新年度を迎え、子どもたちが安心して過ごせるように言葉をかけて信頼関係を築く | ●子どもの体調の変化や体温・室温に気をつけて、安全に過ごせるようにする |
| 家庭への支援 | | ●1年間の活動内容や子どもの様子を伝え合い、信頼関係を築けるようにする | ●熱中症・水分補給について理解を深められるように伝え、夏を快適に過ごせるようにする |
| 行事 | | ・身体測定　・避難訓練　・誕生会<br>・自由保育　・入園式　・進級式<br>・個人懇談　・園外保育　・寄生虫検査<br>・じゃが芋掘り　・歯科検診　・内科検診 | ・身体測定　・避難訓練　・誕生会<br>・自由保育　・プール開き　・七夕まつり<br>・すいか割り　・夏期特別保育<br>・おまつりごっこ　・お店屋さんごっこ<br>・お泊り保育(年長) |
| 保育者の自己評価 | | | |

# 5歳児　　　　　クラス

第4章　指導計画を立てよう

| 園長 | 主任 | 担当 | 担当 |
|---|---|---|---|
|  |  |  |  |

**8コマ目　年間指導計画の立て方を理解しよう**

| Ⅲ期（10月〜12月） | Ⅳ期（1月〜3月） |
|---|---|
| ●自分の気持ちと友だちの気持ちを知り協力して活動に取り組む<br>●病気の予防方法を理解して、戸外活動に参加する<br>●身近な自然に触れ、好奇心や探究心を深める | ●就学に向けて期待を高め、これまでの経験を活かして活動する<br>●友だちとよく話し、一緒に活動する喜びや楽しさを味わう<br>●自ら健康的に過ごす方法を実践する |
| ●自分の体調を理解し、伝えることができるようにする | ●自らの成長を実感し、健康に生活する必要性を理解できるようにする |
| ●誰に対しても自分の思いを伝えられるようにする | ●何事においても意欲的に行えるようにする |
| ●気温の変化に気づき、衣服を調節する | ●健康に過ごすために必要な日々の生活習慣を自ら進んで確立する |
| ●当番活動などを通して、されてうれしいことを考えて、相手にしようとする | ●他人のためになること、友だちが喜ぶことは何かを考え、進んでしようとする |
| ●自然に触れ、その美しさや不思議さを感じ、調べようとする | ●これまでの園内外の行事などに参加した経験を活かして、日常生活を送る |
| ●なぞなぞなどの言葉遊びをグループで行う | ●気持ちを文章にして伝える方法を知り、活用する |
| ●友だち同士で意見を出し合い見立て遊びを行う | ●言葉の意味を理解して、気持ちをこめて活動する |
| ●食事の配膳の仕方を知り、自ら行う | ●食事と健康の関係を理解し、心がけながら食事をする |
| ●協力し合う活動を行うことで友だちの気持ちや考えを知ることができるようにする | ●小学校への就学に向けて、さまざまな話をすることで期待をもち、自らの成長を知ることができるようにする |
| ●これまでの成長過程を振り返り、新たな成長に気づくことができるよう話し合うことで、安心して子どもの成長を見届けられるようにする | ●子どもも保護者も期待をもちながら就学できるように、さまざまな情報を伝え、話ができる機会をつくる |
| ・身体測定　・避難訓練　・誕生会<br>・自由保育　・運動会　・さつま芋掘り<br>・内科検診　・作品展　・クリスマス会<br>・おもちつき　・保育参観 | ・身体測定　・避難訓練　・誕生会<br>・自由保育　・節分・豆まき　・ひなまつり<br>・小運動会　・お別れ遠足(年長)　・生活発表会<br>・お別れ会　・卒園式 |
|  |  |

# 幼 平成　年度　年間指導計画

| 教育目標 | 自分で考えたり、友だちと協力したりして、積極的に活動に取り組む | |
|---|---|---|
| 年間区分 | I期（4月〜5月） | II期（6月〜7月） |
| ねらい | ●気の合う友だちと関わりながら遊ぶことを楽しむ<br>●年長児になった自覚をもって、意欲的に活動に取り組む<br>●春の自然に興味をもち、触れて遊ぶ | ●自分の力を十分発揮しさまざまな遊びを楽しむ<br>●友だちとのつながりを感じ、自分の気持ちが伝わる喜びを味わう<br>●自然などの身近な環境に触れ、見たり試したり考えたりして遊ぶ |
| 教育　健康 | ●保育者や友達と関わりながら、戸外で体を動かして遊ぶ<br>●自分の健康に関心をもち、生活に必要な活動を自らしようとする | ●水分補給の大切さを知り、夏の健康的な生活習慣を身につける<br>●早寝・早起き・朝ごはんの大切さを理解する<br>●正しい歯磨きの仕方を身につける |
| 人間関係 | ●友だちと一緒に遊ぶ楽しさを感じて、自分たちでも遊びを進めていけるようにする | ●遊びのなかで相手の気持ちや考えをわかろうとする |
| 環境 | ●飼育動物や栽培物に親しみをもち、触れたり世話をしたりする | ●飼育動物や栽培物を世話をしていくなかで、生命の大切さ、成長、変化に気づく |
| 言葉 | ●保育者や友だちの話を聞いたり、自分の気持ちを伝えようとしたりする | ●自分の思いや考えを言葉で伝えるとともに、友だちの話を関心をもって聞く |
| 表現 | ●友だちと一緒に楽しく歌ったり、身体表現をしたりする | ●砂・土・水などのさまざまな素材に触れながら遊びを広げていく |
| 環境構成及び配慮事項 | ●新しいクラスで生活する不安を受け止め、安心して過ごせるようにする<br>●年長児になった喜びや張り切っている気持ち、役に立ちたい気持ちを認める<br>●自分たちで進んで生活や遊びに取り組めるようにする<br>●保育者も子どもたちと一緒に身体を動かして遊び、お互いに親しみの気持ちがもてるような関わりをする | ●夏ならではの遊びが十分楽しめるように、工夫したり試したりできる遊具や用具を準備しておく<br>●友だちと一緒にダイナミックな遊びをするなかで、思い切り体を動かせるようにする<br>●夏の自然事象に関心をもち、野菜を収穫する喜びや調理する楽しさを味わう機会をもつ<br>●子どもたちの発見や驚きを受けとめ、共感しながら生命の大切さや成長・変化を伝える |
| 家庭や地域の人達との連携 | ●園やクラス・子どもの様子を伝え、信頼関係を築く<br>●小学校見学を行うなど、小学校と連携を取り合い交流を図れるようにする | ●梅雨期の健康管理について知らせ、家庭でも健康に過ごしてもらえるようにする<br>●家庭で大切にしてほしい夏休みの過ごし方や、地域のイベント、夏の遊びなどを紹介する |
| 行事 | ・入園式　・始業式　・進級式　・懇談<br>・こどもの日のつどい　・家庭訪問<br>・身体測定　・保育参観　・遠足<br>・避難訓練　・尿検査　・視力検査（年長）<br>・内科検診　・誕生会 | ・プール開始　・プラネタリウム見学<br>・保育参観　・七夕の集い　・プール参観<br>・交通安全教室　・身体測定　・誕生会<br>・消防訓練指導　・歯科検診　・個人懇談<br>・大掃除　・終業式 |
| 保育者の自己評価 | | |

## 5歳児　　　クラス

| | 園長 | 主任 | 担当 | 担当 |
|---|---|---|---|---|
| | | | | |

| Ⅲ期（9月～12月） | Ⅳ期（1月～3月） |
|---|---|
| ●友だちと協力していろいろな運動や、競技を楽しむ<br>●友だちとイメージや考えを出し合ったり、受け入れ合ったりして遊びを進めていこうとする<br>●身近な自然物を取り入れて遊ぶなかで、数量・図形などに関心をもつ | ●互いのよさに気づき、協同しながら一緒に遊ぶ楽しさを味わう<br>●友だちと共通の目的をもって、自分たちで活動を進め充実感を味わう<br>●自信をもって意欲的に生活しながら、就学への期待をもつ |
| ●運動遊びに力いっぱい取り組み、進んで身体を動かす<br>●寒暖を感じ、自分で衣服の調節をする<br>●病気の予防に関心をもち、自ら進んで手洗い、うがいをする | ●寒さに負けず、十分身体を動かして遊ぶことで、健康的な身体づくりをする<br>●自分たちで生活の場を整え、見通しをもって意欲的に行動する |
| ●友だちと相談したり、力を合わせたりして取り組むなかで、喜びや悲しみを共感する | ●共通の目的に向かって、それぞれが自分の役割を意識して取り組み、一体感を味わう |
| ●秋の自然物を使って工夫してさまざまな遊びを楽しむ<br>●日常生活のなかで、数や文字に関心をもち、遊びに取り入れる | ●自分たちの生活の場を協力して整える<br>●学校生活の様子を知るとともに、就学への喜びや期待を膨らませる<br>●季節の遊びを楽しむなかで、数や文字などを取り入れて遊ぶ |
| ●遊びのなかで感じたことや考えたことを話し合い、友だちと遊びを進めていく喜びを味わう | ●続き話や童話に興味をもち、友だちと楽しんで聞く<br>●人の話をよく聞き、自分の考えを人にわかるように話し、対話する |
| ●絵本・物語に親しみ、想像力を豊かにする<br>●適切な材料や用具を使って、遊びに必要なものを工夫して作ったり飾ったりする | ●イメージや動きを言葉などで表現したり、演じて遊んだりする |
| ●一人ひとりのがんばりを認め、自信をもって生活や活動ができるようにする<br>●子どもたちのイメージを大切にし、共通のイメージをもって遊びが進められるよう素材や材料を準備し、自分たちで取り組んだ充実感が味わえるようにする<br>●自分たちで相談したり協力したりしながら、遊びが進められるようにゆったりとした時間をもつ<br>●友だちと一緒に動いたり競い合ったり、保育者と一緒に遊んだりするなかで、身体を動かして遊ぶ楽しさを味わえるようにする | ●季節の遊び（正月の遊びなど）が存分に楽しめるように遊具や用具を準備する<br>●仲間といることの楽しさ、クラスのつながりやまとまりを感じられるように、創作したことを発表する機会をもつ<br>●異年齢児と交流をもったり、友だちとゆったり遊んだりして、楽しく過ごせるようにする<br>●遊びの様子を見守り、思いが実現できるように支援する |
| ●家庭でも身体を動かす機会をもってもらうよう啓発する<br>●避難訓練では「お・は・し・も」の約束を守って避難できるようにする<br>●就学に向けての不安について話し合い、一緒に考えていく | ●園生活で育まれた友だちとの関係について伝え、就学に期待がもてるようにする<br>●生活習慣や通学路の再確認を行うよう保護者に協力を求める |
| ・始業式　・敬老の日の集い　・保育参観<br>・遠足　　・運動会　　　　　・お楽しみ会<br>・誕生会　・個人懇談　　　　・懇談<br>・身体測定　・大掃除　　　　・終業式 | ・始業式　　・節分・豆まき<br>・土曜参観　・小学校1日入学（年長）<br>・身体測定　・保育参観（劇遊び）<br>・懇談　　　・誕生会<br>・お別れ会　・卒園式　　・終了式 |

> 「ねらい」を立てるときには子どもたちの心情、意欲、態度をそれぞれ養うことができるよう考えましょう。

　それぞれの項目を見てみると、課程と同様に「目標」が掲げられています。保育所の年間指導計画においては、保育課程に掲げられた「子どもの保育目標」が「保育目標」として記されています。このように年間指導計画に記載することで保育者は1年間を通して目標を確認することができます。また、幼稚園の年間指導計画を立てた保育者は、子どもたちが1年間集団生活をするなかで、「自分で考えたり、友だちと協力したりして、積極的に活動に取り組む」ようになることを望み教育目標として掲げています。そしてその目標に基づいて、期ごとにねらいが定められています。

　どちらの年間指導計画を見ても、表現の違いはありますが、Ⅰ期では、まず、意欲的に活動に取り組むことができるようになることをねらいとし、次の段階としてⅡ期では友だちとつながり、自分の気持ちを伝える喜びが味わえることをねらいとしています。そしてⅢ期では、気持ちを伝えるだけでなく、相互に意見交換をすることや相手を受け入れながら一緒に遊ぶ楽しさを味わえるようになることを目指し、Ⅳ期では集大成として、自分自身の活動に自信をもち、新しい環境に不安を抱くだけでなく、就学に期待をもって卒園できるようになることがねらいとされています。このように、各年齢ごとに、1年を通して計画的に子どもたちが目標に近づくことができるよう、それぞれの期でねらいを定めるのです。

　次に、「養護」と「教育（5領域）」についてです。「養護」に関する計画は、養護する側、つまり保育者目線で目標が立てられています。したがって、主語は保育者になります。「生命」には、生命に関わる基本的生活習慣に関することを、「情緒」には子どもの心の動きに関することを定めます。これらは各期において予想される子どもたちの状況を踏まえて考えられています。

　たとえば、どの年齢のクラスにおいても、Ⅰ期は新しいクラス、新しい保育者など、新しい環境に子どもたちが慣れなくてはならない時期になります。よく知らない保育者に戸惑ったり、今までできていたことができなくなったりすることもあるでしょう。そんななか、子どもたちが安心して集団生活を送ることができるように、援助するためにはどうすれば良いかということを考え、計画を立てます。

　生活習慣に関わるもの、たとえば、衣服を着脱することでの体温調節や手洗い・うがいの習慣などに関するものは「生命」に、心情に関わるもの、たとえば、新しい環境のなかでも自信をもって活動するなどは「情緒」として計画を立て定めます。幼稚園における年間指導計画にはこの「養護」の部分が含まれていません。しかし、「生命」や「情緒」に関係することに目を向けない、ということではなく、これらに関する項目は「教育」のなかに含まれています。たとえば、保育所の年間指導計画Ⅲ期（79ページ）の生命に書かれている項目を見てみると、「自分の体調を理解し、伝えることができるようにする」となっています。幼稚園の年間指導計画Ⅲ期（81ページ）には、「健康」における項目で、「寒暖を感じ、自分で衣服の調節をする」というものがあります。このように、示されている場所や示し方は違いますが、5歳児クラスの子どもたちが生活するうえで必要

な力を身につけるということに関して、保育所の養護に関わる内容を幼稚園でも目標として掲げているということがわかります。

「教育」に関しては保育内容5領域「健康」「人間関係」「環境」「言葉」「表現」の5区分に分けて記されています。各領域を意識し計画を立てるのですが、保育における5領域は小学校以降の教科とは異なるため、保育を行う際には、総合的な力を養うことができるように配慮しなければなりません。そのため、領域別に保育を計画するのではなく、総合的な活動になるように計画します。したがって、総合的な活動を促すために各領域に定められた「このようになることが望ましい」と考えられる姿を意識し、日々保育を行うことが大切になります。ねらいと同じように各領域において期の特徴（季節や行事など）を考慮し、子どもたちが段階を踏んで成長できるように考えることが大切です。「健康」であれば、それぞれの期の季節による特徴が大きく関わってきます。一方、「人間関係」では、季節よりも集団としてどのくらいの時間を共有してきたかが重要になります。集団として成長するためには、お互いを知ることが大切であるからです。

「食育」では、食に関する関心、意欲、態度を養う計画を立てます。「食育」は教育課程や幼稚園の年間指導計画において5領域の「健康」や「環境」に含まれることもありますが、保育課程や保育所・幼保連携型認定こども園の年間指導計画においては直接的に理解を促す必要があることから、独立した項目が設けられています。

「環境設定」と「配慮事項」においても、「養護」と同様、それらを行う保育者が主語になっています。「環境設定」も「配慮事項」も上記の計画において特徴的な事柄に関し、保育者が保育を行ううえで気をつけなければならないことと設定しなければならない環境を記します。

幼稚園の年間指導計画Ⅲ期（81ページ）を例にとってみると、2月に行われる予定の保育参観（劇遊び）に向けて具体的な活動を促していくことが計画されています。絵本や物語に親しみ、想像力を豊かにする、子どもたちが共通のイメージをもって遊ぶことなどがその計画の一部です。それを受けて「環境設定」では、想像力が豊かになるよう素材や材料を用意し、子どもたちの創作意欲を高めることや、日々の保育において子どもたちのイメージを大切にすること、充実感を味わえるようにすることなどが「配慮事項」に示されています。

「家庭への支援」はその時期に特に必要だと考えられる支援について計画します。春は関係づくり、夏は夏休みの過ごし方についてなど、それぞれの期で家庭支援として重要だと考えられる事項について、保育者を主語として記します。

「行事」は年間行事予定にある主な行事を記載し、月間指導計画を立てる際に忘れることがないよう、しっかりとまとめて書いておくことが大切です。

最後が「保育者の自己評価」です。ここでの自己評価は単に保育者が自分自身の保育を振り返ることだけを意味するわけではありません。自己評価は次のような視点から行うことが大切です。

---

**プラスワン**

**広域カリキュラム***

保育内容5領域は広域カリキュラムと呼ばれるものである。

**語句説明**

**広域カリキュラム**

→教科の枠をなくし、個々の知識や教科の関連の統合をもたらす、融合カリキュラムよりも広い領域を設けるカリキュラムのことである。

8コマ目　年間指導計画の立て方を理解しよう

① 子ども一人ひとりの育ちを捉えているか
　② 関わり方や援助の仕方はどうであったか
　③ 保育者同士の連携はどうであったか

　これらの視点から評価することで、子ども一人ひとりの発達に関する理解、集団としての子ども理解、保育を行う環境についての理解につながります。これらを理解することがP（計画）⇒D（実行）⇒C（評価）⇒A（改善）⇒P（再計画）サイクルを行うことにつながり、自己評価を行う意義となります。

　実習で年間指導計画を立てることはないでしょう。しかし、保育者として仕事をする際には、この年間指導計画がとても重要であることは理解できたのではないでしょうか？また、このように、保育には流れがあり、計画された毎日のなかに実習生として受け入れてもらえるということを理解し、どのように準備を行うべきか、どのような心構えで実習に臨むべきか、何を学びたいかなどしっかり考え、実習するようにしましょう。

### おさらいテスト

❶ [　　　]は、保育課程もしくは教育課程をもとに立てる。
❷ 年間指導計画を立てるときには、個人の発達だけでなく[　　　]としての成長を見通すことが重要である。
❸ 年間指導計画における「養護」の項目は[　　　]、「教育」は[　　　]が主語になるように計画を立てる。

## 演習課題

## 年間指導計画の立て方を理解しよう

**演習テーマ 1** 5歳児のI期〜Ⅳ期の期ごとの子どもの姿を想定してみよう

| 期 | 子どもの姿 |
|---|---|
| I |  |
| Ⅱ |  |
| Ⅲ |  |
| Ⅳ |  |

**演習テーマ 2** 自分で考え、まとめてみよう

保育所の行事予定表（76ページ）を利用して、行事を行うにあたり準備にどれぐらいの期間が必要か、考えて書き出してみましょう。

①生活発表会の当日は何月何日ですか？　　　月　　　日

②予行日は何日ですか？　　　月　　　日

③いつごろから発表会の練習をはじめると良いか考えてみましょう　　　月　　　日

# 9コマ目 月間指導計画の立て方を理解しよう

今日のポイント

1. 月間指導計画は年間指導計画をもとに立てる。
2. 1か月ごとに子どもたちの姿を観察し、把握したうえで月間指導計画を立てる。
3. 0、1、2歳児クラスの月間指導計画は子どもたちの個別指導計画を中心に立てられる。

## 1 月間指導計画について

　保育課程・教育課程をもとに立てた年間指導計画を軸として、月々の計画（月間指導計画）を立てます。月間指導計画は一度に何か月もまとめて立てるものではなく、1か月ごとに子どもの様子を見ながら立てるものです。そうすることで、より子どもの発達や状況に即した計画を立てることができます。

　保育者が1年間を見通して立てた年間指導計画では記すことができなかった細かな計画を立てることで、保育者はよりていねいに保育を行うことができるようになります。また、計画を立てるうえで重要な子どもの姿について把握したうえで、保育を行うきっかけにもなるでしょう。

　月間指導計画は年間行事予定を踏まえながら、一人ひとりの子どもの月齢、発達の実態、クラス全体の様子、地域や家庭環境などを考慮して立てるものです。また、集団としての成長にも目を向けて計画を立てることにより、子どもたち一人ひとりの成長だけでなく、子どもたちの相互関係における課題や集団としての課題についても意識しながら、保育を行うことができるようになります。

　0、1、2歳児の子どもたちは、月間指導計画においても個別指導計画が主となります。前月の子どもの実態に基づいた生活や遊びなどを考え、配慮した計画を立てているという点では同じですが、0、1、2歳児の場合は、集団で生活するものの、子ども一人ひとりが発達に応じた適切な保育を受けることが大切になるため、生理的欲求が満たされ、しっかり遊ぶことができる環境を保育者が構成することが重要になります。安心して、安全に、また健康に毎日を過ごすこと、つまり「養護」を大切にした保育を行うために、個別的計画を軸としてクラス運営的な指導計画を立てることが必要になるのです。

> 月間指導計画を立てるときに前月の子どもの様子についてしっかりと把握していることが重要になります。この点からも、保育の記録をとることはとても大切です。

3歳児以上の子どもたちに対しては、各時期に子どもたちのなかに育てたいことに加え、季節や行事などにも目を向けて、意識して計画することが重要になります。子どもたちの様子から、できることやできないことを「ねらい」とするのではなく、できそうなことを「ねらい」とし保育内容を考えます。そして、それらの「ねらい」を達成するための活動や必要な援助、環境構成について考え、週日指導計画を作成します。子どもたちのできそうなことを把握するためには保育の記録をとることが重要になります。子どもたちにとって毎日の積み重ねはとても大切であるため、保育者にとっても子どもたちがどのように成長しているかを観察し、記録することは大切なことなのです。

## 2　月間指導計画の構成について

　それでは、8コマ目に見本として掲載した年間指導計画をもとに立てた、月間指導計画の例を実際に見ながら項目について理解を深めましょう。
88ページ…年間指導計画（5歳児・保育所、再掲）
89ページ…月間指導計画（5歳児・保育所・6月）
90ページ…年間指導計画（5歳児・幼稚園、再掲）
91ページ…月間指導計画（5歳児・幼稚園・6月）

# 年間指導計画

平成　　年度　　　　　　　　　　　　　　　　　　　　　　　　5歳児　　　　クラス

| | | | 園長 | 主任 | 担当 | 担当 |

| (子どもの)<br>保育目標 | ●健康・安全に関わる行動を自らの判断で行おうとする<br>●成長への期待や喜びを感じながら仲間とともに園生活を送る<br>●意欲的に活動し、さまざまな体験を通して達成感や充実感をみんなで味わう | | | |

| 年間区分 | | I期（4月～6月） | II期（7月～9月） | III期（10月～12月） | IV期（1月～3月） |
|---|---|---|---|---|---|
| ねらい | | ●年長になった目覚をもち、意欲的に活動に取り組む<br>●生活習慣を身につける<br>●友だちとの関わりを深め、年下の子を世話するなかで親しみをもつ | ●夏の過ごし方を知り、体調の変化に気づく<br>●運動や踊りなどで全身を使用して表現することを楽しむ<br>●友だちと一緒に活動に参加するなかで達成感を味わう | ●自分の気持ちと友だちの気持ちを知り協力して活動に取り組む<br>●病気の予防方法を理解して、戸外活動に参加するようになる<br>●身近な自然に触れ、好奇心や探究心を深める | ●就学に向けて期待を高め、これまでの経験を活かして活動する<br>●友だちとよく話し、一緒に活動する喜びや楽しさを味わう<br>●自ら健康的に過ごす方法を実践する |
| 養護 | 生命 | ●自分の健康や身体の仕組みに関心をもてるようにする<br>●友だちとの信頼関係を築けるようにする | ●生活をするなかで適切な休息の取り方などに気づくなど自ら快適に過ごす方法を見いだせるようにする<br>●日常生活において、さまざまな活動を自ら行おうとする姿を認め、自信をつけられるようにする | ●自分の体調を理解し、伝えることができるようにする<br>●誰に対しても自分の思いを伝えられるようにする | ●自らの成長を実感し、健康に生活する必要性を理解できるようにする<br>●何事においても意欲的に行えるようにする |
| | 情緒 | | | | |
| 教育 | 健康 | ●病気の予防について興味、関心をもつ<br>●生活の流れがわかり、身の回りのことを自分でする | ●安全に遊ぶ方法を行動に身につける | ●気温の変化に気づき、衣服を調節する | ●健康に過ごすために必要な日々の生活習慣を自ら進んで確立する |
| | 人間関係 | ●友だちと関わるなかに親しみを深め積極的に行う | ●年長児としての目覚をもち、教えあったり、注意したりすることとともに親しみをもって年下の子どもたちの世話をする | ●当番活動などを通して、されてうれしいことを考えて、相手にしようとする | ●他人のためになることに、友だちが喜ぶことは何かを考え、進んでしようとする |
| | 環境 | ●保育室に親しみをもち、大切に扱う | ●栽培物に親しみをもち、成長を見守る | ●自然に触れ、その美しさや不思議さを感じ、調べようとする | ●これまでの園内外の行事などに参加した経験を活かして、日常生活に活かす |
| | 言葉 | ●文字や言葉に関心をもち話したり書いたりするようになる<br>●自分の思いを伝えるようにする | ●物事について思ったことや感じたことを進んだ言葉で伝える | ●なぞなぞなどの言葉遊びのグループで行う | ●気持ちを文章にして伝える方法について知り、活用する |
| | 表現 | ●素材の性質により使い方を変える | ●表現することへの興味、関心が高まる | ●友だちと出し合い見立て遊びをする | ●言葉の意味を理解して、気持ちを込めて活動する |
| 食育 | | ●栄養と身体のつながりを知る | ●栽培物の実の成長を知ることで、それぞれのつき方を覚える | ●食事の配膳の仕方を知り、自ら行う | ●食事と健康の関係を理解して、心がけながら食事をする |
| 配慮事項 | | ●新年度を迎え、子どもたちが安心して過ごせるように言葉をかけて信頼関係を築く | ●子どもの体調の変化や体温・室温に気をつけて、安全に過ごせるようにする<br>●熱中症・水分補給について理解を深めるように伝え、夏を快適に過ごせるようにする | ●協力し合う活動を行うことで友だちの気持ちや考えを知ることができるようにする | ●小学校への就学に向けて、さまざまな話をすることで期待をもち、自らの成長を知ることができるようにする |
| 家庭への支援 | | ●1年間の活動内容やすが子の様子を伝えあい、信頼関係を築けるようにする | ●これまでの成長過程を振り返り、新たな成長に気づくことができるよう話し合うことで、安心して子どもの成長を見届けられるようにする | | ●子どもと保護者も期待をもちながら就学できるように、さまざまな情報を知らせる話ができる機会をつくる |
| 行事 | | ・身体測定　・避難訓練　・誕生会<br>・自由人懇談　・入園式　・進級式<br>・個人懇談　・園内検診　・寄生虫検査<br>・じゃが芋掘り　・歯科検診 | ・身体測定　・避難訓練　・誕生会<br>・自由保育　・プール開き　・七夕まつり<br>・すいか割り　・夏期特別保育<br>・おまつりごっこ　・お泊り保育（年長）<br>・お泊り保育（年長） | ・身体測定　・避難訓練　・誕生会<br>・自由保育　・運動会　・さつま芋掘り<br>・内科検診　・作品展　・クリスマス会<br>・おもちつき　・保育参観 | ・身体測定　・避難訓練　・誕生会<br>・自由保育　・節分・豆まき　・ひなまつり<br>・小麦粉測定（年長）　・生活発表会<br>・お別れ遠足　・お別れ会<br>・卒園式 |
| 保育者の自己評価 | | | | | |

# 保　平成　　年度　月間指導計画　6月　5歳児　　クラス

| 園長 | 主任 | 担当 | 担当 | 担当 | 担当 |
|---|---|---|---|---|---|
| | | | | | |

| | | | |
|---|---|---|---|
| （子どもの）保育目標 | ● 健康・安全に関わる行動を自らの判断で行おうとする<br>● 成長への期待や喜びを感じながら仲間とともに園生活を送る<br>● 意欲的に活動し、さまざまな体験を通して達成感や充実感をみんなで味わう | | |
| 子どもの姿 | ●年長児という自覚が芽生え始めている<br>●友だちとの活動を好む | 家庭支援 | ●歯磨きの方法を伝え、家庭でも行えるようにする<br>●梅雨期における生活での注意事項や健康に過ごす方法を伝え、理解を深められるようにする |
| 月のねらい | ●健康的に過ごす方法を知る<br>●友だちとの信頼関係を深める<br>●身近な素材や材料を工夫して使い、創作や表現遊びで自分なりのイメージを表現する | 行事 | ・歯科検診　・誕生会　・避難訓練<br>・自由保育　・身体測定 |

| | | 活動目標 | 予想される子どもの活動 | 配慮事項 |
|---|---|---|---|---|
| 養護 | 生命 | ●病気の種類やその性質を知る | ●知っている病気の種類を口々に言う | ●病名とともに症状の例を日常で体験することを踏まえながらわかりやすく説明することで理解へとつなげていく |
| 養護 | 情緒 | ●共同で行う活動を増やし、協調性を養えるようにする | ●友だちの気持ちを聞いたり、自分の気持ちを伝えたりする | ●協力して取り組むにはどのようにすれば良いのかを考えられるように声をかけ、互いに助け合う気持ちをもてるように促す |
| 教育 | 健康 | ●病気と身体の関係について知る | ●手洗い・うがいをしっかり行う | ●身体と病気の関連性を知らせ、加えて予防策を伝えることで知識を増やし、気をつけられるようにする |
| 教育 | 人間関係 | ●集団の一員であることを意識し、グループやクラスの活動を楽しむ | ●グループで行う活動に積極的に参加する | ●集団のなかでの役割を与えたり、一人ひとりの活動に取り組む姿を認めたりすることで、集団のなかで活動する楽しさを味わえるようにする |
| 教育 | 環境 | ●自然事象や社会事象に関心・興味を深める | ●避難訓練について理解を深める | ●自然災害の話をしたり、ニュースの話題などを聞いたりすることで身近に起きている物事に目を向けられるようにする |
| 教育 | 言葉 | ●意味を理解して、友だち同士で言葉を使って遊ぶ | ●会話をすることの楽しさを知り、話したいと思う気持ちをもつ | ●日常の会話のなかで言葉の意味や言い回しを知らせ、習得する機会をつくる |
| 教育 | 表現 | ●自らの想像をさまざまな方法を使って表現する | ●見立て遊びなどで自ら工夫して遊ぶ | ●遊びや制作で題を決めて、それについての内容を自分で考える機会をもつことで個々の個性を引き出していく |
| 食育 | | ●身体に良い食べ物を自ら食べようとする | ●給食やおやつを好き嫌いなく食べる | ●食材により異なる栄養素が含まれていることや、食べることにより身体にどのような利点があるのかを話す |
| 健康・安全 | | ●梅雨期の過ごし方を理解する | ●梅雨の事象について知る | ●自然事象や季節の特徴について伝える |
| 保育者の自己評価 | | | | |

# 年間指導計画

平成　　年度　　　　クラス　　　5歳児

| | | 園長 | 主任 | 担当 |
|---|---|---|---|---|

| 教育目標 | 自分で考えたり、友だちと協力したりして、積極的に活動に取り組む | | | |
|---|---|---|---|---|
| 年間区分 | I期（4月～5月） | II期（6月～7月） | III期（9月～12月） | IV期（1月～3月） |
| ねらい | ・気の合う友だちと関わりながら遊ぶことを楽しむ<br>・年長児になった自覚をもって、意欲的に活動に取り組む<br>・春の自然に興味をもち、触れて遊ぶ | ・自分の力を十分発揮しさまざまな遊びを楽しむ<br>・友だちとのつながりを感じ、自分の気持ちが伝わる喜びを味わう<br>・夏などの身近な環境に触れ、見たり試したり考えたりして遊ぶ | ・友だちと協力していろいろな運動を楽しみ、懸垂などで自分の力を発揮する<br>・友だちとイメージや考えを出し合ったりして遊びを進めていこうとする<br>・身近な自然物を取り入れて遊ぶなかで、数量・図形などに関心をもつ | ・互いのよさに気づき、協同しながら一緒に遊ぶ楽しさを味わう<br>・友だちと共通の目的をもって、自分たちで活動を進める充実感を味わう<br>・自信をもって意欲的に生活しながら、就学への期待をもつ |
| 健康 | ・保育者や友だちと関わりながら、戸外で体を動かして遊ぶ<br>・自分の健康に関心をもち、生活に必要な活動を自らしようとする | ・水分補給の大切さを知り、夏の健康的な生活習慣を身につける<br>・早寝・早起き・朝ごはんの大切さを理解する<br>・正しい歯磨きの仕方を身につける | ・運動遊びに思いっきり取り組み、進んで身体を動かす気持ちよさを感じ、自分で衣服の調節をする<br>・病気の予防に関心をもち、自ら進んで手洗い、うがいをする | ・寒さに負けず、十分身体を動かして遊ぶことで、健康的な身体づくりをする<br>・自分たちで生活の場を整え、見通しをもって意欲的に行動する |
| 人間関係 | ・友だちと一緒に遊ぶ楽しさを感じ、自分たちでも遊びを進めていこうとする | ・友だちと相談したり、力を合わせたりして自分たちで取り組むなかで、喜びや楽しみを共感する | ・友だちと相談したり、力を合わせたりしてさまざまな遊びに取り組むなかで、喜びや楽しさを共感する | ・共通の目的に向かって、それぞれが自分の役割や期待してに取り組み、一体感を味わう |
| 環境 | ・飼育動物や栽培物に親しみをもち、触れたり世話をしようとする | ・飼育動物や栽培活動をしていくなかで、生命の大切さ、成長、変化に気づく | ・秋の自然物を使ったりしてさまざまな遊びを楽しみ、日常生活のなかで、数や文字に関心をもち、遊びに取り入れる | ・自分たちの生活の場を協力して整え、就学文字などを取り入れて楽しむ |
| 言葉 | ・保育者や友だちの話に深く聞いたり、自分の気持ちを言葉で伝えようとしたりする | ・自分の思いや考えを相手に伝える言葉をもち、友だちの話を聞こうとする | ・遊びのなかで感じたことや考えたことを話し合い、友だちと言葉のやりとりを楽しむ | ・絵本や童話に興味をもち、友だちと楽しんで人の話をよく聞き、自分の考えを人にわかるように話し、対話する |
| 表現 | ・友だちと一緒に歌ったり、身体表現をしたりする | ・砂・土・水などのさまざまな素材に触れながら遊びを広げていく | ・絵本・物語に親しみ、想像力を使って遊びに必要なものを作ったり飾ったりする | ・続話や童話に興味をもち、自分なりの言葉などで表現したり、演じて遊んだりする |
| 教育環境構成及び配慮事項 | ・新しいクラスで生活する不安を受け止め、安心して過ごせるようにする<br>・年長になった喜びや張り切っている気持ちを大切にする<br>・自分たちで進んで生活や遊びに取り組めるような気持ちを子どもたちと一緒に身体を動かして遊び、お互いに親しみの気持ちがもてるような関わりをする | ・夏ならではの遊びが十分楽しめるように、工夫したり試したりできる遊具や用具を準備しておく<br>・友だちと一緒にダイナミックな遊びをするなかで、自分の思いや考えを出し合い、身体を動かす楽しさを味わう機会をもつ<br>・子どもたちの発見や驚きを受け止め、共感しながら生命の大切さや成長、変化を伝える | ・一人ひとりのがんばりや力を認め、自信をもって生活活動ができるようにする<br>・子どもたちのイメージを大切にし、共通のイメージをもって遊びが進められるような素材や材料を準備し、自分たちで取り組んだ充実感が味わえるようにする<br>・友だちと一緒に心動かし関わり合いながら、遊びが広がる楽しさが味わえるようにし、思いや願いをやりとりしたりとした時間をもつ | ・互いのよさに気づき、協同しながら遊びが楽しめるように遊具や用具を準備する<br>・仲間といることの楽しみ、創作していることを発表する機会をもつ<br>・異年齢児との交流をもつなかで、友だちとゆっくり遊んだりして、楽しく過ごせるようにする<br>・遊びの様子を見守り、思いが実現できるように支援する |
| 家庭や地域の人達との連携 | ・園やクラス・子どもの様子を伝え、信頼関係を築く<br>・小学校見学を行うなど、小学校と連携を取り合い交流を図れるようにする | ・梅雨期の健康管理について知らせ、家庭も健康に過ごしてもらえるようにする<br>・家庭で大切にしてほしい夏休みの過ごし方や、地域のイベント、夏の遊びなどを紹介する | ・家庭でも身体を動かす機会をもってもらうよう啓発する<br>・避難訓練では（は・し・も・ち）の約束を守って避難できるようにする<br>・就学に向けての不安について話し合い、一緒に考えていく | ・園生活で育まれた友だちとの関係について伝え、就学に期待がもてるようにする<br>・生活習慣や通学路の再確認を行うよう保護者に協力を求める |
| 行事 | ・入園式<br>・こどもの日のつどい<br>・身体測定<br>・避難訓練<br>・内科検診 | ・始業式<br>・保育参観<br>・尿検査<br>・視力検査（年長）<br>・誕生会 | ・進級式<br>・家庭訪問<br>・遠足<br>・懇談 | ・プール開始<br>・交通安全教室<br>・消防訓練指導<br>・大掃除 | ・プラネタリウム見学<br>・七夕の集い<br>・プール参観<br>・誕生会<br>・歯科検診<br>・個人懇談 | ・始業式<br>・遠足<br>・誕生会<br>・身体測定 | ・敬老の日の集い<br>・運動会<br>・個人懇談<br>・大掃除 | ・保育参観<br>・お楽しみ会<br>・懇談<br>・終業式 | ・始業式<br>・土曜参観<br>・身体測定<br>・懇談<br>・お別れ会 | ・節分会<br>・小学校1日入学（年長）<br>・保育参観（劇遊び）<br>・誕生会<br>・卒園式　・終了式 |
| 保育者の自己評価 | | | | |

第4章 指導計画を立てよう

# 月間指導計画

平成　年度　　　　6月　5歳児　　　クラス

| 教育目標 | 自分で考えたり、友だちと協力したりして、積極的に活動に取り組む | | | 園長 | 主任 | 担当 | 担当 | 担当 | 担当 |
|---|---|---|---|---|---|---|---|---|---|

**子どもの姿**
- 自分なりに目標をもって運動遊具に取り組む姿が増えてきている
- 砂・土・泥・水などに十分に触れて遊んでいる
- 泥だんごや色水をつくるなど、友だちといろいろなことを繰り返し試したり、工夫したりして遊ぶことを楽しんでいる

**月のねらい**
- 友だちとイメージを出し合いながら遊ぶことを楽しむ
- 梅雨期の自然や動植物の成長に興味や関心をもつ

| | 家庭支援 | ・歯磨き指導を通して、毎日の歯磨きの大切さを知らせ、家庭でも行ってもらえるようにも伝える<br>・汗をかいたときは、ハンカチでふいたり、着替えたりするよう体調の整え方を伝える |
|---|---|---|
| | 行事 | ・歯科検診　・保育参観　・交通安全教室　・プラネタリウム見学<br>・身体測定　・誕生会　・消防訓練指導 |

| | | 活動目標 | 予想される子どもの活動 | 配慮事項 |
|---|---|---|---|---|
| 教育 | 健康 | ・梅雨期の生活の仕方を知り、健康に過ごす<br>・歯の大切さを知り、正しい歯磨きの仕方が習慣づく | ・汗をかいたときは衣服の調節をし、水分補給をする<br>・歯磨きで指導を受け、虫歯にならないように、ていねいに歯磨きをする | ・着替えや水分補給が必要なことに気づき、自ら行えるように援助する<br>・歯ブラシのもち方や磨き方を、歯磨きをするときに自分で確認できるように、表示をしておく |
| | 人間関係 | ・友だちと意見を出し合いながら遊びを楽しむ | ・友だちと意見を出し合って、遊びを発展させることを楽しむ | ・子どもたちのやりとりを見守りながら、必要に応じてお互いの気持ちに気づけるよう援助する |
| | 環境 | ・巧技台や運動遊具、固定遊具などに自分から挑戦する | ・クラス全員で運動遊びをしたり、自分の目標をもって取り組んだりする | ・がんばっている姿を認めたり励ましたりしながら、意欲をもって取り組めるようにする |
| | 言葉 | ・言葉集めやしりとり遊びなどにクラスで取り組み、文字や数字に興味がもてるようにする | ・当番活動では、人前で大きな声で話したりクラスの友だちに伝えたりする | ・自分の思いや考えをみんなに伝えたり、伝言を「聞いて・覚えて・伝える」ことに取り組んだりして、自信をもてるようにする |
| | 表現 | ・七夕の集いに向けて、話し合ったりつくったりする | ・遊びに必要なものをつくったり準備したりする | ・七夕の集いに向けて共通の目的をもって、友だちと一緒に考えたり工夫したりする姿を認め、期待をもって取り組めるようにする |
| 食育 | | ・食べ物の働きと栄養バランスについて知る | ・「赤・黄・緑」の3つの食品群があることを知り、自分が食べている食品が何色にあてはまるのかを確かめる | ・子どもたちに食べ物の役割や身体の動きなどを可視化して伝える<br>・自分で、栽培・収穫した野菜を食べることで、食に対しての興味関心を育てる |
| 健康・安全 | | ・交通安全教室や消防訓練指導に参加する | ・信号や道路横断時の約束を守りながら歩いたり、警察官から交通安全についての話を聞いたりする<br>・花火をするときに注意しなければならないことを知る | ・それぞれに参加した人たちと就学に向けて家庭でも交通ルールや花火をすることなどについて話し合う機会をもてるようにする |
| 保育者の自己評価 | | | | |

9コマ目　月間指導計画の立て方を理解しよう

月間指導計画では、最初に年間指導計画を受けて1年間を通じての「目標」が掲げられています。保育所の月間指導計画も幼稚園の月間指導計画も6月の月間指導計画なのですが、年間指導計画を振り返ってみると、保育所の月間指導計画は、年間指導計画のⅠ期にあたり、幼稚園の月間指導計画では、年間指導計画のⅡ期にあたります。このように、期の区切り方にもそれぞれの園によって違いがあることを知っておきましょう（幼稚園では8月に保育をすることが少なく、期の区切りが保育所と変わってくることが多いのです）。

　次に、年間指導計画のなかには含まれていなかった「子どもの姿」を記載する欄があります。前述にもありますが、前月の子どもたちがどのような状況にあったか、ということを踏まえ、月間指導計画を立てる必要があるため、大変重要な項目になります。前月の保育記録を振り返り、どういったことに興味、関心をもち活動に取り組んでいたのか、見えてきた課題は何であったのかなどを整理し記載します。そしてそれらをもとに、月のねらいや内容を計画します。

　前月の子どもたちの姿から「月のねらい」が定まると、年間指導計画にもあった「養護」「教育」「食育」の視点から活動目標を定めます。それらの目標に対して、予想される子どもの姿を考えます。予想される子どもの姿を想像することにより、配慮しなければならない事項がどのようなものであるかが明確になります。

　たとえば、幼稚園の月間指導計画を見てみると、教育における人間関係の領域において、活動目標が「友だちと意見を出し合いながら遊びを楽しむ」とあり、それに対する予想される子どもの活動では、「友だちと意見を出し合って、遊びを発展させることを楽しむ」姿が見られるのではないかと考えられています。したがって、配慮事項には、「子どもたちのやりとりを見守りながら、必要に応じてお互いの気持ちに気づけるよう援助する」ことがあげられています。このように、月間指導計画では年間指導計画よりもさらにくわしく計画します。

　子どもたちの様子を受けてさまざまな視点から目標を設定し、子どもの姿をもとに保育における配慮事項について整理できれば、最後は行事や活動目標を考慮し、家庭支援について計画を立てます。見本からもわかるように、家庭支援の内容はその月にどのような活動を子どもたちが行うかということに連動し、子どもたちの経験を家庭においても見守ってもらったり、援助してもらったりするような、家庭との連携を図る目的で計画が立てられています。

　そしてこれらの計画をもとに保育し、月末に自分自身の保育について月間指導計画をもとに振り返り、保育者の自己評価を行います。たとえば、幼稚園であれば保育参観が行われた月なので、保育参観後の反省として「保育参観のときだけではなく、スキンシップの大切さを保護者の方にも気づいてもらえるように、日ごろから工夫して伝えていくことが必要だと感じた」などと記したり、または日々の保育に関して「戸外の遊びでは、日陰をつくったり休息の時間をつくったりしたことで、子どもたちも健康に過

---

理解を深めるために、年間指導計画と月間指導計画を見比べ、気づいたことについて話し合ってみましょう。

ごすことができた」などと記したりします。

　月間指導計画を立てるうえで重要なポイントは、子どもたちをよく観察し、どのようなことに興味、関心をもっているのかなど、子どもたちの気持ちや発達の過程を理解することです。保育の計画はあくまで保育者が子どもの成長や発達を予測して計画する予定なので、目の前にいる子どもたちの姿をしっかりと捉え、必要があれば修正しながら保育を行うべきであるということを理解しましょう。年間指導計画と同様に、修正しながらより良い保育を行うためには、日々の保育を振り返り、環境構成なども含め改善できることはないか、検討することが大切です。繰り返しになりますが、その振り返りが、P（計画）⇒D（実行）⇒C（評価）⇒A（改善）⇒P（再計画）サイクルを行うことにつながり、自己評価を行う意義となります。

### おさらいテスト

❶ 月間指導計画は［　　　　　　］をもとに立てる。
❷ 1か月ごとに［　　　　　　］を観察し、把握したうえで月間指導計画を立てる。
❸ 0、1、2歳児クラスの月間指導計画は子どもたちの［　　　　　　］を中心に立てられる。

9コマ目　月間指導計画の立て方を理解しよう

## 演習課題

### 月間指導計画を作成してみよう

**保** 平成　　年度　**年間指導計画**

| （子どもの）保育目標 | ● 生活に必要な行動の意味を理解し、自ら進んで行う<br>● けんかや葛藤を経験しながら相手の気持ちに気づくことができる<br>● 集団での生活や行動がスムーズにできるようになる | |
|---|---|---|
| 年間区分 | I期（4月～6月） | II期（7月～9月） |
| ねらい | ● 園生活や友だちとの関わりを楽しむ<br>● 自ら考え積極的に活動する<br>● 園外保育での活動方法を理解する | ● 異年齢児と関わることができるようになる<br>● 戸外遊びに進んで参加し、身体を動かして遊ぶ楽しさを味わう<br>● 身近な自然から季節を理解し、見たり、触れたり、遊んだりすることを楽しむ |
| 養護 / 生命 | ● 健康に過ごすことや自分の身体について理解できるようにする | ● 快・不快や自分の健康管理について関心をもてるようにする |
| 養護 / 情緒 | ● 友だちと過ごすことに喜びを感じられるようにする | ● 子どもの気持ちを受け入れることで、相手のことをより理解しようとする気持ちを高める |
| 教育 / 健康 | ● 自分の身体に興味、関心をもつ | ● 活動と休息のバランスのとり方を知る |
| 教育 / 人間関係 | ● 自分のやりたい遊びを見つけ保育者や友だちと楽しんで遊ぶ | ● 自分の思いを伝えたり、相手の意見を聞き入れたりする |
| 教育 / 環境 | ● 季節の変化に気づき身近な動植物に興味・関心をもち、園外活動に積極的に参加する | ● 夏の事象を知り、それに合った遊びや活動の仕方を覚える |
| 教育 / 言葉 | ● 言葉集めを通して新しい言葉を知る | ● 自分の意見を受け入れてもらったり、相手の気持ちを理解できたりすることを喜ぶ |
| 教育 / 表現 | ● 自ら歌をうたい、手遊びを好んで行う | ● 切る・貼るなどの作業をていねいに行おうとする |
| 食育 | ● 食事時におけるあいさつの大切さを理解して行う | ● 行事食を通して、季節の食材に興味をもつ |
| 配慮事項 | ● 公共の場での活動の仕方を理解できるように何度も伝える | ● 異年齢児との接し方や話し方の工夫する方法を伝えて実践するように促す |
| 家庭への支援 | ● 毎日の生活だけでなく、園外保育のことなど、きちんと伝えて保育内容を理解してもらう | ● 季節の野菜や果物を使用した行事食の献立を伝え、食に対して親子で興味をもてるようにする |
| 行事 | ・身体測定　・避難訓練　・誕生会<br>・自由保育　・入園式　・進級式<br>・個人懇談　・園外保育　・寄生虫検査<br>・じゃが芋掘り　・歯科検診　・内科検診 | ・身体測定　・避難訓練　・誕生会<br>・自由保育　・プール開き　・七夕まつり<br>・すいか割り　・夏期特別保育<br>・お店屋さんごっこ<br>・お泊り保育(年長) |
| 保育者の自己評価 | | |

4歳児の年間指導計画（保育所・幼稚園）をもとに、「4歳児・2月」の月間指導計画（保育所・幼稚園）の「配慮事項」の空白部分をうめ完成させましょう。

## 4歳児　　　　　クラス

|  | 園長 | 主任 | 担当 | 担当 |
|---|---|---|---|---|

| Ⅲ期（10月～12月） | Ⅳ期（1月～3月） |
|---|---|
| ●協調性が高まる<br>●目標や目的をもち活動する<br>●健康的に過ごす方法を覚え、実践しようとする | ●友だちと協力して活動し、達成感を味わう<br>●年長児となることに期待をもって意欲的に園生活を楽しむ<br>●遊びを考え工夫して活動する |
| ●天候と身体の関係を知り、理解できるようにする | ●自ら体調の変化に気づき、対応する |
| ●友だち同士で同じ考えや気持ちをもって活動できるようにする | ●気持ちに余裕をもって活動する方法を伝え、実行できるようにする |
| ●衣服の調節を自ら行う | ●快適に過ごせるように自ら工夫する |
| ●友だちと同じ思いをもち、活動に取り組む | ●その場や相手に応じた関わり方を自ら考えて行動しようとする |
| ●日常生活において、身の周りにある数字や文字、標識などに興味をもつ | ●経験を生かし、冬から春への自然の変化に関心をもち遊び方を自ら工夫しながら、考えて遊ぶ |
| ●言葉や数字への興味が深まり、積極的に覚え、使おうとする | ●言葉の楽しさを知り、言葉を豊かにする |
| ●絵本に興味をもち、登場人物になりきれるようにイメージを出し合い、想像することを楽しむ | ●友だちとともに制作や表現活動することを理解したうえで楽しむ |
| ●どのようなものでも自ら食べる | ●食事の楽しさ、大切さ、マナーを心得る |
| ●人との関わりをもちながら、自分の感情をコントロールできるように自分の気持ちを言葉で伝えるように促す | ●遊び方を工夫できるように促したり、ヒントを与えたりする |
| ●病気の予防方法を伝え、家庭でも予防を心掛けてもらえるようにする | ●さまざまな経験が増えたことや年長児になることなどの子どもの成長をしっかり伝える |
| ・身体測定　・避難訓練　・誕生会<br>・自由保育　・運動会　・さつま芋掘り<br>・内科検診　・作品展　・クリスマス会<br>・おもちつき　・保育参観 | ・身体測定　・避難訓練　・誕生会<br>・自由保育　・節分・豆まき　・ひなまつり<br>・小運動会　・お別れ遠足（年長）<br>・生活発表会　・卒園式 |
|  |  |

第4章　指導計画を立てよう

9コマ目　月間指導計画の立て方を理解しよう

## 演習課題

**幼** 平成　　年度　**年間指導計画**

| 教育目標 | 友だちとの関わりを楽しみながら、心のつながりや満足感、達成感を味わう ||
|---|---|---|
| 年間区分 | I期（4月〜5月） | II期（6月〜7月） |
| ねらい | ●保育者や友だちに親しみ、喜んで登園する<br>●好きな遊びを見つけ、十分に楽しむ<br>●生活の仕方を知り、自分のことは自分でしようとする | ●友だちや保育者と一緒に好きな遊びを楽しむ<br>●全身を使って遊ぶ楽しさや開放感を味わう<br>●身近な自然に触れ、遊びに取り入れる |
| 教育／健康 | ●生活のきまりや約束を知り楽しく遊ぶ<br>●園生活に慣れる | ●梅雨期や夏の過ごし方を知る<br>●歯の大切さを知る<br>●プール遊びの約束を守る大切さを知り、安全に遊ぶ |
| 教育／人間関係 | ●自分のしたい遊びをしようとする | ●友だちと一緒に遊びや活動を楽しむ |
| 教育／環境 | ●身近な動植物を見たり、触れたりして関心をもつ | ●水・砂・泥などのさまざまな素材に触れる |
| 教育／言葉 | ●保育者の話を興味をもって聞く | ●遊びのなかで状況に応じた言葉を使う |
| 教育／表現 | ●喜んで歌ったり、楽器を使ったりして遊ぶ | ●自分の感じたことや思ったことを絵画や制作で表現する |
| 環境設定及び配慮事項 | ●一人ひとりの子どもの不安や緊張を受け止め、安定して過ごせるようにする<br>●いろいろな遊具やコーナーを準備し自分の好きな遊びを楽しめるようにする<br>●健康な生活をするために必要な習慣を知り、身につけることができるようにする<br>●一人ひとりに身支度や持ち物の整理方法や手順を知らせて、少しずつ自分でできるようにしていく<br>●動植物に触れるなかで、発見や驚きを受け止め、共感しながら興味や関心がもてるようにする | ●繰り返し楽しめる遊びや新しい遊びを取り入れ、存分に楽しめるように工夫をする<br>●一人ひとりの健康状態を把握し、プール遊びを安全に行えるようにする<br>●子どもの興味に対応できるように遊具や用具、材料を準備する<br>●トラブルが起きたときは、保育者が仲立ちし、それぞれの主張を十分に聞き、相手の思いに気づけるようにする |
| 家庭や地域の人達との連携 | ●1日の流れや活動を伝え、保護者も安心感がもてるようにする | ●1学期の成長を確認し合う<br>●夏休みは各家庭で楽しく過ごしてもらうこと、事故や事件に気をつけてもらうことを伝える |
| 行事 | ・入園式　・始業式　・進級式　・懇談<br>・こどもの日のつどい　・家庭訪問<br>・身体測定　・保育参観　・遠足<br>・避難訓練　・尿検査　・視力検査（年長）<br>・内科検診　・誕生会 | ・プール開始　・プラネタリウム見学<br>・保育参観　・七夕の集い　・プール参観<br>・交通安全教室　・身体測定　・誕生会<br>・消防訓練指導　・歯科検診　・個人懇談<br>・大掃除　・終業式 |
| 保育者の自己評価 | | |

## 4歳児　　　クラス

|  | 園長 | 主任 | 担当 | 担当 |
|---|---|---|---|---|
|  |  |  |  |  |

| Ⅲ期（9月〜12月） | Ⅳ期（1月〜3月） |
|---|---|
| ●友だちと一緒に身体を動かして、いろいろな遊びを考える<br>●協力し合うことの大切さを知る<br>●友だちと同じイメージをもって遊ぶ楽しさを味わう | ●感じたことや考えたことを自分なりに表現する<br>●進級への期待をもち、意欲的に活動に取り組む<br>●冬ならではの行事を知る |
| ●積極的に戸外での遊びに参加する<br>●基本的な生活習慣を身につける | ●運動遊具や固定遊具、ルールのある遊びに挑戦する<br>●病気の予防方法を知る |
| ●友だちと一緒に簡単なルールのある遊びをする | ●友だちとの関わりのなかで相手の気持ちに気づく |
| ●遊びに必要なものをみんなでつくることを楽しむ | ●伝統的な行事に親しみをもって参加する |
| ●思ったことや考えたことを喜んで話す | ●トラブルが起きたとき、自分たちで話し合ったり解決したりしようとする |
| ●いろいろな素材で楽器をつくり、それを使って自分なりの表現をする | ●いろいろなものになりきって、のびのびと踊ったり歌ったりする |
| ●一人ひとりの気持ちを受け止め、子ども同士の遊びやつながりが広がるようにする<br>●一人ひとりの興味や意欲を大切にし、身体を動かす遊びが楽しめるように遊具や用具を準備しておく<br>●自分の思ったことや聞いたことを友だちやクラス全員に伝えられる時間をつくる<br>●友だちと協力して活動する大切さを伝え、約束ごとやきまりを理解できるようにする | ●いろいろな遊びに挑戦する姿を認め、意欲をもって取り組めるようにする<br>●さまざまな人々との触れ合いが深まるように環境を整える<br>●一人ひとりの個性を認めながら自己発揮ができるように援助する<br>●互いの良さに気づきながら遊べるようにする<br>●温度や換気に気をつけて、病気について伝える |
| ●運動会などの大きな行事に向けて、頑張る気持ちと葛藤の気持ちが起こる時期なので、成長の証であることを伝える | ●1年間の成長を伝え、喜び合えるようにする |
| ・始業式　・敬老の日の集い　・保育参観<br>・遠足　・運動会　・お楽しみ会<br>・誕生会　・個人懇談　・懇談<br>・身体測定　・大掃除　・終業式 | ・始業式　・節分・豆まき<br>・土曜参観　・小学校1日入学（年長）<br>・身体測定　・保育参観（劇遊び）<br>・懇談　・誕生会<br>・お別れ会　・卒園式　・終了式 |

# 演習課題

## 月間指導計画

平成　　年度　　2月　　4歳児　　クラス

| | | 園長 | 主任 | 担当 | 担当 | 担当 |
|---|---|---|---|---|---|---|

**(子どもの)保育目標**
- 生活に必要な行動の意味を理解し、自ら進んで行う
- けんかや葛藤を経験しながら、相手の気持ちに気づくことができる
- 集団での生活や行動がスムーズにできるようになる

| 子どもの姿 | ●身支度を自ら行う姿がみられる<br>●友だちと協力する姿が活動や遊びのなかでみられる |
|---|---|
| 月のねらい | ●何事においても最後まで行おうとする<br>●冬の自然事象に不思議さを感じ、関心をもつ<br>●自分の役割を理解し、すべきことを自ら行おうとする |

### 活動目標 / 予想される子どもの活動

| 養護 | 生命 | ●活動量が増えることにより、身体の動かし方に変化をもたせて成長を促す | ●自らが水分補給を要求できる |
|---|---|---|---|
| | 情緒 | ●与えられたことに対して最後まで行う気持ちをもたせる | ●達成感を味わう |
| 教育 | 健康 | ●いろいろな運動に興味をもち遊びを広げる | ●好きな運動を友だちと行う |
| | 人間関係 | ●集団のなかでの自分の役割を考える | ●役割を理解し、自ら行おうとする |
| | 環境 | ●季節による自然事象の特徴的な変化を知る | ●知っている冬の事象について、話す |
| | 言葉 | ●保育者や友達に応じた言葉を使う | ●新しい言葉を使う機会や話す機会が増える |
| | 表現 | ●歌や言葉で気持ちを表す | ●しっかり声をだすことに楽しさを感じる |
| 食育 | | ●1回の食事で食べられる量がわかる | ●好き嫌いがわかり、食べる順番などの工夫をする |
| 健康・安全 | | ●病気の予防方法を知る | ●手洗い・うがいを自ら行う |

| | 配慮事項 |
|---|---|
| 家庭支援 | ●1年の成長を見てもらったり、伝え合ったりすることで、子どもの頑張りを知り、これからの期待を高められるようにする |
| 行事 | ・誕生会　・身体測定　・生活発表会<br>・節分・豆まき　・避難訓練　・お別れ遠足(年長) |

| 保育者の自己評価 | |
|---|---|

# 演習課題

第4章 指導計画を立てよう

**9コマ目** 月間指導計画の立て方を理解しよう

## 幼 平成　年度　月間指導計画　2月　4歳児　クラス

| 保育目標 | 友だちとの関わりを楽しみながら、心のつながりや満足感、達成感を味わう | | | 園長 | 主任 | 担当 | 担当 | 担当 | 担当 | 担当 |
|---|---|---|---|---|---|---|---|---|---|---|

| 子どもの姿 | ●こま回しに繰り返し挑戦し、友だち同士で励まし合ったり認め合ったりする姿が見られる<br>●いろいろな友だちとルールのある遊びを楽しめるようになってきている | 家庭支援 | ●保育参観（劇遊び）に向けての取り組みについて知らせ、当日の姿だけではなく、そこに至るまでの過程からも成長を感じてもらえるようにする |
|---|---|---|---|
| 月のねらい | ●友だちとイメージや考えを伝え合いながら、一緒に遊ぶ楽しさを味わう<br>●感じたことや考えたことを自分なりに表現することを楽しむ<br>●寒さに負けず、戸外で身体を動かして遊ぶ | 行事 | ・節分・豆まき　・保育参観（劇遊び）<br>・身体測定<br>・誕生会<br>・懇談 |

| | | 活動目標 | 予想される子どもの活動 | 配慮事項 |
|---|---|---|---|---|
| 教育 | 健康 | ●室内外の気温の変化を感じ、自ら快適に過ごす工夫をする<br>●戸外で友だちと身体を動かして遊び、寒さに負けない身体づくりをする | ●寒さや暑さを感じ、自ら衣服を調節する<br>●寒いときに身体を動かすと温かくなることを知る | |
| | 人間関係 | ●異年齢児（年長児）と関わる<br>●安心感をもって友だちと関わり、遊びを楽しむ | ●年長児の当番の仕事を見たり、教えてもらったりする<br>●遊びのなかで自分の気持ちと相手の気持ちの違いを知る | |
| | 環境 | ●冬から春への自然の変化に気づく | ●いろいろな容器で氷をつくって遊ぶ | |
| | 言葉 | ●物語のなかで、言葉のやりとりをしながら表現することを楽しむ | ●役になりきって話したり動いたりして、自分なりのイメージを表現する | |
| | 表現 | ●歌詞を覚えて、のびのびと歌をうたう | ●伴奏やリズム、友だちの声をききながら、はっきりした言葉で歌う | |
| 食育 | | ●正しいマナーで食事をする | ●正しいマナーとは何かを知る | |
| 健康・安全 | | ●火災発生時の避難の仕方を知る | ●「お・は・し・も」（おさない・はしらない・しゃべらない・もどらない）の約束を守り、ハンカチで口と鼻を覆って、保育者の指示を聞いて避難する | |

| 保育者の自己評価 | |
|---|---|

# 10コマ目 週日指導計画の立て方を理解しよう

**今日のポイント**

1. 週日指導計画は月間指導計画をもとに立てる。
2. 3歳未満児の場合は、週日指導計画においてしっかり遊ぶことができる環境を計画することが主となる。
3. 3歳以上児の場合は、「月のねらい」を達成するための活動や必要な援助、環境構成について考え、週日指導計画を作成する。

## 1 週日指導計画について

　保育課程・教育課程をもとに立てた年間指導計画を軸として立てられた月間指導計画を受けて、よりくわしく立てられるものが、週日指導計画です。週日指導計画は、その日に行う主な活動についての計画を1週間ごとにまとめて立てるものであり、週日指導計画を立てることで保育に偏りがないか、月のねらいを達成するために必要な経験を促すことができているかなどを確認しながら保育を行います。

　週日指導計画は、年間指導計画や月間指導計画とは違い、具体的にどのような活動を行い、どういった準備（環境構成）を行う必要があるか、また、どのような援助、配慮を行うべきかについて詳細を計画します。週日指導計画は必ずしも月間指導計画に直接的にかかわっているわけではなく、ときには直接的に、ときには間接的に関わっているため、その関係性を見出すことが困難な場合もあります。その関係性については実際に週日指導計画の見本を見ながら考えてみましょう。

　月間指導計画と同じで3歳未満児の場合は、週日指導計画において十分に遊ぶことができる環境を計画することが主となります。子どもたち一人ひとりが課題としていることをしっかりと把握し、遊びのなかで援助していくことが重要になります。主とする活動はクラス全員が同じであっても、一人ひとりに対する援助が変わってくる、ということです。

　3歳以上の子どもたちに対しては、「月のねらい」を達成するための活動や必要な援助、環境構成について考え週日指導計画を立てます。

> ここでは月の計画、週日の計画と分けて紹介していますが、月週の計画（月週指導計画）、日の計画（一日指導計画）と分かれている場合もあります。

## 2 週日指導計画の構成について

それでは次ページからの週日指導計画の例を実際に見ながら、項目について理解を深めましょう。

102ページ…週日指導計画（5歳児・保育所・6月・第3週）
103ページ…週日指導計画（5歳児・幼稚園・6月・第3週）

# 週日指導計画

平成　　年度　　クラス　　　　5歳児

## 6月 第3週

| 日にち | 主な活動（準備物） | 子どもの活動 | 環境構成・配慮事項 | 家庭への支援 |
|---|---|---|---|---|
| | | | | ●家庭での歯の磨き方を聞いたり、歯科検診での様子や結果を伝えたりすることで、歯をきちんと磨く習慣をつける大切さや子どもとのコミュニケーションをとることる場であるなどを理解できるようにする |
| 15日(月) | ●制作"父の日"のプレゼント<br>・のり・はさみ | ●完成間近になり、プレゼントを渡すことを楽しみにしながらつくる<br>●作りたいもののイメージしながら、材料を自分なりに工夫して制作に取り組む | ●プレゼントを受け取る人の気持ちを考えることを伝え、最後までていねいに行うように言葉をかけをする | |
| 16日(火) | ●運動遊び　マットを使ったサークルゲームをグループで行う<br>・マット・三角コーン | ●グループでの力を合わせたり、応援し合ったりする<br>●何度も挑戦しようとする | ●助け合い方や応援方法を伝えて、全員が参加するように促す<br>●複数回行えるようにする | |
| 17日(水) | ●歯科検診<br>・絵本・視覚教材・コップ<br>・歯ブラシ・タオル | ●歯磨き指導を受けて、毎日習慣づけることの大切さを理解する | ●歯科医の話を聞きやすくするために視覚教材を使用したり、何度も伝えたりする | |
| 18日(木) | ●戸外遊び　公園<br>・帽子・救急バッグ<br>・戸外用リュック(保育者) | ●公園の大型遊具の使用方法や約束ごとを守って、友だちと仲よく遊ぶ | ●公共施設の使用方法や約束ごとを確認しながら、安全に配慮して遊びを促す | |
| 19日(金) | ●制作"七夕飾り　短冊"<br>・はさみ・えんぴつ<br>・画用紙(短冊) | ●七夕について興味をもつ<br>●願いごとを考える<br>●見本の飾りを見て、つくりたい気持ちが高まる<br>●自分の名前を短冊に書く | ●七夕の由来を伝える<br>●一人ひとり願いごとを決めて短冊に書く<br>●どのようにつくるのかをくわしく伝えて、楽しさがわかるようにする<br>●下書きの上をなぞるようにする | |
| 20日(土) | ●合同保育　ボールプール遊び<br>・ビニールプール・ボール | ●異年齢児との遊び方を知り、注意しながら楽しむ<br>●約束ごとを理解する | ●七夕に分けてプールを数か所離して置く<br>●7月から始まるプールについても話し、遊び方をきちんと伝える<br>●約束ごとを確認できるように、遊んでいる間もそのつど伝える | |

| 保育者の週の自己評価 |
|---|
| |

第4章　指導計画を立てよう

## (幼) 週日指導計画　　クラス　　5歳児

平成　　年度　　6月　第3週

| 日にち | 主な活動（準備物） | 子どもの活動 | 環境構成・配慮事項 | 家庭への支援 |
|---|---|---|---|---|
| 15日(月) | ●みんなのあつまり<br>●水あそび<br>・スコップ　・ペットボトル<br>・バケツ　・じょうろ<br>・さまざまな廃材 | ●年少組と一緒に体操をしたり触れ合い遊びをしたりする<br>●園庭・砂場で水遊びや泥遊びをする | ●身体を動かす楽しさややり心地よさを味わえるようにする<br>●水を使って、友だちと協力してダイナミックな遊びに発展するように、道具類をそろえる | ●消防訓練指導を受けたことを伝え、家庭でもものの取り扱いについて話し合い、安全に花火遊びができるように伝える |
| 16日(火) | ●七夕の集いに必要なものをつくる<br>・はさみ　・折り紙<br>・のり　・さまざまな廃材<br>・画用紙　・テープ類<br>・絵の具 | ●友だちと考えた遊びが楽しくなるように話し合い、必要なものをつくる | ●子どもたちのイメージしたことが実現できるように、材料や用具などを一緒に考えたりアイディアを提供したりする |  |
| 17日(水) | ●七夕の集いに向けて活動する<br>・ホワイトボード | ●七夕の集いでの遊びの遊び方やルールについて話し合う | ●みんなで楽しく遊べるようなルールを考えられるように話し合いを進めていく<br>●自分だけでなく友だちの思いにも気づけるようにする |  |
| 18日(木) | ●消防訓練指導<br>・防災頭巾 | ●消防士から指導を受ける<br>・DVDを観る<br>・花火での注意事項を聞く<br>・消防服を着る<br>・消防自動車を見学する | ●火の必要性と怖さについて指導してもらう<br>●消防士の仕事についても話をし、自分たちの街を守ってくれていることを知る機会となるようにする |  |
| 19日(金) | ●プラネタリウム見学<br>・園外保育用リュック | ●プラネタリウムを見学する<br>●夏の星座、七夕についての話を聞く | ●夏の星空や自然について興味・関心をもてるようにする<br>●日本の伝統行事について知らせる |  |
| 20日(土) |  |  |  | 保育者の週の自己評価 |

10週目　週日指導計画の立て方を理解しよう

103

> 週日指導計画にもさまざまな形があり、「子どもの姿」を記載するものもあります。

**プラスワン**

**制作活動**
本来は「制作」の字が正しいが、最近では「製作」とすることも多い。

> 保育者が各指導計画について熟知していることが子どもたちの成長に大きな影響を与えることが理解できるでしょう。

　週日指導計画では、これまで必ず最初に記述されていた、「目標」や「ねらい」が掲げられていません。また、月間指導計画のなかに含まれていた「子どもの姿」を前提とし、子どもの活動を考えますが、この見本になっている週日指導計画には「子どもの姿」を記載する欄がありません。ただし、無いからといって、考慮しないというわけではありません。月間指導計画を立てる際にも必ず子どもの姿をきちんと捉えることが不可欠であると説明しましたが、それを受けて保育の詳細を計画する週日指導計画でも、もちろん必要になります。

　月間指導計画や週日指導計画を立てる際に、「子どもの姿」を考慮して立てることは大前提であるため、週日指導計画のなかにはこのように記載しない形のものもあります。計画が形だけにならないよう、なぜ計画を立てるのかということをしっかりと理解し、計画を立てることに必要性を感じ、「子どもたちが必要とする活動は何か？」と子どもたちが意欲的に活動する様子を思い浮かべながら立てるようにしましょう。

　具体的にどのような活動を主にするのかについては、「主な活動」に記します。制作活動、音楽活動、運動遊び、異年齢交流など、さまざまな種類の活動があるなか、どの活動をこの週に行うのかを決めることは容易ではありません。思いつきで行ってしまうと必ず偏った内容になってしまうため注意する必要があります。

　それでは、週日指導計画の内容をくわしく見てみましょう。まず、幼稚園の月間指導計画（91ページ）を見てみると、教育における表現の領域において、活動目標が「七夕の集いに向けて、話し合ったりつくったりする」とされていることに伴い、16日の活動「七夕の集いに必要なものをつくる」が計画されています。そしてそれを受けて配慮事項には、「子どもたちのイメージしたことが実現できるように、材料や用具などを一緒に考えたりアイディアを提供したりする」ことがあげられています。このように、週日指導計画では月間指導計画と直接的に関係する活動が計画されています。

　次に保育所の月間指導計画（89ページ）を見てみると、教育における環境の領域において活動目標が「自然事象や社会事象に関心・興味を深める」とされています。第3週の週日指導計画を見る限り、この目標に関係する活動はないように見えます。しかし、戸外遊びで公園に行くときに機会があれば身近で起こっている物事に目が向くように子どもたちに言葉をかけることができます。保育者が月間指導計画を意識して保育をすることによって、活動自体は目標と直接関係がないように思われるときでも、チャンスがあれば間接的に機会を利用し、子どもたちが成長するための援助を適切に行うことができるようになります。

　子どもたちの様子を受けてさまざまな視点から活動を設定し、子どもの姿をもとに保育における配慮事項を整理するという手順は、月間指導計画と変わりありません。そして最終的には月間指導計画と同様、家庭への支援について計画を立てます。その週に行う活動のなかで、家庭でも援助できる事項についてまとめておくことは、保護者と会話するきっかけとしても役に立ちます。

そして月間指導計画と同様、これらの計画をもとに保育し、週末に自分自身の保育について週日指導計画をもとに振り返り、保育者の自己評価を行います。この自己評価を行う際に保育記録をとっていると評価が行いやすくなります。「保育記録」というと、とても難しい感じがするのですが、たとえば、16日にA君とB君が協力して活動することができていたとすると、週日指導計画の余白にメモをとっておく、といった簡単なものでも立派な保育記録です。保育者は、まとまった時間をとり、1日を振り返る余裕がない場合も多いので、少しの手間でできる記録をとる習慣をつけることが大切です。無理のない方法で、記録をとる習慣をつけることは、自分自身の保育を見直すだけでなく、保育の質を高めるうえでもとても重要になります。実習中から将来を見据え、このような視点でメモをとるように心がけましょう。

　月間指導計画を立てるうえでの重要なポイントと週日指導計画を立てるうえでの重要なポイントは同じで、「子どもたちをよく観察し、どのようなことに興味・関心をもっているのかなど、子どもたちの気持ちや発達の過程を理解すること」なので、保育記録をとる習慣をつけることが大切になるということは理解できるでしょう。

　これまでさまざまな形の指導計画を見てきましたが、どの段階においても目の前にいる子どもたちの姿をしっかりと捉え、必要があれば修正しながら保育を行うべきであるということは明確です。そして、日々の保育を振り返り、改善すべきところは改善し、活動を継続して行うことが必要だと判断すれば柔軟に計画を修正しながら保育するように心がけましょう。

### おさらいテスト

❶ 週日指導計画は［　　　　　　　］をもとに立てる。
❷ 3歳未満児の場合は、週日指導計画においてしっかり［　　　　　　　］環境を計画することが主となる。
❸ 3歳以上児の場合は、「月のねらい」を達成するための活動や［　　　　］、［　　　　　　］について考え、週日指導計画を作成する。

10コマ目　週日指導計画の立て方を理解しよう

# 演習課題

9コマ目94〜99ページの年間・月間指導計画を参考に、「4歳児・2月・第1週」の週日指導計画（保育所・幼稚園）の「環境構成・配慮事項」の空白部分をうめ完成させましょう。

**㋺ 平成　　年度　週日指導計画　　クラス　4歳児**

**2月　第1週**

| 日にち | 主な活動（準備物） | 子どもの活動 | 環境構成・配慮事項 | 家庭への支援 |
|---|---|---|---|---|
| 1日（月） | ●発表会練習　劇 | ●覚えている台詞をはっきり声に出す<br>●劇の流れを覚えてスムーズに演じる | | ●生活発表会を控えて、がんばって練習していることや見に来てくださることを楽しみにしていることを伝え、家庭でも話題にして子どものやる気を高めてもらう |
| 2日（火） | ●戸外遊び | ●寒さに負けずに走ったり、ボール遊びを行ったりする | | |
| 3日（水） | ●節分・豆まき　（合同保育）<br>・お面・豆 | ●節分の由来を知る<br>●由来を知り、掛け声をかけながら鬼に向かって豆をまくことを楽しむ | | |
| 4日（木） | ●発表会練習　歌・ハンドベル<br>・ハンドベル | ●ピアノに合わせて、覚えた歌をうたう<br>●聞いてもらうことの楽しさや喜びを感じる | | 保育者の週の自己評価 |
| 5日（金） | ●発表会練習　劇 | ●明日を本番に迎え、真剣に取り組む | | |
| 6日（土） | ●生活発表会 | ●保護者の方にも見てもらうことを期待して、しっかり発表する<br>●最後までやり遂げて、達成感を味わう | | |

106

# 演習課題

## 週日指導計画

幼 　平成　　年度　　クラス　　　　4歳児

2月　第3週

| 日にち | 主な活動（準備物） | 子どもの活動 | 環境構成・配慮事項 | 家庭への支援 |
|---|---|---|---|---|
| 15日(月) | ●劇遊び（観客に年長児が来る）<br>●衣装の仕上げ<br>・はさみ・のり・画用紙 | ●年長児が観客になることで、張り切って劇遊びをする<br>●自分の衣装を確認しながら仕上げる | | ●保育参観（劇遊び）に向けての取り組みについて知らせ、当日の姿だけではなく、そこに至るまでの過程からも成長を感じてもらえるようにする |
| 16日(火) | ●劇遊び・合奏・歌 | ●練習してきた自信をもって、最後までやり遂げる | | |
| 17日(水) | ●保育参観（劇遊び）<br>●懇談 | ●沢山の方が見に来られていることを感じながら、楽しく発表する | | |
| 18日(木) | ●じゃが芋の種イモ植え<br>・スコップ・種イモ<br>●戸外遊び | ●じゃが芋の成長過程を知り、一生懸命植える<br>●戸外でリレー遊び等のクラスでの集団遊びを楽しむ | | 保育者の週の自己評価 |
| 19日(金) | ●年長児との交流<br>（劇・合奏・歌を発表し合う）<br>●お別れ会について話し合う | ●年長児の劇遊びや合奏を見て、年長児になることを楽しみにする<br>●思ったことやや考えたことを言葉にして伝え合う | | |
| 20日(土) | | | | |

# 11コマ目 個別指導計画の立て方を理解しよう

**今日のポイント**

1. 0～2歳児は個別指導計画が主になる。
2. 個別指導計画は子どもの姿がくわしく記されている。
3. 個別指導計画を立てるには一人ひとりをよく観察し、分析し記録しておくことが重要である。

## 1 個別指導計画について

　前述したように、保育の計画には園全体のカリキュラムである「保育課程」や「教育課程」と、それを年齢ごとに具体化した実践計画である「指導計画」があり、「指導計画」は園の課程に基づいて自分のクラスがどこに位置づけられるかを確認し立てられるものです。それらのなかで、月間指導計画や週日指導計画については理解を深めてきました。しかし、0、1、2歳児の子どもたちは個別指導計画が主になるため、ここでは、0歳児の年間指導計画、月間指導計画、個別指導計画の見本を参考にしながら、個別指導計画はどのように月間指導計画と関連しているのか、また、どのような構成になっているのかについて理解を深めましょう。

109ページ…年間指導計画（0歳児・保育所）
110ページ…月間指導計画（0歳児・保育所・12月）
111ページ…個別指導計画（0歳児・保育所・12月）

> 個別指導計画もさまざまな様式があり、項目や内容が違います。各園で工夫されていますので、機会があれば見せてもらいましょう。

第4章 指導計画を立てよう

# 年間指導計画

平成　　　年度　　　　　　　　　　0歳児　　　クラス

| | | 園長 | 主任 | 担当 | 担当 | 担当 |
|---|---|---|---|---|---|---|

(子どもの)保育目標
- 一人ひとりの生活リズムが整う
- 保育者との信頼関係を基盤に、人、物への関心が広がる
- 欲求や気持ちを受け止めてもらい自己表現を活発に行う

| 年間区分 | | I期 (4月〜6月) | II期 (7月〜9月) | III期 (10月〜12月) | IV期 (1月〜3月) |
|---|---|---|---|---|---|
| ねらい | | ●園の生活リズムに慣れる<br>●生理的欲求が満たされ快適さに過ごす<br>●身近な人と関わる | ●友だちを意識する<br>●玩具やさまざまな物に興味をもつ<br>●戸外活動を楽しむ | ●自分のしたい活動がわかり始める<br>●手遊び等歌に合わせて身体を動かす<br>●身近な人と関わりながら遊びや活動をする | ●安心して園生活をおくる<br>●何事に対しても自ら行おうとする<br>●寒いなかでもしっかり身体を動かす |
| 養護 | 生命 | ●園の生活リズムに無理なく移行できるようにする | ●食事や睡眠をしっかりとり、暑い夏を元気よく過ごせるようにする | ●個々の成長に応じて、安全な環境で過ごせる | ●生活リズムが整い、健康で安全に過ごせるようにする |
| | 情緒 | ●十分に関わり安心して過ごせるようにする | ●気持ちをくみ取り対応する | ●喃語や声、表情に応え、人と関わろうとする意欲を引き出す | ●自らしようとする気持ちを大切にし、励ます |
| 教育 | 健康 | ●園の生活リズムに慣れる | ●排泄後の心地よさを感じる | ●生理的欲求を表す | ●生活リズムを理解する |
| | 人間関係 | ●身近な人と信頼関係を築く | ●友だちの存在を認識する | ●自ら友だちと関わろうとする | ●身近な人と関わりをもとうとする |
| | 環境 | ●身の周りにあるいろいろなものに興味をもつ | ●夏の遊びを体験する | ●気に入ったもので繰り返し遊ぶ | ●安心できる環境のもと、経験を豊かにする |
| | 言葉 | ●周りの音や会話の声に関心を示し、その方向を見る | ●喃語を発する | ●喃語が盛んになる | ●簡単な言葉を理解し、やりとりする |
| | 表現 | ●泣く・笑うなどの表情や身体の動きなどで気持ちを表す | ●水などの感触を知る | ●制作を楽しむ | ●全身を使い、表現することを喜ぶ |
| 食育 | | ●園での食生活に慣れる | ●自ら食べようとする | ●スプーンを使って食べようとする | ●意欲的に食事をする |
| 配慮事項 | | ●心身ともに落ち着き愛着をつけるように関わり方や環境に気をつける | ●喃語に耳を傾け、伝えようとしていることをしっかり聞く姿勢をもつ | ●さまざまなことに興味をもつので、一つひとつていねいに伝え、活動できるようにする | ●進級を意識しながら、さまざまな保育者が個々と関わりをもつ |
| 家庭への支援 | | ●どのようなことでも細かく伝え合い、安心して預けてもらえるようにする | ●快適に夏期を過ごせるように園で行っている工夫の仕方を伝え、家庭でもできるようにする | ●活動範囲や興味を示すなどが増える時期なので、安心して生活できるように家庭と園で連携しながら環境を整えるようにする | ●1年間の成長がわかるように記録を見せたり、話をしたりしてともに喜び、これからの成長を期待してもらえるようにする |
| 行事 | | ・身体測定<br>・自由保育<br>・個人懇談<br>・じゃが芋掘り | ・避難訓練<br>・入園式<br>・園外保育<br>・歯科検診 | ・誕生会<br>・進級式<br>・寄生虫検査<br>・内科検診 | ・身体測定<br>・自由保育<br>・すいか割り<br>・おまつりごっこ<br>・お泊まり保育(年長) | ・誕生会<br>・七夕まつり | ・身体測定<br>・自由保育<br>・内科検診<br>・おもちつき | ・避難訓練<br>・運動会<br>・作品展<br>・保育参観 | ・誕生会<br>・さつま芋掘り<br>・クリスマス会 | ・身体測定<br>・自由保育<br>・小運動会<br>・お別れ会 | ・避難訓練<br>・節分・豆まき<br>・お別れ遠足(年長)<br>・卒園式 | ・誕生会<br>・ひなまつり<br>・生活発表会 |
| 保育者の自己評価 | | | | | |

11コマ目　個別指導計画の立て方を理解しよう

109

# 保 月間指導計画

平成　　年度　　12月　　0歳児　　クラス

| | | | 園長 | 主任 | 担当 | 担当 | 担当 | 担当 |

## （子どもの）保育目標
- 一人ひとりの生活リズムが整う
- 保育者との信頼関係を基盤に、人、物への関心が広がる
- 欲求や気持ちを受け止めてもらい自己表現を活発に行う

| | 子どもの姿 | 予想される子どもの活動 | 配慮事項 |
|---|---|---|---|
| 子どもの姿 | ●保育者と関わることを喜ぶ<br>●言葉を声に出そうとする | | 家庭支援 ●流行性の病気について知識を深めるために、予防する方法や対処法を理解しやすいように伝える |
| 月のねらい | ●さまざまな活動に積極的に参加する<br>●安定した気持ちを保つ<br>●話したい気持ちをくみとってもらうなかで発語が活発になる | | 行事 ・クリスマス会　・おもちつき　・誕生会<br>・避難訓練　・作品展　・身体測定 |

|  |  | 活動目標 | 予想される子どもの活動 | 配慮事項 |
|---|---|---|---|---|
| 養護 | 生命 | ●探索意欲を引き出し、行動範囲を広げる | ●初めて見るものや経験する活動に興味を示す | ●周りのものに目を向けるように促し、一緒に見て回ることで好奇心を引き出す |
|  | 情緒 | ●好きな遊びをじっくりと楽しむことができるように関わる | ●心地良い環境のなかで遊ぶことを楽しむ | ●興味のある遊びに変化をつけることで持続して遊べるようにする |
| 教育 | 健康 | ●促されると衣服の着脱ができる | ●自分でしようという気持ちが行動として現れる | ●言葉がけとともに手を添えて着脱することでやり方を教え、励ましたい応援したいという意欲を引き出す |
|  | 人間関係 | ●身近な人に甘える | ●保育者との関わりが増える | ●関わる時間をつくり、欲求を満たすことで安心感を与える |
|  | 環境 | ●季節の行事に積極的に参加する | ●行事を知り、楽しい時間を過ごす | ●季節に合わせた活動を取り入れ、異年齢児と参加することで楽しめるようにする |
|  | 言葉 | ●喃語で思いを伝えようとする | ●声に出すことを喜んで行う | ●思いをくみとり、喃語や表情で代弁することで伝え方を教える |
|  | 表現 | ●積極的に創作活動を行う | ●素材に触れることで感触の違いを感じる | ●さまざまな技法に挑戦し、興味を引き出せることでつくる楽しさを味わうようにする |
| 食育 |  | ●しっかり噛んで食べようとする | ●噛むことが習慣づく | ●噛む動作を見せたり、手で表したりして、意識的に口を動かすように促す |
| 健康・安全 |  | ●行動範囲が広がるため、安全な環境をつくる | ●自由に動き回りながら遊ぶ | ●遊具や玩具を一つひとつ点検し、保育室の安全に留意する |
| 保育者の自己評価 | | | | |

第4章 指導計画を立てよう

# 個別指導計画　12月　0歳児　クラス

| 園長 | 主任 | 担当 | 担当 | 担当 | 担当 |
|---|---|---|---|---|---|

㋫ 平成　　　年度

**（子どもの）保育目標**
- 一人ひとりの生活リズムが整う
- 保育者との信頼関係を基盤に、人、物への関心が広がる
- 欲求や気持ちを受け止めてもらい自己表現を活発に行う

| 園児名 | △△　△△ | 生年月日 | 平成　　年　　月　　日　　1歳　2か月 |
|---|---|---|---|

### 子どもの姿
- 歩行が安定しはじめている
- クラスの保育者に甘え、さまざまなやりとりができるようになってきた
- 喃語が増えてきた
- 手遊びを楽しんで行っている
- 戸外遊びに喜んで参加する
- 普通食に慣れてきたが、食べ終わるまでに長い時間がかかる

### 保育者の配慮事項

**養護**
- 衣服の調節やクラスの温度をこまめに確認して調節し、体調を整えられるようにする
- 戸外遊びを行い、丈夫な身体をつくることができるようにする

**教育**
- 友だちを認識して、関わりをもてるように遊びを工夫する
- 探索意欲を引きだすような活動を行い、歩いて行動できる範囲を広げる
- 手遊びのなかで簡単な言葉をしっかり繰り返し声に出せるように促す

**食育**
- 給食やおやつを食べやすいように小さく切ったり、食べたいと思えるようにおいしさを伝えたりして食べる意欲を高める

### 援助と配慮
- 歩くときのふらつきに気をつけて、安全に歩くことができるスペースを確保する

### アレルギー
- 特になし

### 病気記録
- 特になし

### 家庭連絡事項
- 年末年始にかけて、欠席する日を確認する

### 家庭支援
- 手遊びの歌詞や振りを伝えて、家庭でも行ってもらうことで喃語が増えるように促し、またコミュニケーションをとる機会を増やせるようにする

### 保育者の自己評価

11コマ目　個別指導計画の立て方を理解しよう

## 2 個別指導計画の構成について

　0歳児の月間指導計画は12月（年度末に近づいている）ということで、0歳児クラスの年間指導計画にある保育目標「一人ひとりの生活リズムが整う」「保育者との信頼関係を基盤に、人、物への関心が広がる」「欲求や気持ちを受け止めてもらい自己表現を活発に行う」を見据え、そのために必要な自主性を育てることができるような活動目標、配慮事項があげられています。好きな遊びを通して自ら活動したい、人と関わりたいという思いをもち、意欲的に生活ができるような援助が主となっていることがどの計画からもうかがえます。

　年間指導計画、月間指導計画はそれぞれ5歳児のものと大きな差は見られませんが、その月間指導計画を受けて、個々の子どもたちに対して毎月個別指導計画を立てる、という点が大きく違ってきます。

　個別指導計画を見てみると、まず、子どもの姿がくわしく記されていることに気がつくでしょう。発達の状況から、どんなことに興味をもっているのか、どういった遊びを好んでいるのか、何が課題であるかなど、細かく観察されています。個別に指導計画を立てるためには、子どもたち一人ひとりをよく観察し、分析し、記録しておくことが重要になります。それができて初めて計画を立てることが可能になるということを忘れず保育に携わりましょう。

　全体の年間指導計画と見比べてみると、月間指導計画の「養護」の「情緒」において「好きな遊びをじっくりと楽しむことができるように関わる」とされているのに対し、個別指導計画では「戸外遊びを行い、丈夫な身体をつくることができるようにする」となっています。一見、関係がないように感じますが、個別指導計画の「子どもの姿」を見てみると、「戸外遊びに喜んで参加する」と記されていて、好きな遊びを行うことができるように計画し、そのなかで「じっくりと楽しむことができるように関わる」ことを心がけ保育することを前提として個別指導計画が立てられていることがわかります。このように、月間指導計画のすべてが個別指導計画のなかに文章として記載されるわけではないことも理解しておく必要があります。

　個別指導計画においても項目や立て方は5歳児のものと大差ありません。それぞれの活動目標をいかに設定し、どのような援助、配慮を行うのかを計画することが重要であることも同じです。

> 個別指導計画においては、保育者が主語になる項目が増えます。それは、個別指導計画では「養護」や「教育」において保育者が配慮すべき事項を中心に考え計画するからです。

### おさらいテスト

❶ [　　　]歳児は個別指導計画が主になる。
❷ 個別指導計画は[　　　]がくわしく記されている。
❸ 個別指導計画を立てるには一人ひとりをよく[　　　]し、分析し[　　　]しておくことが重要である。

# 演習課題

## 個別指導計画を実際に立ててみよう

年間指導計画・月間指導計画を参考に2歳児の個別指導計画（11月）の「養護」「教育」「食育」「援助と配慮」「家庭支援」の空白部分をうめ完成させましょう。

### 年間指導計画

平成　　年度　　2歳児　　クラス

**（子どもの）保育目標**
- 生活に必要な身の周りのことを自分でしようとする
- 自分の思いを言葉や行動で表現する
- 交流・行動範囲を広げ、いろいろなことに興味をもつ

| 年間区分 | | I期（4月〜6月） | II期（7月〜9月） | III期（10月〜12月） | IV期（1月〜3月） |
|---|---|---|---|---|---|
| ねらい | | ●毎日同じ生活リズムで過ごす<br>●活動の中から遊具の使い方や人の関わり方を学ぼうとする<br>●友だちと過ごすことを好む | ●集団生活での約束ごとがわかり自信をもって活動できるようになる<br>●自分でできることをしようとする<br>●基本的な生活習慣を身につける | ●園生活を楽しむ<br>●話したい気持ちが高まり、自分の思いを言葉で表現しようとする<br>●身体を思い通りに動かそうとする | ●自分の気持ちを言葉で表す<br>●好奇心が強くなる<br>●友だちと一緒に遊んだり、関わったりできるようになる |
| 養護 | 生命 | ●手洗いの大切さをくわしく伝え、理解できるようにする | ●日常生活において習慣を身につけられるようにする | ●戸外で安全に活動できるよう、環境に配慮する | ●日常生活において自分でできることが増え、活動への意欲をもてるようにする |
| | 情緒 | ●友だちとの関わりを増やすことで関わり方や充実感を感じるようにする | ●自分の気持ちを言葉で伝えられるように促す | ●よく使う話し方や言葉遣いを教え、気持ちが伝わる楽しさがわかるようにする | ●気持ちの切り替えが自ら行えるように援助する |
| 教育 | 健康 | ●手洗いの仕方を身につける | ●衣服の着脱を一人でする | ●戸外遊びを通してのびのびと身体を動かす | ●きまりをつけて生活する |
| | 人間関係 | ●気の合う友だちを見つける | ●他人と関わるなかで、自分の存在を認めてもらい信頼感を養う | ●友だちとともに過ごす楽しさ、喜びを感じる | ●友だちとともに過ごす楽しさ、喜びを感じる |
| | 環境 | ●自分のものが置かれている場所がわかる | ●夏の行事に参加し、季節を感じる | ●玩具や身近な物の貸し借りを自らしようとする | ●経験したことを生活や遊びに取り入れる |
| | 言葉 | ●興味をもった言葉を何度も話そうとする | ●質問に対して言葉で答える | ●生活のなかで、数字・形・色などを覚える | ●感情を表す言葉を知る |
| | 表現 | ●身の周りの音や色、動き、手触り、味、香りなどに興味を示す | ●興味のある物を模倣しようとする | ●はさみの使い方を知り、さまざまな形をつくることを楽しむ | ●生活遊びからさまざまな出来事に触れ、イメージを豊かにする |
| 食育 | | ●箸のもち方を覚えて、食べる | ●食事のマナーを覚え、守ろうとする | ●食器の扱い方を覚え、ていねいに使う | ●食事をとる大切さを理解する |
| 配慮事項 | | ●一人ひとりと話す機会をもち、信頼関係を築けるようにする | ●友だちの存在を伝え、一緒に遊ぶことができるようにする | ●戸外で存分に身体を動かす機会をたくさん設ける | ●仲間との関わりを広げ、友だちとの関わり方を覚えられるようにする |
| 家庭への支援 | | ●生活習慣や生活リズムについて、家庭と園での様子などを伝え合い、連絡を密にする | ●自分で行いたいことが増えるなか園での援助の方法を伝え、家庭でも援助できるようにする | ●体力をつけることと運動量を増やす運動量を増やすことができるようにする | ●友だちとの関わり方を伝え、問題解決方法や自ら考えられるように促す方法を覚えてもらう |
| 行事 | | ●身体測定<br>●避難訓練<br>●誕生会<br>●自由保育<br>●入園式<br>●進級式<br>●個人懇談<br>●園内保育<br>●寄生虫検査<br>●じゃが芋掘り<br>●歯科検診<br>●内科検診 | ●身体測定<br>●避難訓練<br>●誕生会<br>●自由保育<br>●プール開き<br>●七夕まつり<br>●すいか割り<br>●夏期特別保育<br>●おまつりごっこ<br>●お泊り保育（年長） | ●身体測定<br>●避難訓練<br>●誕生会<br>●自由保育<br>●運動会<br>●さつま芋掘り<br>●園外保育<br>●作品展<br>●おもちつき<br>●クリスマス会<br>●保育参観 | ●身体測定<br>●避難訓練<br>●誕生会<br>●自由保育<br>●節分・豆まき<br>●ひなまつり<br>●小運動会<br>●お別れ遠足（年長）<br>●お別れ会<br>●生活発表会<br>●卒園式 |
| 保育者の自己評価 | | | | | |

園長　　主任　　担当　　担当

# 演習課題

## 保 月間指導計画

平成　　年度　　11月　　2歳児　　クラス

| | | | | | | | |
|---|---|---|---|---|---|---|---|
| | | | 園長 | 主任 | 担当 | 担当 | 担当 |

### (子どもの)保育目標
- 生活に必要な身の周りのことを自分でしようとする
- 自分の思いを言葉や行動で表現する
- 交流・行動範囲を広げ、いろいろなことに興味をもつ

### 子どもの姿
- 戸外活動を楽しんでいる
- 言葉で話そうとする姿が見られる

### 月のねらい
- 全身をしっかり動かして遊ぶ
- 活動に意欲的に参加する
- 話すこと、聞くことができるようになる

### 家庭支援
- 園での食事の仕方を伝えることで、家庭と連携して良い姿勢で食べられるようにする

### 行事
- 自由保育　・保育参観
- 避難訓練　・身体測定
- 誕生会　　・内科検診

### 活動目標・予想される子どもの活動・配慮事項

**養護**

| 区分 | 活動目標 | 予想される子どもの活動 | 配慮事項 |
|---|---|---|---|
| 生命 | 清潔に過ごす方法やその大切さを理解できるようにする | 身の周りのものを清潔にしようとする | 清潔を保つことが病気予防につながることを教え、意識できるようにする |
| 情緒 | 直接的ではなく、間接的に関わり方を言う | 自ら関わり方を考える | 子ども同士の関わりを見守りながらも問題の解決方法のヒントを与え、子ども同士で教えあうことができるように促す |

**教育**

| 区分 | 活動目標 | 予想される子どもの活動 | 配慮事項 |
|---|---|---|---|
| 健康 | 促されると自分で身なりを整える | 身支度の方法をきちんと理解して行う | 排泄や着替え後に身なりを整えるようにきちんと問いかけたりして習慣づける |
| 人間関係 | 相手の気持ちを聞いたり、伝えたりする | 友だちと積極的に関わる | 相手が話しているときはしっかり聞くように言葉をかけたりすることで十分な関わりを促す |
| 環境 | 戸外遊びを通して自然に触れる | 身近にある植物を見ることで変化がわかる | 植物の変化や風の冷たさを実際に体感し、周囲の自然に目を向けるようにすることで季節を感じられるようにする |
| 言葉 | 話したいことを伝える | いろいろなことを自分から話そうとする | 一人ひとりが発言できる場をつくり、質問したり、言葉を引き出すような声をかけたりすることで安心して話ができるようにする |
| 表現 | 制作に興味をもち、つくることを楽しむ | できあがりを楽しみにしながら制作を行う | 導入で子どもたちの興味を引きつけ、褒めたり励ましたりしながら作業を進めることで楽しさを感じられるようにする |

### 食育
- 姿勢を正し、きれいに食べることに気をつける
- 食事のマナーを一つひとつ確認して食べる
- 椅子の座り方や机までの距離、箸のもち方など、ていねいに教えてその都度言葉をかけ、意識づける

### 健康・安全
- 避難訓練の方法を理解できるようになる
- 促されると避難しようとする
- 訓練を通して避難の仕方がわかるようにする

### 保育者の自己評価

# 演習課題

## 個別指導計画

平成　　年度　　11月　　2歳児　　クラス

| 園児名 | ○○　△△ | 生年月日 | 平成　　年　　12 月　　1 日　　2 歳　11 か月 | 園長 | 主任 | 担当 | 担当 | 担当 | 担当 |
|---|---|---|---|---|---|---|---|---|---|

**(子どもの)保育目標**
- 生活に必要な身の周りのことを自分でしようとする
- 自分の思いを言葉や行動で表現する
- 交流・行動範囲を広げ、いろいろなことに興味をもつ

**子どもの姿**
- 10月は風邪で4日間休む
- 体調がすぐれず、アレルギーによる赤い湿疹が出た（10月6日）
- 友だちとの関わりが増えてきた
- 戸外活動を楽しむ姿がみられる
- 話したい気持ちをもっている

### 保育者の配慮事項

**養護**

| 援助と配慮 | ※この部分を考えてみましょう |
|---|---|
| アレルギー | ● 卵アレルギー（生卵・つなぎ） |
| 病気記録 | ● 平成○○年10月4・5日　熱性けいれんのため2日間入院 |
| 家庭連絡事項 | ● 仕事中に必ず連絡が取れるようにしてもらう<br>● 連絡先を複数確認する |
| 家庭支援 | ※この部分を考えてみましょう |
| 保育者の自己評価 | ※この部分を考えてみましょう |

**教育**　※この部分を考えてみましょう

**食育**　※この部分を考えてみましょう

---

11コマ目　個別指導計画の立て方を理解しよう

# 12コマ目

## 部分保育指導計画の立て方を理解しよう

**今日のポイント**

1. 部分保育指導計画を立てる際には、子どもの姿を把握することが大切である。
2. 予想される子どもの活動をもとに、保育者の援助・配慮を記入する。
3. 実習時に部分保育指導計画を立てるときには、活動を3種類くらい考えて計画を立て、保育者の指導を受けることが望ましい。

> **重要語句**
> 部分保育指導計画
> →部分保育指導計画は「設定保育指導案」や「部分保育指導案」とも呼ばれる。

## 1 部分保育指導計画について

部分保育指導計画*は、クラス全体に対し、一斉に保育を行う際に立てるものです。観察実習の記録と様式は似ていますが、観察したことを記録するのではなく、これから行う保育について立てる計画です。年間指導計画・月間指導計画・週日指導計画と同じように、子どもたちのなかに育てたい心情、意欲、態度など、生きるうえで基礎となる力を育むために作成します。したがって、あくまでも予定であることを理解し、必要に応じて臨機応変な対応ができるように計画しておくことが重要になります。

観察実習記録の様式と比べてみるとその違いは明らかで、環境構成の部分は「活動を行うために必要だと考えられる環境」を記入し、子どもの活動も「予想される子どもの活動」を考えて計画を立てるようになっています。各活動に合わせて、子どもたちがどのように活動するのかを予想することができなければ、援助や配慮を考えることは難しくなります。

したがって、計画を立てるにあたっては、子どもたちの活動を予想することが重要です。予想するためには、日々の保育のなかで、子どもたちが何を考え、どのように活動し、どのように他者と関わっているかを、ていねいに観察し、記録することが必要不可欠になります。部分保育指導計画を立てるうえでも、日々の保育における保育記録は重要な役割を果たすのです。

> 実習に行くと、必ず一度は「設定保育」とよばれる部分保育指導計画を立て、実践する機会が与えられます。部分保育指導計画（指導案）について担当保育者と相談する際、いくつかの指導案を持参し、指導してもらうようにしましょう。

116

● 図表12-1　観察実習の記録（実習日誌）　様式

観察記録

| 　月　　　日　　曜日　　天候 | 観察者（実習生）氏名 |
|---|---|
| 担当クラス　　　組　　　歳児　　計　　名（男児　　名・女児　　名）欠席　　名 ||
| 観察者（実習生）の目標 | 今日の主な活動 |
| ねらい | 内　容 |

| 時間 | 環境の構成 | 子どもの活動 | 保育者の援助・配慮 | 実習生の援助・考察 |
|---|---|---|---|---|
|  |  |  |  |  |

● 図表12-2　部分保育指導計画　様式

指導計画　　　　　　　　　　　　　責任実習（部分・半日・全日）

| 　月　　　日　　曜日　　天候 | 実習生氏名　　　　　　　　印 |
|---|---|
| 担当クラス　　　組　　　歳児　　男児　　名・女児　　名・計　　名 ||
| 子どもの姿 ||
| ねらい | 内　容 |

| 時間 | 環境の構成 | 予想される子どもの活動 | 実習生の援助（配慮） |
|---|---|---|---|
|  |  |  |  |

## 2 部分保育指導計画の立て方について

　部分保育指導計画の立て方を学ぶ前に、再度、観察記録をとるときの手順を振り返ってみましょう。観察記録を書くための手順は、以下の通りです（➡ 4 コマ目を参照）。
　　①基本的な情報を把握する
　　② 1 日の大まかな活動の流れを書く（メモをとる）
　　③一つひとつの活動について詳細を書く（環境構成や子どもの様子など）
　　④保育者の援助や配慮とともに観察者（実習生）の援助、考察を書く
　このなかで、①基本的な情報を把握する、ということは、部分保育指導計画を立てるうえでも必要不可欠です。次に、② 1 日の大まかな活動の流れを書く、についてですが、部分保育を計画する際には、1 日の大まかな流れだけではなく、設定される保育に偏りがないように、できればその週の大まかな流れを把握することが望ましい、とされています。そして、③一つひとつの活動について詳細を書く、に関しては、部分的にクラス全体で行う活動についての計画なので、その活動の詳細を書くことが前提となります。手順の最後にあげられた、④**保育者の援助や配慮とともに観察者の援助、考察を書く**、ということはどのような指導計画を書く場合においても最も重要な事項であるため、部分保育の指導計画を作成するにあたっても、もちろん大切になります。以上を踏まえ、部分保育指導計画を立てる手順をまとめると、以下のように整理できます。
　　①基本的な情報を把握する
　　② 1 週間の大まかな活動の流れを把握する
　　③把握した情報をもとに教材研究\*を行う
　　④部分保育で行う活動について詳細を考える
　　　（環境構成や予想される子どもの活動など）
　　⑤保育者（実習生）の援助や配慮について考える
　観察するだけではなく、実際に保育を行うために必要な教材を研究することや子どもたちの活動を予想することなど、経験のある保育者でも難しい場合があるため、時間をかけてていねいに計画を立てることが、より良い保育につながるということを心に留め、余裕をもって計画を立てるようにしましょう。
　それでは、部分保育指導計画を見ながら、それぞれの項目についてどのように考えて計画すれば良いか、また、教材研究はどのように行うべきかについて考えましょう。

---

**重要語句**

**教材研究**
→子どもたちの発達過程を考慮し、どのような経験が必要かに目を向け、参考文献（保育者向けの月刊誌など）を参照し保育内容について調べること。

## 3 幼児（3〜5歳児）クラスの部分保育指導計画作成について

　幼児クラスの活動を計画する際に気をつけるべきことについて理解を深め、どのように計画を立てれば良いか、手順に沿って考えましょう。

①基本的な情報を把握する

　基本的な情報を把握することに関しては、観察記録をとる時と同じですが、「子どもの姿」をていねいに観察し、子どもたちがどのようなことに興味・関心をもっているか、どのような経験をしてきたのか、また、子ども同士や、子どもたちと保育者はどのように関わっているかなど、自分自身が部分保育を行うにあたり必要な情報を収集しておきましょう。

②1週間の大まかな活動の流れを把握する

　基本的な情報が把握できたら、次は1週間の大まかな活動について流れを把握します。本来ならば、部分保育を行う月の月間指導計画をもとに、週間指導計画を立てる必要がありますが、実習期間中は、月間指導計画や週間指導計画を見せてもらったうえで部分保育を行うことはほとんどありません。そのため、できる限りの情報を保育者との会話や子どもの姿を捉えることから収集していく必要があります。年間指導計画や月間指導計画、個別指導計画における「子どもの姿」に記載された内容を参考にして、どのような視点で子どもたちの姿を捉えるべきか考えましょう。

　そして①、②で収集した情報をもとに子どもに身につけてほしい心情、意欲、態度、また子どもに経験してほしいことを考え部分保育を計画します。

③把握した情報をもとに教材研究を行う

　基本的な情報や保育の流れを把握することができれば、次は部分保育の「ねらい」と「内容」を考える準備に入ります。たとえ実習中の一回きりの部分保育であっても、自分自身が経験したことのなかから思いつきでやりやすいものを選んでしまうことは好ましくありません。子どもたちに身につけてほしい心情、意欲、態度を自分なりに考え、それらを養うためにはどのような活動を行うことが望ましいのかを、保育に関する雑誌や書籍にも目を通して、より多くの選択肢から適切と考えられるものを3種類程度見つけ、指導計画を立てるように心がけましょう。慣れないうちは、異なる3種類の部分保育指導計画を立てることは、大変手間のかかることのように感じると思います。しかし、子どもたちが主体的に、かつ積極的に参加できる活動を考えることは容易ではないため、ここでさまざまな角度から活動を考えることが、実際に保育をする際、臨機応変に対応できる準備となります。保育の計画を立てる際は時間をかけてていねいに行えば行うほど、その後のより良い保育につながることを理解し計画を立てるようにしましょう。

　ここからは、部分保育指導計画の見本（120〜121ページ）を参考にして、指導計画を立てるときの留意点について考えます。

> 3種類の指導計画をすべて実践することはできませんが、今後に役立つ計画なので、きちんと保管しておきましょう。

**12コマ目　部分保育指導計画の立て方を理解しよう**

> 慣れるまでは、予想される言動についても事前に考え、対応策を練ることで、臨機応変に保育をすすめることができるでしょう。

指導計画　　　　　　　　責任実習（ 部分 ・半日・全日 ）

| 6月　27日　火曜日　天候　晴れ | 実習生氏名 | ○○　○○　印 |
|---|---|---|

担当クラス　つくし　組　5　歳児　　男児　15　名・女児　15　名　・　計　30　名

子どもの姿
・行事について興味をもっている。
・はさみの使い方を理解している。

| ねらい | 内　容 |
|---|---|
| ・七夕の由来を知る。<br>・七夕飾りをていねいにつくろうとする。 | ・紙芯を使用して、七夕飾りをつくる。<br>・切る場所に気をつけながらていねいにはさみを使う。 |

| 時間 | 環境の構成 | 予想される子どもの活動 | 実習生の援助（配慮） |
|---|---|---|---|
| 10:00 | ●保育者<br>○子ども<br>△実習生<br><br>○制作で用意するもの<br>・紙芯　　　30個<br>・たこ糸　　（30cm）<br>・折り紙<br>　黒（紙の毛用・3種類）<br>　　　　　　各30枚<br>　ふじ・ピンク（服用）<br>　　　　　　各30枚<br>　うす橙（顔用・半分に切ったもの）　60枚<br>・ホイルカラー<br>　黄緑（帽子の形に切ったもの）　30枚<br>　銀（羽衣用に細長く切ったもの）　30枚<br>　金（星型）30枚<br>・糊用手拭き　6枚 | ○手遊び『おはなし　おはなし』をする。<br><br>○絵本『たなばたものがたり』を見る。<br><br>○制作『紙芯を使用して、七夕飾り』をつくる。<br>・見本を見て、つくるものを知る。<br>・グループの名前が呼ばれた順番に道具と材料の準備をする。<br><br>・工程の説明を聞く。<br><br>・制作での道具の使用方法や約束事を思い出して、伝える。<br>・制作中の姿勢について聞く。<br>・制作を行う。<br>・工程を考えながら制作する。<br>・保育者に質問する。<br>・友だち同士で工程や制作方法を聞き合ったり、教え合ったりする。 | ○絵本を見る姿勢が整うように促す。<br><br>○子どもたちに見えやすいように絵本をもつ位置を調節する。<br>・七夕の由来について質問する。<br><br>○全員が見やすい位置に見本を置く（貼りつける）。<br>・グループの名前を呼び、順番に道具の準備を行うことで、ロッカーの前のスペースを広く使えるようにする。<br>・制作工程を事前にくわしく伝え、制作中にも言葉をかけてスムーズに活動できるようにする。<br>・はさみや糊、その他の道具の使用方法や約束事を確認する。<br>・机、椅子の使用方法を確認する。<br>・一人ひとりの制作ペースを見て、全員が制作内容を理解しているのかどうかを確認する。<br>・制作中にできあがった作品を確認しながら、褒めたり、手を添えて制作方法を伝えたりする。 |

| | | | |
|---|---|---|---|
| 10:40 | | ○友だち同士で作品を見せ合う。 | ○制作を終えた子どもには、友だちの制作している姿を見たり、できあがった作品を見せ合ったりするように促す。 |
| 10:50 | | ○片付けをする。<br>・道具をもとの場所に戻す。<br>・ごみを拾い集める。<br><br>○手洗いをする<br>・順番に並び、手洗いを行う。<br>・隅々まできれいに洗う。<br>・タオルで水分をきちんと拭き取る。 | ○自分の道具を片付け、ごみを拾うことを伝える。<br><br>○グループごとや片付けを終えた子どもから手洗いに行くように促す。<br>・手を洗い、タオルで水分を拭き取ることを伝える。 |
| 反省および感想と質問 | | | 指導助言 |
| 備考 | | | 印 |

④部分保育で行う活動について詳細を考える（環境構成や予想される子どもの活動など）

　教材研究を通して候補にあがったもののなかから、まず自分自身が一番行いたいと考える保育について計画を立てます。見本では、「七夕飾りをつくる」ことが決定した活動になります。

　「七夕の由来を知る」「七夕飾りをていねいにつくろうとする」という季節的な大きなねらいのもと、そのねらいを達成するために制作活動を行うことで、「自らの想像をさまざまな方法を使って表現する」という月間指導計画（保育所・89ページ）の「表現」の活動目標を受け、それを可能にするために「紙芯を使用して、七夕飾りをつくる」「切る場所に気をつけながらていねいにはさみを使う」という制作に関する内容が設定されています。

　ねらいと内容が定まったら、活動の詳細を考えます。最初に大まかな活動の流れを考えますが、その際は、**導入、展開、まとめ（締めくくり）の構成を意識して考える**ようにしましょう。導入の仕方はいろいろありますが、手遊びをしたり、絵本を読んだり、活動の内容によって、より子どもたちの興味・関心を引き出すことができるものを選ぶようにします。いつでも手遊びが導入であったり、絵本が導入であったりすることがないよう、意識して計画するようにしましょう。そうすることで、活動する際に子どもたちがより積極的に参加するよう促すことができます。この見本では、「七夕の由来を知る」というねらいのもと、由来を知ることのできる絵本を読み聞かせることがより効果的な導入であると考えられ、計画されています。

　次に「**環境構成**」を考えます。机を囲み、椅子に座って話を聞くのか、床に座って話を聞くのかなど、どのような状態で活動を行うのかを考え、教材の並べ方や配布方法について、活動における動線を踏まえ、活動がスムーズに行えるように計画します。

　導入、展開、まとめ（締めくくり）といった活動の構成と、環境構成が決まれば、次はそれらの活動に対する子どもたちの行動について予想します。日ごろの保育のなかで、保育者の働きかけに子どもたちがどのような反応を見せ活動に参加しているのかを観察しておくことで、的確に子どもたちの行動を予想できるようになります。より良い援助につなげるため、予想することはとても重要だということを理解し、計画を立てるようにしましょう。また、部分保育指導計画を立てるとき、「予想される子どもの活動」の項目を見れば、どのような保育を行うのかがわかるように書くことが重要です。園の方針によっても違いますが、子どもたちがどのように活動を行うのかだけでなく、子どもたちがつまずきそうな場面や、予想される言動についても配慮や援助をあらかじめ考えて、計画に組み込む場合もあります。

⑤保育者（実習生）の援助や配慮について考える

　次に、予想される子どもたちの活動をもとに、それらに対する援助や配慮を考えます。見本にもあるように、はさみや糊などの道具を使用する際

> 七夕以外の行事についても由来を調べてみましょう。また、どのような活動ができるかも研究し、保育者としての引き出しを増やしましょう。

の注意点や、確認しておかなければならない事項などを思いつく限り順序よく整理して書くことを心がけましょう。

　このように、より良い保育を行うためには、基本的な情報や一週間の流れを把握したうえで、教材研究を行うことが必要不可欠です。また、指導計画を立てるときには1つの案にしぼって考えるのではなく、いくつかの指導計画（運動遊び、リズム遊びなど）を立てて選択肢をもつように心がけましょう。保育についてより深く考える機会となり、子どもたちの発達過程や課題についても理解を深められるということを念頭におき、積極的に指導計画を立てるようにしましょう。

## 4 乳児（0〜2歳児）クラスの部分保育指導計画作成について

　乳児クラスの部分保育指導計画も幼児のものと大差はありませんが、乳児クラスの場合は援助・配慮面をそれぞれの子どもの発達に合わせ、個別に考える必要があります。したがって、援助や配慮を考えるうえで、集団としての子どもたちの姿よりも、個々の子どもたちの行動について予想し、それぞれに適した環境設定や援助、配慮を考えることが重要になります。

　まずは、124〜125ページの簡単に流れが見える部分保育指導計画を見てみましょう。

指導計画　　　　　　　　　　責任実習（部分・半日・全日）

| 10月 10日　木曜日　天候 | 実習生氏名　　○○　○○　印 |
|---|---|

担当クラス　れんげ　組　　1　歳児　　男児　6　名・女児　6　名　・　計　12　名

子どもの姿
・さまざまなものの名前を伝えると復唱する。
・片付けがどのような活動なのかを理解しはじめている。

| ねらい | 内　容 |
|---|---|
| ・色に興味を示し、色の名前を知る。<br>・片付けの仕方を覚える。 | ・色のついた魚を使用して色合わせのゲームを行う。<br>・遊んだものを保育者と一緒に片付ける。 |

| 時間 | 環境の構成 | 予想される子どもの活動 | 実習生の援助（配慮） |
|---|---|---|---|
| 10:15 | ●○○○○○○<br>　○○○○○●<br>　△<br>　　　　ドア<br>●保育者<br>○子ども<br>△実習生 | ○手遊び『さかながはねて』をする。<br><br>○手遊び『おはなしおはなし』をする。<br><br>○絵本『おさかないっぱい』を見る。 | ○歌詞をはっきり伝える。<br><br>○絵本を見る姿勢が整うように促す。<br><br>○絵本がよく見えるように位置や高さを調節する。<br>・赤・青・黄色の違いを伝え、復唱するように促す。<br>・絵本の色のページと魚の色を見せて、同じ色を覚えられるようにする。 |
| 10:30 | ●○　○●○<br>○　　○<br>○　　○<br>○　　○<br>フラフープ○<br>赤　青　黄　ドア<br>△ | ○ゲームを行う場所に移動する。<br><br>○ゲーム『同じ色の箱はどこ？』をする。<br>〜ルール〜<br>・名前を呼ばれたらフラフープのなかに立つ。<br>・もっている魚を同じ色の箱に入れる。<br>・すべて入れ終えたらフラフープに戻る。 | ○一人ずつ名前を呼び、座る場所を伝える。<br><br>○実際にゲームを行うことで見せながらゲームの流れや一つひとつのルールを伝える。<br>・同じ色の箱がどれなのかがわかるようにヒントを与え、色を認識できるようにする。<br>・一人ずつ行い、全員が2回行ったら終了する。<br>・3つの色の名前をもう一度復唱して覚えられるようにする。 |

| 11:00 | (環境構成図：部屋の中に子ども○●、赤・青・黄の箱、△、ドア) | ○自由に遊ぶ。 | ○箱と魚で好きに遊ぶよう促し、色の名前を復習できるような言葉がけを行う。 |
| --- | --- | --- | --- |
| 11:15 | | ○片付けをする。 | ○魚を各色の箱に片付けるように促す。<br>・使用したものを片付けることを意識できるようにする。 |

| 反省および感想と質問 | 指導助言 |
| --- | --- |
| | |
| 備考 | |
| | 印 |

　この指導計画では、「予想される子どもの活動」を見ると、保育者が行う部分保育の流れがわかります。子どもたちがどのような活動をするのかということがわかるので、経験豊富な保育者なら、環境構成と流れさえていねいに計画しておけば、活動のなかで子どもたちの反応を見ながら、臨機応変に対応できます。そのため、この程度の指導計画でも十分である場合も多いのですが、実習生や経験の浅い保育者が部分保育を行う場合には、もう少し子どもの活動について事前にいろいろな角度から想像し、準備しておくことが必要になります。

指導計画　　　　　　　　　　責任実習（部分・半日・全日）

10月　10日　曜日　天候　　　　実習生氏名　　　　　　　印

担当クラス　れんげ　組　1　歳児　　男児　6　名・女児　6　名　・　計　12　名

子どもの姿
・さまざまなものの名前を伝えると復唱する。
・片付けがどのような活動なのかを理解し始めている。

| ねらい | 内　容 |
|---|---|
| ・色に興味を示し、色の名前を知る。<br>・片付けの仕方を覚える。 | ・色のついた魚を使用して色合わせのゲームを行う。<br>・遊んだものを保育者と一緒に片付ける。 |

| 時間 | 環境の構成 | 予想される子どもの活動 | 実習生の援助（配慮） |
|---|---|---|---|
| 10:15 | ●○○○○○○<br>　○○○○○●<br>　　　△　　ドア<br>●保育者<br>○子ども<br>△実習生 | ○手遊び『さかながはねて』をする。<br>・保育者をまねて歌をうたったり、手振りをしたりする。<br><br>○手遊び『おはなしおはなし』をする。<br>・覚えている振りをしたり、歌をうたったりする。<br><br>○絵本『おさかないっぱい』を見る。<br>・色の名前をいう。<br>・絵本のなかの色と魚の色を見て、同じ色を覚える。 | ○歌詞をはっきり伝える。<br><br><br><br>○保育者に視線が向くように手振りを大きく行う。<br>・絵本を見る姿勢が整うように促す。<br><br>○絵本がよく見えるように位置や高さを調節する。<br>・赤・青・黄色の違いを伝え、復唱するように促す。<br>・絵本の色のページと魚の色を見せて同じ色を覚えられるようにする。 |
| 10:30 | ●○　○●○<br>　○○　○○<br>　○○　○○<br>　○○　○○<br>フラフープ○<br>赤　青　黄　ドア<br>　　△ | ○ゲームを行う場所に移動する。<br><br>○ゲーム『同じ色の箱はどこ？』をする。<br>～ルール～<br>・名前を呼ばれたらフラフープのなかに立つ。<br>・もっている魚を同じ色の箱に入れる。<br>・すべて入れ終えたらフラフープに戻る。<br><br>○全員でもう一度色の名前を復唱する。 | ○一人ずつ名前を呼び、座る場所を伝える。<br><br>○実際にゲームを行うことで見せながらゲームの流れや一つひとつのルールを伝える。<br>・同じ色の箱がどれなのかがわかるようにヒントを与え、色を認識できるようにする。<br>・一人ひとり、ゲームを終えたときにしっかり活動したことを褒める。<br>・一人ずつ行い、全員が2回行ったら終了する。<br><br>○3つの色の名前をもう一度復唱して覚えられるようにする。 |

赤文字：追加、修正した部分

| 11:00 | (図：部屋の配置図。赤・青・黄の箱とドア、子どもたちの位置) | ○自由に遊ぶ。<br>・好きな色の魚を集めたり、箱のなかに入れたりする。 | ○箱と魚で好きに遊ぶよう促し、色の名前を復習できるような言葉がけを行う。 |
|---|---|---|---|
| 11:15 | | ○片付けをする。<br>・指定された場所に魚を運ぶ。 | ○魚を各色の箱に片付けるように促す。<br>・使用したものを片付けることを意識できるようにする。 |

| 反省および感想と質問 | 指導助言 |
|---|---|
|  |  |
| 備考 | |
| | 印 |

**12コマ目　部分保育指導計画の立て方を理解しよう**

　2つ目の指導計画には、1つ目のものになかったいくつかの詳細が加えられています。このように、子どもの活動を予想しておくことで、より適切な対応ができるだけではなく、保育者も落ち着いて保育を行うことができるようになります。しっかりと準備し、部分保育を行うようにしましょう。

　特別に支援を要する子どもがクラスにいる場合や、年度の途中で入園・入所した子どもがいる場合にも、個別指導計画をもとにどのような援助や配慮が必要かを考えるだけではなく、部分保育のなかで子どもたちが集団の一員としてどのように活動するかを予想しておくことが重要になります。全体を見ながら個人に目を向けることは容易ではありません。特に、保育に慣れないうちは大変なことです。計画を立てるときにある程度予想をしておくと気持ちの準備もできるため、余裕をもって保育することができ、より良い保育を行うことにつながります。

　部分保育指導計画を立てるに際し重要なことは、このように計画を立てる順序からも理解できるように、大きく分けて5つあります。

　1つ目は子どもたちに関してさまざまな知識をもつということです。子

どもたち一人ひとりについてどのようなことが得意で、どのような課題があるのかを理解するだけでなく、それぞれの子どもたちが興味・関心をもっていること、また、集団として夢中になっていることに目を向け理解することで、それらを保育に活かすことができます。

　2つ目は年間・月間・週日の指導計画において、どのような流れのなかで保育を行っているかを把握することです。適切な保育を行うためには、保育の流れを把握しておくことがいかに大切かということに関しては、これまでの章で理解を深めてきました。流れのない思いつきの保育では、子どもたちの成長を促すことが難しくなり、また、継続的な活動になりません。継続的に活動してこそ生きる力が育つということを念頭におき、保育を行うことが大切です。

　3つ目は教材研究をていねいに行うことです。常に新しい保育の方法が研究されているため、自らの経験のみを頼りに保育を行うのではなく、さまざまな方法を活用しながら保育内容について研究することで、生きる力の基礎となる心情、意欲、態度などを子どもたちが遊びのなかで培っていくことを可能にする保育を行うことができるようになります。

　4つ目は想像力を活かし、より良い活動を創造することです。子どもたちの活動、言動を予想し対応を考えるためには、保育者（実習生）の想像力をもとにした創造力が重要になります。保育雑誌などに掲載されていた活動をそのまま行うのではなく、子どもたちの興味・関心がどこにあるのかを考え工夫することができるようになりましょう。

　5つ目は保育を振り返ることです。自らの保育を見直すことで保育の質が高まります。ていねいに計画を立てしっかりと準備を行い、自信をもって実践することができたとしても、最後に保育を振り返り、改善すべきことはないかを確認します。そして、その反省を次の保育に活かします。部分保育指導計画に反省点や改善点を書き入れることで、部分保育に関しての保育日誌のようなものができ、継続的な保育記録として活用することができます。

　以上の点を意識しながら部分保育指導計画を立てるように心がけましょう。また、できる限り、部分保育指導計画を1つにしぼるのではなく、いくつかの案を立て、そのなかから実践するものを選択するようにしましょう。そうすることで保育者としての引き出しも増え、実際に保育者として勤務する際に役立ちます。

### おさらいテスト

❶ 部分保育指導計画を立てる際には、[　　　]を把握することが大切である。

❷ 予想される子どもの活動をもとに、保育者の[　　　]・[　　　]を記入する。

❸ 実習時に部分保育指導計画を立てるときには、活動を[　　　]くらい考えて計画を立て、保育者の指導を受けることが望ましい。

# 演習課題

## 指導計画を立ててみよう

### 演習テーマ 1　自分でまとめてみよう

部分保育指導計画を立てるための5つの手順をまとめてみましょう。

[　　　　　　　　　　　　　　　　　　　　　　　　　　　　　　]

↓

[　　　　　　　　　　　　　　　　　　　　　　　　　　　　　　]

↓

[　　　　　　　　　　　　　　　　　　　　　　　　　　　　　　]

↓

[　　　　　　　　　　　　　　　　　　　　　　　　　　　　　　]

↓

[　　　　　　　　　　　　　　　　　　　　　　　　　　　　　　]

### 演習テーマ 2　次のテーマで実際に指導計画を立ててみよう

①テーマ：制作または運動遊び（乳児）

②テーマ：運動遊びまたはリズム遊び（幼児）

※巻末（196～198ページ）の指導計画をコピーして、指導計画をつくってみましょう。

# 13コマ目 一日保育指導計画の立て方を理解しよう

**今日のポイント**

1. 一日保育指導計画を立てるためには1日の流れを把握し、保育は継続的に行われているということを理解する必要がある。
2. 子どもの様子や保育者の援助・配慮について把握し、一貫性がもてるように計画することが大切である。
3. 一日保育指導計画を立てるときも部分保育指導計画を立てるときと同様に、情報収集や教材研究が重要になる。

## 1 観察記録をとることの意味

　実習であれば、一日保育を行うときには担当保育者の保育を観察する機会があり、情報を収集する機会もあります。また、教材研究を行ううえで1日の保育の流れを把握することや子どもたちの活動内容について考えることもそれほど難しいことではないかもしれません。しかし、就職し、保育者として勤務するとなれば、その難しさは実習の比ではありません。研修期間を長く設けている園もたくさんありますが、研修期間を最大限利用し、ほかの保育者が行う保育から学んだり、子どもたちの様子を観察したりしましょう。そうすることで、新年度がスタートしたときにはある程度の情報は収集できていることに加え、保育内容についても教材研究する時間がもてます。研修期間が長ければそれだけ新年度のスタートがスムーズになると考え、前向きに参加すると良いでしょう。

　保育をする際には、実習であっても就職であっても観察記録をしっかりととるように心がけることが大切です。1日の保育を整理し記録したあと、その記録をもとに自分自身が一日保育を行うとしたらどのようなことに気をつけて行うべきかという視点で振り返ることで、さまざまな課題が見えてきます。

　特に、具体的な子どもとの関わりについて振り返り、場面に応じて行う言葉がけや対応などについて考えてみましょう。園にはさまざまな決まりがあり、そのなかで各クラスの担当保育者が活動を計画し、実践しています。たとえば朝の会を見ても、園全体で行っている園もあれば、乳児と幼児で分かれて行っている園もあります。また、いつも同じ保育者（たとえば主任保育者）が朝の会を進行している園もあれば、順次交代しながら行っている園もあります。そういった詳細に目を向け観察することが一日保育指導計画を立てるうえでは必要不可欠になります。

> 年度末は保育者も大変忙しい時期ですので、実習生や研修生を迎え入れることは容易ではない、ということも踏まえ、実習（研修）に参加するようにしましょう。

## 2 観察記録を振り返り、一日保育指導計画を立てる

　一日保育指導計画を立てる際に重要なことは、観察記録を振り返ることであると述べましたが、どのように記録を振り返り計画を立てれば良いか、見本を見ながら考えましょう。
　まず、6コマ目「観察記録を振り返ってみよう」であげた3つの大切なポイントについておさらいしましょう。
　（1）1日の流れについて把握できているかどうか
　（2）子どもたちがどんな活動をしていたか
　（3）保育者がどのように援助し、またどのようなことに配慮して活動を促していたか
　これらの視点から見直すことが、次の保育につながる、と述べましたが、どのようにつなげていけば良いのか実際の観察記録をもとに考えてみましょう（ここでは援助を○、考察を☆で表し、わかりやすく示しています）。

> 一日保育指導計画を立てる際には、1日の流れを大切にしながら、月間指導計画のねらいを意識して計画された週日指導計画をもとに偏りがないよう、工夫しましょう。

● 図表13-1　一日観察記録（なかよし保育園4歳）

### 観察記録

| 10月　21日　水曜日　天候　晴れ　　　実習生氏名　○○　○○ |||||
|---|---|---|---|---|
| 担当クラス　きりん　組　　4歳児　　男児　12名・女児　12名・計　24名　欠席　2名 |||||
| 観察者（実習生）の目標<br>・子どもたちの意欲を引き出す言葉がけを学ぶ |||今日の主な活動<br>・外で身体を動かして遊ぶ<br>・楽器を演奏する ||
| ねらい<br>・園庭遊びと室内の活動をバランスよく行う<br>・クラスで演奏できるようにする |||内　容<br>・園庭遊びで自由に活動する<br>・鍵盤ハーモニカで演奏する ||
| 時間 | 環境の構成 | 子どもの活動 | 保育者の援助・配慮 | 実習生の援助（○）・考察（☆） |
| 7:30 | ○子ども<br>●保育者<br>△実習生<br>（見取り図） | ○順次登園する。<br>・かばんと帽子をかける。<br>・合同保育室へ行く。 | ○あいさつをする。<br>・視診・触診をする。<br>・保護者に様子を聞く。 | ○あいさつをする。<br>☆保育者と保護者の話をくわしく聞く。 |
| 8:40 | | ○調理室に準備物を取りに行く。 | ○調理室へのあいさつを促す。<br>・ていねいに運ぶように伝える。 | ○安全を確認する。<br>☆言葉がけを工夫する。 |
| 8:45 | | ○きりん組の保育室へ移動する。 | ○歩いて移動することを伝え、誘導する。 | ○子どもたちの後方を歩き、移動を見守る。 |
| | | ○朝の準備をする。<br>・かばんと帽子を片付ける。<br>・着替えて帳面にシールを貼り、提出する。 | ○言動をよく観察して体調などの変化を確かめる。<br>・毎日の習慣だが、正しく行えているのかを確かめる。<br>・帳面を読み、保護者の方からの連絡を確認する。 | ○援助が必要な子どもに声をかけたり、援助したりする。<br>☆援助し過ぎないように注意する。 |

……部：本来は1行空ける。

| 時刻 | 環境図 | 子どもの活動 | 保育者の援助 | 実習生の動き・気づき |
|---|---|---|---|---|
| | | ・ミニトマトの植木に水をまく。<br>・熟したトマトを収穫する。 | ・水をまく方法を伝える。<br>・収穫の時は写真を撮る。 | |
| 9:00 | | ○好きな遊びをする。<br>　ままごと<br>　ブロック | ○複数の遊びを準備する。<br>・楽しく遊ぶように促す。<br>・保育室全体に目を向ける。 | ○遊びが展開できるように一緒に遊ぶ。<br>☆同じ言葉がけにならないようにする。 |
| 9:25 | | ○片付けをする。 | ○決まった場所へ戻すように確認しながら伝える。 | ○子どもの行動を観察し、必要なら援助する。 |
| | (園庭配置図：3歳・4歳・5歳の並び、大型遊具、小屋、砂場、鉄棒) | ○園庭へ出る準備をする。<br>・お茶を飲む。<br>・排泄・手洗いをする。<br>・帽子をかぶる。<br>・整列する。 | ○準備物や園庭へ出る前に行うことを伝え、一つひとつ確認しながら一緒に準備する。 | ○園庭の活動に必要なものを準備する。<br>☆事前に保育者に準備物などを確認するべきだった。 |
| | | ○園庭へ出る。<br>・整列する。 | ○歩いて移動し靴をきちんと履くように伝える。<br>・並ぶ場所の先頭に立ち、誘導する。 | ○言葉をかけて、整列するように促す。 |
| 9:30 | | ○体操をする。 | ○見本となるように体操をする。 | ○保育者をまねて体操する。 |
| | | ○保育室へ移動する。<br>・行進する。<br>・帽子を片付ける。<br>・排泄・手洗い・うがいをする。<br>・決められた位置に座る。 | ○並んだまま保育室の前まで行進できるようにかけ声をかける。<br>・保育室で行うことを確認する。<br>・全体の様子や時間配分を考えながら声をかける。 | ○子どもたちの後方から行進するようにかけ声をかける。<br>☆各自の活動範囲が広いため、どの活動を見守るのかを判断できるようにする。<br>☆全体の様子に目を向ける。 |
| | (保育室配置図：トイレ、物置部屋、ドア、手洗い場、ロッカー、ピアノ) | ○朝の会に参加する。<br>・歌をうたう。<br>　『トントン前』<br>　『どんぐりきのこおいも』<br>　『まっかなあき』<br>　『やきいも』<br>　『あさのうた』<br>・あいさつをする。<br>・保育者の話を聞く。<br>　日にち<br>　天気<br>　出席<br>　当番<br>　1日の流れ | ○整列するように促す。<br>・楽譜の準備をして、弾きながら歌詞をきちんと伝える。<br>・声の大きさを伝えたり、上手に歌えていることを伝えたりする。<br>・決まったあいさつを大きな声で行う。<br>・習慣となっていることの流れに沿って、一つひとつ確認しながら行う。 | ○クラスの後方より、子どもたちの様子を伺う。<br>☆習慣的に行うことを把握し、理解する必要がある。 |
| 10:10 | (園庭配置図：大型遊具、小屋、砂場、鉄棒) | ○園庭へ出る準備をする。<br>・椅子を準備する。<br>・帽子をかぶる。<br>・靴下を履く。<br>・お茶を飲む。<br>・排泄・手洗いをする。<br>・外遊びの約束ごとを確認する。<br>・整列する。 | ○準備物や園庭へ出る前に行うことを伝え、一つひとつ確認しながら一緒に準備する。 | ○準備することを一つひとつ確認しながら、子どもたちの活動を見守り、声をかけたり援助したりする。 |

……部：本来は1行空ける。

| 時刻 | 環境構成 | 子どもの活動 | 保育者の援助（・）と配慮（☆） | 実習生の動き |
|---|---|---|---|---|
| | | ○園庭遊びをする。<br>・好きな遊びをする。<br>　砂遊び<br>　だるまさんが転んだ<br>　大型遊具<br>　鬼ごっこ<br>　葉っぱや木の実探し<br>・お茶を飲む。<br>・排泄・手洗いをする。 | ○複数の玩具やゲーム遊びを準備して選びやすいようにしたり、遊びを提案して一緒に遊べるようにしたりする。 | ○遊びが展開できるように、進んで子どもたちと一緒に遊ぶ。<br>☆全体の様子を見守る立ち位置や、個別に援助することなどのバランスを考える。 |
| 10:55 | | ○片付けをする。 | ○使用したもの以外も片付けるように声をかける。 | ○見本となるように片付ける。 |
| 11:00 | | ○保育室へ移動する。<br>・砂をはらう。<br>・帽子・靴下を片付ける。<br>・排泄・手洗い・うがいをする。<br>・お茶を飲む。 | ○園庭全体を見渡し、片付けができていることや人数の確認をして保育室へ移動を促す。 | ○保育者をまねて、片付けの確認をしたり、人数の確認をしたりする。<br>☆人数確認の大切さを理解する。 |
| 11:10 | （保育室図）<br>☆英語講師 | ○英語指導の準備をする。<br>・自分の椅子を並べる。<br>・名札をもらい、首にかける。<br>・姿勢を正す。 | ○講師の先生から準備物などを事前に聞き、準備する。<br>・名札を配り、きちんと座るように促す。 | ○椅子を整えたり、名札の確認をしたりする。 |
| 11:20 | | ○英語指導を受ける。<br>・講師の先生をまねて英語を話す。 | ○講師の先生を援助して見本となり、話したいと思う意欲を引き出す。 | ○講師の先生をまね、子どもたちが楽しめるようにする。 |
| 11:55 | | ○片付けをする。<br>・椅子をロッカーの前に置く。<br>・名札を外す。 | ○椅子の運び方を伝えて、名札を集める。 | ○安全を確認して行うように伝える。 |
| 12:00 | （保育室図） | ○給食の準備をする。<br>・排泄・手洗いをする。<br>・箸を準備する。<br>・着替えてエプロンを着る。<br>・椅子を整えられた机の場所に並べて座る。<br>・コップにお茶を入れる。<br>〜当番がすること〜<br>・当番用のエプロンを着る。<br>・机を並べる。<br>・机を拭く。<br>・給食を調理室に取りに行く。<br>・配膳する。 | ○習慣で行っていることは言葉がけをして促し、きちんとできているかを確認する。<br>・当番のグループを確認して、しなければいけないことを伝える。 | ○手洗い場の近くに立ち、排泄する様子を確認する。<br>☆全体の様子や流れに目を向ける必要があった。<br>○当番がすることを確認したり、他の子どもたちが行っていることを確認したりしてきちんと行えるように声をかける。 |
| 12:20 | | ○給食を食べる。<br>・あいさつをする。<br>・食事する。 | ○楽しい雰囲気のなかで食べられるようにする。 | ○話をしながら一緒に食べる。 |

| 12:45 | | ○片付けをする。<br>・あいさつをする。<br>・食器を片付ける。<br>・着替える。<br>・椅子をロッカーの前に置く。<br>・排泄・手洗いをする。<br>・雑巾がけをする。<br>〜当番がすること〜<br>・食器を調理室に返却する。<br>・机を拭く。<br>・机を元の位置に戻す。<br>・床をほうきで掃く。 | ○全体であいさつをしてから、食べ終えていない子を1つの机に集めて食べやすいようにする。 | ○一つひとつの活動において確認し、その都度援助できるようにする。<br>☆各自の進み具合を注意しながら、活動に漏れがないかを確認する必要がある。 |
| --- | --- | --- | --- | --- |
| | | ○歯磨きをする。<br>・歯ブラシを準備して椅子に座って歯を磨く。<br>・フッ素を取りに行く。<br>・フッ素で口をゆすぐ。 | ○正しい姿勢で行うように声をかけ、最後まで磨くように伝える。<br>・フッ素の準備をする。 | ○言葉がけを行うことで磨くことに集中できるようにする。 |
| 13:15 | | ○鍵盤ハーモニカの準備をする。<br>・椅子を決まった位置に並べる。<br>・鍵盤ハーモニカ・台・マウスピースを準備する。 | ○鍵盤ハーモニカ・台・椅子を置く場所の安全を確認する。<br>・床にマークされている場所を一緒に確認しながら、きれいに並べることを促し、自らも整える。 | ○決まった位置に並べられるように場所を確認しながら声をかける。<br>☆事前に各自の場所を知っておくことが必要となる。 |
| 13:20 | | ○鍵盤ハーモニカを吹く。<br>・鍵盤ハーモニカの使い方を確認する。<br>・鍵盤や指使いに気をつける。<br>・音符と鍵盤の位置を覚える。<br>・『かえるのうた』を弾く。 | ○子どもたちを見てまわり、個人的に指導が必要な場合はまねることができるように見本を見せる。 | ○子どもたちを見てまわり、援助したり声を掛けたりする。<br>☆どのように指導するのかを事前に知っておくべきだった。 |
| 13:30 | | ○鍵盤ハーモニカ・台・マウスピース・椅子を片付ける。<br>・椅子を準備する。<br>・帽子をかぶる。<br>・靴下を履く。<br>・お茶を飲む。<br>・排泄・手洗いをする。<br>・外遊びの約束ごとを確認する。<br>・整列する。 | ○マウスピースの洗い方やそれぞれの道具の片付け方を伝え、きちんと元の位置に片付いているのかを確認する。 | ○片付ける場所に立ち、子どもたちを誘導する。<br>☆片付け方や扱い方について事前に保育者に確認しておくべきだった。 |

……部：本来は1行空ける。

| 時間 | 環境構成 | 予想される子どもの活動 | 保育者の援助と配慮 | 実習生の動きと気づき |
|---|---|---|---|---|
| 13:40 | (園庭図：大型遊具、小屋、砂場、鉄棒) | ○園庭遊びをする。<br>・好きな遊びをする。<br>　砂遊び<br>　だるまさんが転んだ<br>　大型遊具<br>　鬼ごっこ<br>　葉っぱや木の実探し<br>・お茶を飲む。<br>・排泄・手洗いをする。 | ○複数の玩具やゲーム遊びを準備して選びやすいようにしたり、遊びを提案して一緒に遊べるようにしたりする。 | ○午前中とは異なった遊びを提供する。<br>☆クラスの子どもたち全員に声をかけるべきだった。 |
| 14:40 | | ○片付けをする。 | ○使用したもの以外も片付けるように声をかける。 | ○片付ける見本となるように率先して片付ける。<br>☆言葉のかけ方の方法を聞き、さまざまな言葉を使えるようにすべきだった。 |
| | | ○保育室へ移動する。<br>・砂をはらう。<br>・帽子・靴下を片付ける。<br>・排泄・手洗い・うがいをする。 | ○園庭全体を見渡し、片付けができていることや、人数の確認をして保育室への移動を促す。 | ○保育者をまねて、片付けの確認をしたり、人数の確認をしたりする。 |
| | (保育室図：トイレ、物部屋、ロッカー、ドア、手洗い場、ピアノ、机) | ○おやつの準備をする。<br>・椅子を整えられた机の場所に並べて座る。<br>・コップにお茶を入れる。<br>〜当番がすること〜<br>・机を並べる。<br>・机を拭く。<br>・おやつを調理室に取りに行く。<br>・配膳する。 | ○好きな場所に座るように促し、譲り合って座る場所を決めるように伝える。 | ○当番の活動を援助する。<br>☆当番以外の子どもたちの様子を確認すべきだった。 |
| 15:00 | | ○おやつを食べる。<br>・あいさつをする。<br>・食事する。 | ○楽しい雰囲気のなかで食べられるようにする。 | ○楽しい雰囲気のなか食べられるように話題を提供する。 |
| 15:15 | | ○片付けをする。<br>・あいさつをする。<br>・食器を片付ける。<br>・椅子をロッカーの前に置く。<br>・うがい・排泄・手洗いをする。<br>〜当番がすること〜<br>・食器を調理室に返却する。<br>・机を拭く。<br>・机を元の位置に戻す。 | ○全体であいさつをしてから、食べ終えていない子を1つの机に集めて食べやすいようにする。 | ○あいさつは大きな声で率先して行う。<br>☆片付ける順番や当番の活動を事前に知っておく必要があった。 |
| 15:20 | | ○降園準備をする。<br>・持ち物の準備をする。<br>・保育者に確認してもらう。<br>・決められた場所に座る。 | ○一人ずつ持ち物の確認しながら1日の出来事を話し、コミュニケーションをとる。 | ○クラス全体の様子を見て、援助が必要な子どもを見つけて援助したり、声をかけたりする。 |

| 15:35 | (配置図) | ○終わりの会に参加する。<br>・歌をうたう。<br>　『トントン前』<br>　『どんぐりころころ』<br>　『きのこ』<br>　『山の音楽家』<br>　『夢をかなえてドラえもん』<br>　『おかえりのうた』<br>・保育者の話を聞く。<br><br>・絵本を見る。<br>　『おむすびころりん』 | ○整列するように促す。<br>・楽譜の準備をして、弾きながら歌詞をきちんと伝える。<br>・声の大きさを伝えたり、上手に歌えていることを伝えたりする。<br>・決まったあいさつを大きな声で行う。<br>・1日の出来事を伝えたり、聞いたりして家庭で話すことができるようにする。<br>・見やすい位置に集まるように促す。 | ○見本となるように大きな声で歌をうたう。<br>☆歌詞をきちんと覚えておくことが大切である。<br>☆朝の会との活動内容や流れの違いを理解し、援助できるようにすべきだった。 |
|---|---|---|---|---|
| 16:00 | | ○順次降園する。 | ○保護者の方と話しをしながら、降園のあいさつをする。 | ○保育者の話し方を聞き、あいさつの仕方などをまねる。 |
| | | ○好きな遊びをする。<br>　ままごと<br>　ブロック | ○複数の遊びを準備する。<br>・遊びが展開するようにどのような遊び方をしているのか観察してから提案する。 | ○子どもたちに声をかけ、遊びを通してコミュニケーションをもつ。<br>☆同じ子どもに声をかけてしまうことがあり、偏りなく声をかけるようにすべきだった。 |
| | | ○片付けをする。 | ○元の場所に戻すように声をかけ、きちんとできているのかを確認する。 | ○片付け方の見本を見せる。 |

| 反省及び感想と質問 | 指導助言 |
|---|---|
| | |
| | 印 |

……部：本来は1行空ける。

136

## 1　1日の流れを確認する

　最初に、1日の流れを確認します。まず、午前中の保育をくわしく見てみましょう。この園では、9時30分から全体の活動が始まります。朝の体操を終えると、各クラスで朝の会が行われます。朝の会では、朝の歌をうたい、日にち、曜日、出席者、活動の流れについて確認します。その後、外遊びの時間になり、1時間程度、園庭で活動します。そしてその後、外国語活動を30分間行い、昼食になります。

　朝の体操から始まり、朝の会、朝の活動と続くのですが、朝の体操と朝の会は毎日行われる日課とよばれるものです。したがって、一日保育指導計画を立てる際にも、これらの活動は同じような時間配分で行う必要があります。午前中の活動のなかで、この日の観察記録にあるように、午前10時過ぎから始まった園庭遊びと11時20分ごろから始まった外国語活動の時間が部分保育（設定保育）とよばれる時間になります。実際に一日保育指導計画を立てる際には、この1時間半くらいの時間を利用し、子どもたちにどういうことを経験してほしいのかを考え計画するようにしましょう。活動にどのくらいの時間を要するのかは、これまでの観察記録を振り返ることで見えてくるはずです。観察記録をとる際に意識して観察することを習慣づけましょう。

　では、次に昼食以降の保育についてみてみましょう。昼食時は当番にあたっている子どもたちがいるなど、部分保育時のようにクラス全体が同じ活動をしているわけではありません。それゆえに保育者はより一層クラス全体のようすを見ながら臨機応変に行動する必要があります。

　昼食後は、片付け、歯磨き、排泄、手洗い、午後の活動の準備（もしくは午睡準備）へと移ります。昼食から午後の活動の準備もしくは午睡（幼稚園の場合は終わりの会）までの流れは、行事など特別な活動がない限りは大きな差はありません。したがって、流れをしっかりと把握して活動を促すことが重要になります。

　午後の活動または午睡のあとは、排泄、手洗い、片付け、おやつの準備という流れになります（乳児クラスでは検温も日課に含まれるため、忘れないようにしましょう）。おやつの準備と昼食の準備とを比べ、相違点を把握しておくことで、間違わず活動を促すことができます。

　おやつが終われば、片付け、うがい、排泄、手洗いそして降園の準備へと活動が移ります。これらの流れが確認できれば、観察記録をとったときのように、まず、大まかな流れを書いてみましょう。このときに気をつけることは時間配分です。観察記録をもとに、おおよその活動時間を決めて計画を立てます。見本の観察記録（131〜136ページ）をもとに立ててみると次のようになります。

|  |  |
|---|---|
| 7：30 | 順次登園 |
| | 合同保育 |
| 9：25 | 片付け |
| | 排泄・手洗い |
| 9：30 | 朝の体操 |
| | 朝の会（朝のあいさつ・歌） |
| 10：10 | 園庭遊び |
| 11：00 | うがい・排泄・手洗い |
| 11：20 | 外国語活動 |
| 12：00 | 昼食（準備・後片付け・排泄・手洗い含む） |
| | 歯磨き |
| 13：15 | 楽器演奏（準備・後片付け・排泄・手洗い含む） |
| 13：40 | 園庭遊び |
| 14：40 | 片付け・うがい・排泄・手洗い |
| 15：00 | おやつ |
| 15：20 | 降園準備 |
| 15：35 | 終わりの会 |
| 16：00 | 合同保育・延長保育・順次降園 |

## 2　子どもたちの活動を確認する

　次に、子どもたちの活動を確認します。登園時の様子、合同保育（好きな遊び）での様子、というように活動の順序に沿って、子どもたちの活動について振り返ります。たとえば登園時に準備がスムーズにできていたか、好きな遊びでは誰がどのように遊んでいたのかなどを確認します。観察記録を振り返るときにも述べましたが、排泄や片付けにどのくらいの時間を要するのかなども確認します。

　観察記録も日を追うごとにさまざまな側面に目を向け書くことができるようになるので、子どもたちの活動を振り返るなかで重要となる、いつ、誰が、どのような援助を必要としていたかが確認できるように注意し、振り返るようにします。一日保育を行う際には、子どもたちがスムーズに活動できるように配慮し、計画するようにしましょう。

　子どもたちが活動を行っているときの様子や、態度、言動などの記録は、一人ひとりの子どもたちを理解することにつながります。集団としての子どもたちに対する援助、配慮に加え、一人ひとりの子どもに対する援助や配慮についても計画できるように心がけましょう。

　このようにして、観察記録をもとに子どもたちの様子を振り返り、子どもたちの活動を予想しながら計画を立てます。

第4章 指導計画を立てよう

## 3 保育者がどのように援助し、またどのようなことに配慮し、活動を促していたかを確認する

観察記録を振り返る際、①保育者・観察者（実習生）が行う言葉がけ、②保育者・観察者（実習生）が特に目を配らなければいけないと思われるときの行動、③子どもの気持ちに寄り添い、子どものやる気を引き出せるような態度、行動、という大きく分けて３つの視点から観察する必要がある、と述べましたが、この３つの視点は保育指導計画を立てるうえでもとても重要です。一日保育指導計画を作成するにあたっても、この３つの視点に気をつけて立てることで、どんな場面でどのように援助すべきか、どのような配慮が必要かについて考える機会となります。

● 図表13-2 一日保育指導計画（なかよし保育園４歳）

指導計画　　　　　　　　責任実習（部分・半日・⦿全日⦿）

| 10月　21日　水曜日　天候 | 実習生氏名　　○○　○○　印 |
|---|---|

| 担当クラス　きりん　組　　４歳児　　男児　14名・女児　12名・計　26名 |
|---|

子どもの姿
・園庭遊びを好み、砂遊び、固定遊具、鬼ごっこなどさまざまな遊びを個人でも友だち同士でも楽しむ。
・友だちと協力することを理解し、一緒に頑張ろうとする気持ちが感じられる。

| ねらい<br>・仲間意識を強める。<br>・公共の場で使用されている標識を知る。 | 内容<br>・グループ作りゲームをする。<br>・園内の標識を探す。 |
|---|---|

| 時間 | 環境の構成 | 予想される子どもの活動 | 実習生の援助（配慮） |
|---|---|---|---|
| 7:30 | （保育室の見取り図：トイレ、物置部屋、ブロック、ままごと、ドア、手洗い場、机、ピアノ、ロッカー）<br><br>○子ども<br>●保育者<br>△実習生 | ○順次登園する。<br>・かばんと帽子をかける。<br>・合同保育室へ行く。 | ○あいさつをする。<br>・視診・触診をする。 |
| 8:40 | | ○調理室に準備物を取りに行く。 | ○調理室へのあいさつを促す。<br>・ていねいに運ぶように伝える。 |
| 8:45 | | ○きりんぐみの保育室へ移動する。 | ○歩いて移動することを伝え、誘導する。 |
| | | ○朝の準備をする。<br>・かばんと帽子を片付ける。<br>・着替えて帳面にシールを貼り、提出する。 | ○言動をよく観察して体調などの変化を確かめる。<br>・毎日の習慣だが、正しく行なえているのかを確かめる。<br>・帳面を読み、保護者の方からの連絡を確認する。 |
| | | ・ミニトマトの植木に水をまく。<br>・熟したトマトを収穫する。 | ・水をまく方法を伝える。<br>・収穫の時は写真を撮る。 |
| | | ○好きな遊びをする。<br>　ままごと<br>　ブロック | ○複数の遊びを準備する。<br>・楽しく遊ぶように促す。 |
| 9:00 | | ○片付けをする。 | ○決まった場所へ戻すように確認しながら伝える。 |

……部：本来は１行空ける。

13コマ目　一日保育指導計画の立て方を理解しよう

| 9:25 | (図：3歳・4歳・5歳の整列図) | ○園庭へ出る準備をする。<br>・お茶を飲む。<br>・排泄・手洗いをする。<br>・帽子をかぶる。<br>・整列する。 | ○準備物や園庭へ出る前に行うことを伝え、一つひとつ確認しながら一緒に準備する。 |
|---|---|---|---|
| | | ○園庭へ出る。<br>・整列する | ○歩いて移動し、靴をきちんと履くように伝える。<br>・並ぶ場所の先頭に立ち、誘導する。 |
| 9:30 | (図：園庭の配置図　大型遊具、小屋、砂場、鉄棒) | ○体操をする。 | ○見本となるように体操をする。 |
| | | ○保育室へ移動する。<br>・行進する。<br>・帽子を片付ける。<br>・排泄・手洗い・うがいをする。<br>・決められた位置に座る。 | ○並んだまま保育室の前まで行進できるようにかけ声をかける。<br>・保育室で行うことを確認する。<br>・全体の様子や時間配分を考えながら声をかける。 |
| | (図：保育室の配置図　トイレ、物置部屋、ロッカー、ドア、手洗い場、ピアノ) | ○朝の会に参加する。<br>・歌をうたう。<br>　『トントン前』<br>　『どんぐりきのこおいも』<br>　『まっかなあき』<br>　『やきいも』<br>　『あさのうた』<br>・あいさつをする。<br>・保育者の話を聞く。<br>　日にち<br>　天気<br>　出席<br>　当番<br>　1日の流れ | ○整列するように促す。<br>・楽譜の準備をして、弾きながら歌詞をきちんと伝える。<br>・声の大きさを伝えたり、上手に歌えていることを伝えたりする。<br>・決まったあいさつを大きな声で行う。<br>・習慣となっていることの流れに沿って、一つひとつ確認しながら行う。 |
| 10:10 | | ○グループ作りゲームをする。<br><br>・ルールの説明を聞く。<br>～ルール～<br>指示されたグループの人数に集まり、手をつないで座る。<br>・1つ目<br>　あいさつをしながらペアを作ったり、離れたりする。<br>　『ゆらゆらブランコ』をうたいながら行う。<br>・2つ目<br>　保育者が伝えた人数でグループをつくる。<br>・3つ目<br>　保育者が設定した条件に合わせてグループをつくる。 | ○音楽を使ってグループ作りをする楽しさを伝える。<br>・一つひとつの流れやルールの説明をくわしく伝える。<br><br>・1つ目<br>　毎回異なった友だちとペアになることをルールとする。<br><br>・2つ目<br>　全員で何人なのかを確認して、伝える人数に注意する。<br><br>・3つ目<br>　制限時間を設けたり、条件を難しくしたりしてルールを複雑にする。 |

……部：本来は1行空ける。

| | | | |
|---|---|---|---|
| 11:10 | (園庭図：大型遊具、小屋、砂場、鉄棒など) | ○園庭遊びをする。<br>・好きな遊びをする。<br>　砂遊び<br>　だるまさんが転んだ<br>　大型遊具<br>　鬼ごっこ<br>　葉っぱや木の実探し<br>・お茶を飲む。<br>・排泄・手洗いをする。 | ○複数の玩具やゲーム遊びを準備して選びやすいようにしたり、遊びを提案して一緒に遊べるようにしたりする。 |
| 11:50 | | ○片付けをする。 | ○使用したもの以外も片付けるように声をかける。 |
| 11:55 | | ○保育室へ移動する。<br>・砂をはらう。<br>・帽子・靴下を戻す。<br>・手洗い・うがいをする。 | ○園庭全体を見渡し、片付けができていることや人数の確認をして保育室へ移動する。 |
| 12:00 | (保育室図：トイレ、物置部屋、ロッカー、机、ピアノ、手洗い場、ドア) | ○給食の準備をする。<br>・排泄・手洗いをする。<br>・箸を準備する。<br>・着替えてエプロンを着る。<br>・椅子を整えられた机の場所に並べて座る。<br>・コップにお茶を入れる。<br>〜当番がすること〜<br>・当番用のエプロンを着る。<br>・机を並べる。<br>・机を拭く。<br>・給食を調理室に取りに行く。<br>・配膳する。 | ○習慣で行っていることは言葉がけをして促し、きちんとできているかを確認する。<br><br><br><br><br><br><br>・当番のグループを確認して、しなければいけないことを伝える。 |
| 12:10 | | ○給食を食べる。<br>・あいさつをする。<br>・食事する。 | ○楽しい雰囲気のなかで食べられるようにする。 |
| 12:45 | (保育室図：トイレ、物置部屋、ロッカー、机、ピアノ、手洗い場、ドア) | ○片付けをする。<br>・あいさつをする。<br>・食器を片付ける。<br>・着替える。<br>・椅子をロッカーの前に置く。<br>・排泄・手洗いをする。<br>・雑巾がけをする。<br>〜当番がすること〜<br>・食器を調理室に返却する。<br>・机を拭く。<br>・机を元の位置に戻す。<br>・床をほうきで掃く。 | ○全体であいさつをしてから、食べ終えていない子を1つの机に集めて食べやすいようにする。 |
| | | ○歯磨きをする。<br>・歯ブラシを準備して椅子に座って歯を磨く。<br>・フッ素を取りに行く。<br>・フッ素で口をゆすぐ。 | ○正しい姿勢で行うように声をかけ、最後まで磨くように伝える。<br>・フッ素の準備をする。 |

| 13:15 | (保育室図) | ○絵本を見る。<br>・『注意力が身につくマークのほん』<br>・決まった位置に座る。 | ○さまざまな標識を見ることができる本を選ぶ。<br>・見やすいように絵本をもつ位置を調節する。 |
|---|---|---|---|
| | | ○園内外にある標識について話をする。<br>・教室内にあるものを考える。<br>・園内にある標識を考えて、その場所を見つける。 | ○園内外の標識を視覚教材にして見せることで標識の理解を高める。<br>・グループで園内の標識を見つけられるように、ヒントを伝え自分たちで考えて見つけるように促す。 |
| | | ○園庭に出る準備をする。<br>・帽子をかぶる。<br>・靴下を履く。<br>・お茶を飲む。<br>・排泄・手洗い・うがいをする。<br>・外遊びの約束ごとを確認する。<br>・整列する。 | ○慣れている活動こそ、一つひとつの活動を大切に行うように伝え、意識してていねいに行えるように導く。 |
| 13:30 | (園庭図) | ○園庭遊びをする。<br>・好きな遊びをする。<br>　標識探し<br>　砂遊び<br>　だるまさんが転んだ<br>　大型遊具<br>　鬼ごっこ<br>　葉っぱや木の実探し<br>・お茶を飲む。<br>・排泄・手洗いをする。 | ○複数の玩具やゲーム遊びを準備して選びやすいようにしたり、遊びを提案して一緒に遊べるようにしたりする。<br>・園庭から確認できる標識を伝えたり、見つけ出せるようにヒントを与えたりする。 |
| | | ○片付けをする。 | ○使用したもの以外も片付けるように声をかける。 |
| | | ○保育室へ移動する。<br>・砂をはらう。<br>・帽子・靴下を戻す。<br>・排泄・手洗い・うがいをする。 | ○人数を確認したり、園庭を見渡したりして、安全に移動できるように誘導する。 |
| 14:40 | (保育室図) | ○おやつの準備をする。<br>・椅子を整えられた机の場所に並べて座る。<br>・コップにお茶を入れる。<br>〜当番がすること〜<br>・机を並べる。<br>・机を拭く。<br>・おやつを調理室に取りに行く。<br>・配膳する。 | ○好きな場所に座るように促し、譲り合って座る場所を決めるように伝える。 |
| 15:00 | | ○おやつを食べる。<br>・あいさつをする。<br>・食事する。 | ○楽しい雰囲気のなかで食べられるようにする。 |

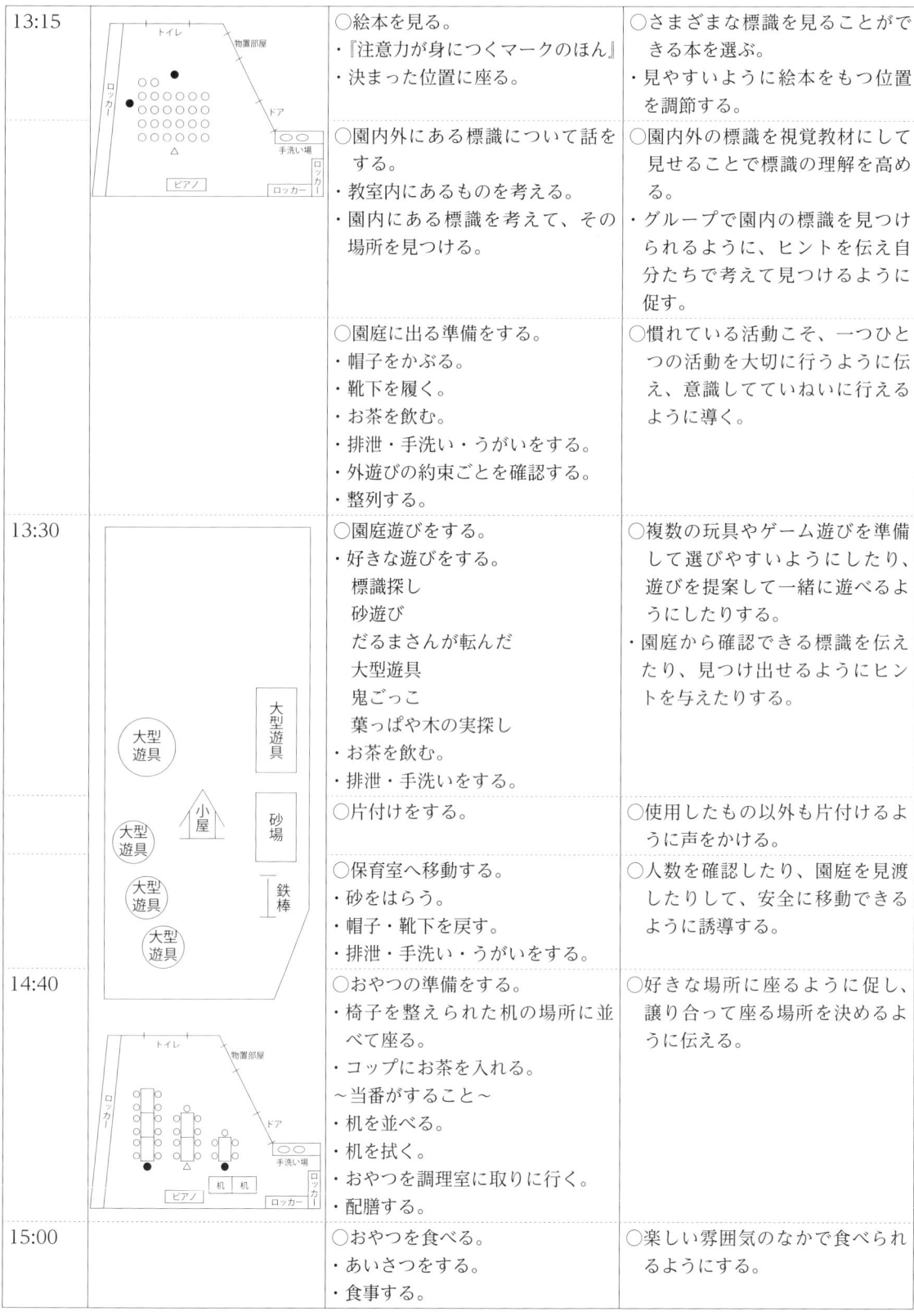

……部：本来は1行空ける。

| 15:15 | | ○片付ける。<br>・あいさつをする。<br>・食器を片付ける。<br>・椅子をロッカーの前に置く。<br>・うがい・排泄・手洗いをする。<br>〜当番がすること〜<br>・食器を調理室に返却する。<br>・机を拭く。<br>・机を元の位置に戻す。 | ○全体であいさつをしてから、食べ終えていない子を1つの机に集めて食べやすいようにする。 |
|---|---|---|---|
| 15:20 | | ○降園準備をする。<br>・持ち物の準備をする。<br>・保育者に確認してもらう。<br>・決められた場所に座る。 | ○1人ずつ持ち物の確認しながら1日の出来事を話し、コミュニケーションをとる。 |
| 15:35 | (保育室の図：トイレ、物置部屋、ロッカー、ドア、手洗い場、ピアノ) | ○終わりの会に参加する。<br>・歌をうたう。<br>　『トントン前』<br>　『どんぐりころころ』<br>　『きのこ』<br>　『山の音楽家』<br>　『夢をかなえてドラえもん』<br>　『おかえりのうた』<br>・保育者の話を聞く。<br><br>・絵本を見る<br>　『サツマイモ　いもの成長』 | ○整列するように促す。<br>・楽譜の準備をして、弾きながら歌詞をきちんと伝える。<br>・声の大きさを伝えたり、上手に歌えていることを伝えたりする。<br>・決まったあいさつを大きな声で行う。<br><br>・1日の出来事を伝えたり、聞いたりして家庭で話すことができるようにする。<br>・見やすい位置に集まるように促す。 |
| 16:00 | (保育室の図：トイレ、物置部屋、ブロック、ままごと、ロッカー、ドア、手洗い場、机、ピアノ) | ○順次降園する。<br><br>○好きな遊びをする。<br>　ままごと<br>　ブロック<br><br>○片付けをする。 | ○保護者の方と話をしながら、降園のあいさつをする。<br><br>○複数の遊びを準備する。<br>・遊びが展開するようにどのような遊び方をしているのか観察してから提案する。<br><br>○元の場所に戻すように声をかけ、きちんとできているのかを確認する。 |
| 反省及び感想と質問 | | 指導助言 | |
| 備考 | | 　　　　　　　　　　　印 | |

観察記録を受けて、このように保育者の援助、配慮について考え計画します。見本を見ると、観察記録をしっかりとることができていれば指導計画を立てる際に大変役立つということが一目瞭然です。
　①保育者（実習生）が行う言葉がけ
　②保育者（実習生）が特に目を配らなければいけないと思われるときの
　　行動
　③子どもの気持ちに寄り添い、子どものやる気を引き出せるような態度、
　　行動
　以上のような大きく分けて3つの視点から計画されていることが理解できるでしょう。それぞれの項目に対し、6コマ目（60～61ページ）で行ったように番号をつけてみるとよくわかります。一日保育指導計画を立てるときに、番号をつけて確認する必要はありませんが、実践する前に偏りがないか、計画し忘れているところはないかなどを見直す際に意識するようにしましょう。

### おさらいテスト

❶ 一日保育指導計画を立てるためには [　　　　] を把握し、保育は継続的に行われているということを理解する必要がある。

❷ 子どもの様子や保育者の援助・配慮について把握し、[　　　　] がもてるように計画することが大切である。

❸ 一日保育指導計画を立てるときも部分保育指導計画を立てるときと同様に、情報収集や [　　　　] が重要になる。

## 演習課題

## 一日保育指導計画についてのワーク

139〜143ページの一日保育指導計画について理解を深めましょう。

①実習生の援助（配慮）を3つの視点をもとに①②③と番号をつけてみましょう。

② ①「保育者（実習生）が行う言葉がけ」について、それぞれの場面でどのような言葉をかけると良いか、具体的に考えましょう。
例）
・あいさつをする
　→元気よく子どもの名前を呼び「○○ちゃん（○○くん）おはようございます！」と言う。

・調理室へのあいさつを促す
　→「調理の先生にも元気よくあいさつできるかな？」と問いかける。

## 演習課題

### 映像を見て答えよう

①保育の1日の流れについて、巻末（194～195ページ）の一日観察記録の用紙をコピーして、時間ごとに記録しましょう。

②それぞれの活動場面における子どもの活動と、保育者の援助・配慮をよく観察し、①の記録に書き加えましょう。

③②の記録と見本の一日保育指導計画（139～143ページ）を比較し、年齢や発達による保育の違いについて、気づいたことをグループで話し合いましょう。

④映像もしくは見本（139～143ページ）の次の日の一日保育指導計画を立ててみましょう。

# 第5章

## 保育を実践して、評価・改善しよう

この章では、実際に部分保育指導計画を立て、
模擬保育の形で実践することの意義と方法について説明します。
実践することで、また、他者の保育を見ることで、
さまざまな気づきを得ることができます。
実践のあとには振り返りを行い、次の保育に活かしていくことが大切です。

| 14コマ目 | 指導計画を実践してみよう……148 |
| --- | --- |
| 15コマ目 | 保育の評価と改善の方法を理解しよう……158 |

# 14コマ目

## 指導計画を実践してみよう

**今日のポイント**

1. 部分保育指導計画を立て、実践することで自分自身では気づけなかった保育に関する課題を見出すことができる。
2. 他者の部分保育実践に参加することで、子ども目線で保育を受ける機会を得ることができる。
3. 保育実践を通して具体的な気づきが得られ、互いに学び合うことができる。

　これまでにさまざまな保育指導計画について学び、観察記録をとる視点や記録を指導計画に活かす方法などについて理解を深めました。保育課程・教育課程がどのように日々の保育に反映されているか、そしてどのように指導計画を立てれば良いかについても学んできました。子どもたちの様子や状況に応じた保育ができるように指導計画を立てていても、実際に行ってみると、さまざまな課題や改善点が見えてくることがあります。

　したがって、部分保育指導計画を立てるだけではなく、計画に基づき実際に保育を行うことが重要になります。しかし、実習中に何度も部分保育指導計画を立て、実践することは時間的にも物理的にも大変困難です。また、就職してからもお互いの保育を観察したり体験したりする時間的余裕はあまりありません。そこで大切になってくることは、保育を実践する機会をできるだけ多くつくるということです。授業のなかで「模擬保育」とよばれる実践的な保育経験を積み、「誰かに何かを教える」「保育する」ということはどういうことなのかを体験することが重要です。

## 1　部分保育指導計画の実践で得られるもの

　たとえば、ピアノが得意な人は音楽を取り入れた遊びを部分保育の一環として行うなど、まずは自分自身が得意とすることから始めると良いでしょう。特に最初は、恥ずかしさや、不安、緊張もあり誰かの前で保育を行うことを難しく感じる人が多いため、少しでも自分自身が落ち着いて保育を行えるように内容を考えることは大切です。模擬保育を行うことは簡単ではありませんが、模擬保育を行うことによって得られるものは計りしれません。では、模擬保育を通じ何が得られるのかを考えてみましょう。

## 1　模擬保育を行う側─保育者役

　まず、模擬保育において実践する側（保育者役）は何を得ることができるのでしょうか？

　1つ目は計画を立てるだけでは気づけなかった課題に気づく機会が得られることです。たとえば「ミシンでまっすぐに縫うことは簡単そうに見えたが、実際にミシンを使ってみると難しかった。」というように、想像していたときと実際に行ってみたときの印象が大きく違った、という経験をしたことがある人は少なくないでしょう。保育を行ううえでは、必ず誰でも、こういった経験をします。実際に計画をもとに保育を行ってみることで、思いのほか説明が難しいこと、時間配分が間違っていることなど、指導計画を立てるだけでは気づかなかった課題を見つけることができます。

　2つ目は、模擬保育を大人相手に行うことで、子どもたちからは出にくい意見、たとえば、「説明が足りず、手順がよくわからなかった」「見本が1つしかなく、こちらからは見えにくい」など、フィードバックを受けることができ、被保育者の視点から保育を振り返る機会になることです。

　保育が想像通りに進まないことは保育者としてのやりがいでもあるのですが、活動が子どもたちの発達に即していないなど子どもたちの様子や状況に応じて計画が立てられていないということでは問題です。保育者としての経験が浅いうちは、思い通り、計画通りに行くことのほうが少ないと断言できるほど子どもたちの活動を正確に予想するのは難しいことです。したがって、模擬保育を通して子どもの目線で保育を体験した人から助言を得られることは、子どもたちがどのように活動するかを考えるうえで、非常に役に立ちます。

　3つ目は、計画を実践することと、臨機応変に対応することのバランスについて考える機会になるということです。保育現場では、必ずしも想像通りに、予定通りに進む保育が良い保育であるということにはなりません。「嬉しい」予想外の事態、たとえば、できないであろうと考えていた活動を子どもたちが挑戦したい、と意欲をもち挑戦した結果、成し遂げることができたというようなことも起こり得るため、計画に振り回されて、子どもたちの様子を見ずに、予定通りの保育を進めていくことは良い保育とはいえません。その場の状況に応じて、臨機応変に対応することは実際に保育を行う場面でしか経験することができないため、臨機応変に対応するとはどのようなことなのかを学ぶ機会が得られる模擬保育の重要性は明確です。

## 2　模擬保育を受ける側─子ども役

　次に模擬保育を受ける側にはどのような学びがあるかを考えます。

　1つ目は保育を体験することにより、子どもの目線で、つまり被保育者の視点で保育について考える機会がもてることです。ほかの保育者が計画した部分保育指導計画を読み、どのような保育になるのか、また、子どもたちがどのような活動を行うのかを予想することは容易ではありません。文字だけではわからない保育の全体的な雰囲気や、同じ言葉がけであって

> 保育を見てもらうことで、他者の意見を聞き、質問やアドバイスを受ける機会となり、保育をより多角的に見ることができるようになります。

も、表現の仕方によっては伝わり方が違ってくることなど、模擬保育を経験することを通して実感として学ぶことができます。子どもの立場で保育を受けることで物事を具体的にイメージし、保育が適切であるかどうかを判断することができるようになります。そしてそれらの経験が、より現実的な活動を計画することにつながります。

2つ目は他者の保育を客観的に見ることで、自分自身がこの保育を行う際にはどのように行うのかなどを考える機会がもてることです。模擬保育を行っている人と自分自身の保育を比べ、改善すべきところや工夫できることはないかなどについて考えます。そうすることで保育の質を向上させるためには具体的にどのように計画を立てれば良いのか、計画をもとにどのように活動を進めるべきなのかについて理解を深めることができます。

このように模擬保育を行うことで、保育を行う側も保育を受ける側もお互いに学び合うことができます。互いの保育を観察したり、体験したりすることは、教材研究を行ううえでも大いに役に立ちます。自分自身では思いつかなかった工夫や、改善、また活動を深めていくための手段など、意見を交換し、試行錯誤することで、どのように教材研究を進めるべきなのか、その道筋が見えてくることもあります。

指導計画を順序に沿ってしっかりと考え、立てたあとは、計画に基づいて模擬保育を行う機会がもてるように努力しましょう。仲の良い友達同士で時間と場所を見つけて行うだけでもかまいませんが、できれば保育経験の豊富な人にも参加してもらえるほうが良いでしょう。保育を実践することで、また、他者の保育実践に参加することで得られるものはたくさんあります。

> 模擬保育を通して使用した保育関係誌や検索した情報などについても話し合うことができるので、教材研究を行ううえでも役に立ちます。

## 2 部分保育指導計画の実践

部分保育指導計画を実践するにあたり、気をつけるべきことがいくつかあります。

1つ目は緊張感をもち、子どもたちの前で行うときと同じ姿勢で行うことです。身だしなみ（髪型や服装、爪の長さなど）や言葉遣い、表情などにも注意を払い、ていねいに準備する必要があります。保育現場において適切な振る舞いとなることを目標に実践しましょう。

2つ目は、場面を明確に設定することです。何歳児の何月に行う、どのような姿の子どもたちを対象としたどのようなねらいの保育であるかということを、模擬保育に参加する人たちに明示しなければなりません。そうすることによりはじめて参加者がそれぞれの立場から目的をもって観察、または参加することができるようになり、有意義な話し合いへとつながります。

これらのことを踏まえ、部分保育指導計画を実践するための、いくつかの方法を紹介します。それぞれの方法にはメリットやデメリットがありま

すが、基本的にはどのような形で行ってもかまいません。ただし、必ず、保育を実践するだけに留まらず、実践を振り返り、意見を交換し、次の保育につなげるように心がけましょう。

## 3 模擬保育の実践形態

　模擬保育を実践するにあたり、①グループ全体で行う場合、②参加者、観察者を分けて行う場合があります。

　グループ全体で行う場合は、たいてい 20 名から 40 名程度のグループで一斉に模擬保育を行うのですが、保育者役以外は全員子ども役として参加します。したがって、保育者役は子ども役の数の分だけ、材料や教具を準備する必要があります。メリットは、多人数に対しての保育になるので、実際の保育所、幼稚園と同じように目を配らなければならない対象が多く、また、材料や教具も人数分準備しなければならないため、どのくらいの時間を要するのかおおよその目安になり、実際の保育に近い実践となることです。しかし、一人の保育者が行う保育に時間がかかるため、多くの人が保育者役として模擬保育を行うためには膨大な時間が必要となること、また、多人数が参加するため準備物が多くなり、活動によっては広い場所が必要になることがデメリットとしてあげられます。

　参加者、観察者を分けて行う場合は、保育者役のほかに子ども役を数名（5 〜 10 名）決め、それ以外の人は観察者として保育に参加します。この場合のメリットは、保育者、参加者、観察者と 3 つの視点から保育を振り返ることができる、という点です。ほかには、保育対象人数が少ないことで、保育する時間が比較的短くすむため、全体で行うときと比べると同じ時間のなかでより多くの人が保育者として模擬保育を実践できる可能性が高くなるという点があげられます。デメリットとしては、対象人数が少ないため、20 人以上の子どもたちが 1 クラスとして活動する 3 〜 5 歳児の模擬保育では、実際とは状況が違い、時間配分などは比較検討することができないということと、準備物や活動内容においても、人数が少なかったのでスムーズな流れの活動となったのか、保育の方法がよかったので活動がうまく進んだのかがはっきりしないという結果になり得ることです。

　状況に応じて、可能な形で模擬保育を行い、お互いの保育について振り返り、意見交換ができるよう、工夫することが大切です。模擬保育の際にワークシートなどを使用し、保育を行う側も保育を受ける側も、また、観察する側も、それぞれが目的を明確にもちながら参加することにより、より意味のある振り返りになります。ワークシートには次ページのようなものがあります（図表 14-1 〜 3）。

図表14-1 模擬保育 保育者用 振り返り

| 保育者 | | | 記入者 | | | | |
|---|---|---|---|---|---|---|---|
| (模擬保育の内容) | | | | | | | |
| | | 評価項目 | よくあてはまる | あてはまる | どちらでもない | あてはまらない | 全くあてはまらない |
| 姿勢 | | 身だしなみ (髪型・爪の長さなど) に気をつけた | 5 | 4 | 3 | 2 | 1 |
| | | 笑顔で表情豊かに保育を行うように心がけた | 5 | 4 | 3 | 2 | 1 |
| | | 適切な言葉遣いで保育しようと心がけた | 5 | 4 | 3 | 2 | 1 |
| | | 活動を行う際の姿勢に気をつけた | 5 | 4 | 3 | 2 | 1 |
| 保育内容 | | 積極的に子どもに関わるよう努力した | 5 | 4 | 3 | 2 | 1 |
| | | 子どもたちへの声のかけ方や関わり方は適切であった | 5 | 4 | 3 | 2 | 1 |
| | | 予期せぬ状況に対し、臨機応変に対応した | 5 | 4 | 3 | 2 | 1 |
| | | 保育を進めるなかで課題を見出し、解決しようとした | 5 | 4 | 3 | 2 | 1 |
| | | 時間配分が適切であった | 5 | 4 | 3 | 2 | 1 |
| 教材研究 | | 保育を行うにあたり事前の準備は適切であった (準備物・環境構成など) | 5 | 4 | 3 | 2 | 1 |
| | | 子どもたちの発達に即した活動となるように教材研究を十分に行った | 5 | 4 | 3 | 2 | 1 |
| 総合 | | 総合評価 | 5 | 4 | 3 | 2 | 1 |
| 自由記述 (考察・質問等) | | | | | | | |

**図表14-2 模擬保育 子ども役用 振り返り**

| 保育者<br>(模擬保育の内容) | | 評価項目 | 記入者 | | | | |
|---|---|---|---|---|---|---|---|
| | | | よく<br>あてはまる | あてはまる | どちらでも<br>ない | あてはまら<br>ない | 全くあて<br>はまらない |
| 姿勢 | | 身だしなみ(髪型・爪の長さなど)は適切であった | 5 | 4 | 3 | 2 | 1 |
| | | 笑顔で表情豊かに保育を行っていた | 5 | 4 | 3 | 2 | 1 |
| | | 言葉遣いは適切であった | 5 | 4 | 3 | 2 | 1 |
| 保育内容 | | 保育者の立ち位置や教材などの見せ方は適切であった | 5 | 4 | 3 | 2 | 1 |
| | | 子どもたちへの声のかけ方や関わり方は適切であった | 5 | 4 | 3 | 2 | 1 |
| | | 必要なときに援助や配慮を適切に行っていた | 5 | 4 | 3 | 2 | 1 |
| | | 予期せぬ状況に対し、臨機応変に対応していた | 5 | 4 | 3 | 2 | 1 |
| | | 保育を進めるなかで課題を見出し、解決しようとしていた | 5 | 4 | 3 | 2 | 1 |
| | | 時間配分が適切であった | 5 | 4 | 3 | 2 | 1 |
| 教材研究 | | 保育を行うにあたり事前の準備は適切であった(準備物・環境構成など) | 5 | 4 | 3 | 2 | 1 |
| | | 子どもたちの発達に即した活動であった | 5 | 4 | 3 | 2 | 1 |
| 総合 | | 総合評価 | 5 | 4 | 3 | 2 | 1 |
| 自由記述<br>(考察・<br>質問等) | | | | | | | |

図表14-3 模擬保育 観察者用 振り返り

| 保育者 | | | 記入者 | | | | |
|---|---|---|---|---|---|---|---|
| (模擬保育の内容) | | 評価項目 | よくあてはまる | あてはまる | どちらでもない | あてはまらない | 全くあてはまらない |
| 話し方 | | 声の大きさや発音は聞きやすかった | 5 | 4 | 3 | 2 | 1 |
| | | 話し方は適切であった | 5 | 4 | 3 | 2 | 1 |
| 説明 | | 教材や活動内容の説明が適切で、わかりやすかった | 5 | 4 | 3 | 2 | 1 |
| 子どもへの対応 | | 興味や関心を引き出そうと工夫していた | 5 | 4 | 3 | 2 | 1 |
| | | 言葉がけの内容が適切であった | 5 | 4 | 3 | 2 | 1 |
| | | 全体に目を配っていた | 5 | 4 | 3 | 2 | 1 |
| | | 一人ひとりの進み具合を把握しながら進めていた | 5 | 4 | 3 | 2 | 1 |
| 計画内容 | | 年齢・月齢に適した活動内容だった | 5 | 4 | 3 | 2 | 1 |
| | | 必要な物(教材など)は準備されていた | 5 | 4 | 3 | 2 | 1 |
| | | 時間配分が適切であった | 5 | 4 | 3 | 2 | 1 |
| 態度 | | 保育に熱意や意欲が感じられた | 5 | 4 | 3 | 2 | 1 |
| 総合 | | 総合評価 | 5 | 4 | 3 | 2 | 1 |
| 感想 | | | | | | | |

保育者用と子ども役用のワークシートと観察者用のワークシートは異なった形式のものを掲載しています。2つの形式を見比べてみると、評価項目の示し方に違いはありますが、内容に大差はありません。ワークシートに示された項目を念頭に置き、保育を計画・実践しましょう。

　ここで示したようなワークシートを保育実践の際に利用し、記録として残しておくことが大切です。保育者は、自分自身が立てた部分保育指導計画に、**反省や改善点を追記しておき**、保育実践の記録としてだけでなく、自分自身の保育を見直し、計画を立て直すときに役に立つ資料としても、部分保育指導計画を有効に活用するよう心がけましょう。

### おさらいテスト

❶ 部分保育指導計画を立て、実践することで自分自身では気づけなかった保育に関する[　　　]を見出すことができる。

❷ 他者の部分保育実践に参加することで、[　　　]で保育を受ける機会を得ることができる。

❸ 保育実践を通して具体的な[　　　]が得られ、互いに学び合うことができる。

## 演習課題

### 模擬保育（制作）を行う準備をしよう

下の制作計画表の見本をもとにして次のページの制作計画表に必要事項を記入し計画しましょう。

①時間配分に応じて設定する年齢や項目を選びましょう。
②その年齢、設定時期に応じたねらいを設定しましょう。
③準備物を整理し、資料として自分自身が作った見本の写真などを貼りましょう。
④自分自身が見本をつくる際にかかった時間を考慮し、活動時間が適切であるかを検討しましょう。

**制作　計画表**　　　　　　　　　　　　　　　　　　　　　6　月

| 年齢 | 5　歳児 | 人数 | 30 | 時間 | 30 分 |
|---|---|---|---|---|---|
| 題 | 七夕製作　『紙芯おりひめとひこぼし』 ||||||
| ねらい | ・七夕の由来を知る　　　　　　　　絵本を使用して七夕を知る<br>・線の上をていねいにはさみで切る　切る線をわかりやすく引く<br>・切る場所の間隔を空ける　　　　　見本の間隔をかいておく |||||
| 大きさ | 平面（　　　　　　　　　　）・立体（トイレットペーパーの芯　半分の高さ） |||||
| 技法 | 切り紙 |||||

#### 準　備　物

| 保育者 | | 子ども |
|---|---|---|
| トイレットペーパーの芯（半分に切る） | 各1 | 糊 |
| たこ糸 | 各30cm | はさみ |
| 折り紙　黒　髪の毛用　3種類 | 各1 | 水性ペン（赤・黒） |
| 折り紙　ふじ・ピンク　服用　半分 | 各1 | 糊敷紙 |
| 折り紙　うす橙　顔用　半分 | 2枚 | |
| ホイルカラー　黄緑　帽子用 | 1枚 | |
| ホイルカラー　銀　羽衣用 | 1枚 | |
| ホイルカラー　金　星用（星型パンチ） | 1枚 | |

資料　写真

# 演習課題

第5章 保育を実践して、評価・改善しよう

制作 計画表　　　　　　　　　　　　　　　　　　　　　　　　月

| 年齢 | 歳児 | 人数 |  | 時間 |  |
|---|---|---|---|---|---|

| 題 | |
|---|---|
| 活動内容 | |
| 大きさ | 平面（　　　　　　　　　　　　　）・立体（　　　　　　　　　　　） |
| 技法 | |

### 準　備　物

| 保育者 | 子ども |
|---|---|
|  |  |
|  | 資料　写真 |
|  |  |

14コマ目　指導計画を実践してみよう

# 15コマ目 保育の評価と改善の方法を理解しよう

### 今日のポイント

1. 実践を通して自分自身の課題に気づき、改善点を具体的に考えることが重要である。
2. 他者から実践に対する評価、助言などを受けることで、保育を客観的に見直す機会を得ることができる。
3. 保育を計画し、実践し、記録し、振り返り評価し、改善し、次の保育を計画する、というサイクルがより良い保育を行うことにつながる。

## 1 実践した保育について

### 1 自己評価

　実習や模擬保育において保育を経験したあとは、必ず自分自身の保育について見直しましょう。毎日の保育を見直すことは時間的にも容易ではありません。しかし、保育を計画し、実践するだけでは保育の質を高めることができません。経験豊富な保育者であれば、あえて時間を確保し自身の保育を振り返るということをしなくても、日々の保育のなかで、「この計画は、この部分に問題があったので、明日はこうしてみよう。」といった小さな振り返りを自然に行うことができます。保育の経験を積み重ねるなかで、保育を評価し改善するということを習慣づけるためにも、最初は意識して振り返りを行うことが重要になります。

　では、どのように振り返りを行えば良いのでしょうか？　最も簡単な方法は、指導計画をもとに振り返ることです。部分保育指導計画のように詳細を記したものがあればより深く振り返りを行うことができるのですが、たとえば、週日指導計画のように大まかなものであっても構いません。保育を終えたあと、できるだけ時間をあけず、それらの計画のなかに反省や改善点を書き込んでおくだけでも振り返りになります。実習中であれば担当保育者や主任保育者などから助言や指導があるので、自分自身の振り返りだけではなく、他者からの客観的な評価や助言も記すことができます。そういった点からも実習が大切な保育経験になるということが理解できるでしょう。実際の部分保育指導計画に振り返りを記すと次ページの見本のようになります。

> 実習中に言動に対して、注意を受けることが多々ありますが、保育現場で保育者として活動するために必要な姿勢や態度、方法や技術を教えてもらえる場はほかにありません。真摯に受け止め、自分自身の力になるよう努めましょう。

第5章　保育を実践して、評価・改善しよう

## 指導計画　　責任実習（部分・半日・全日）

| 11月 | 11日 | 火曜日 | 天候 晴れ | 実習生氏名 | ○○ ○○ | 印 |

| 担当クラス | 　組 | 3歳児 | 男児 10名・女児 10名 ・ 計 20名 |

**子どもの姿**
・友だちと誘い合って遊ぶ姿が多く見られるようになっている。
・友だちとの遊びのなかで、自己主張が強くなりトラブルが増えてきている。

| ねらい | 内容 |
|---|---|
| ・イメージしたことを自分なりに表現することを楽しむ。 | ・絵本を見る。<br>・いろいろな動物の表現遊びをする。 |

※手遊びがいつも同じものにならないように工夫する。

15コマ目　保育の評価と改善の方法を理解しよう

| 時間 | 環境の構成 | 予想される子どもの活動 | 実習生の援助（配慮） |
|---|---|---|---|
| 10:15 | 〈保育室〉<br>ピアノ<br>△<br>○○○○○<br>○○○○○○○<br>○○○○○○○<br>●<br>●保育者<br>○子ども<br>△実習生 | ○実習生の周りに集まる。<br><br>○手遊び『おはなしおはなし』をする。<br>・実習生をまねて、歌ったり手振りをしたりする。 | ○子どもたちがそろっていることを確認する。<br>○子どもたちにわかりやすいように、手振りを大きくする。 |
| 10:25 | | ○絵本『やまのおふろやさん』を見る。 | ○絵本が見えにくい子どもがいないか、座る位置や表情、絵本の高さや向きなどに気をつけて読む。 |
| | | ※表情が見えないところにいる子どももいたが、援助できていなかった。 | |
| 10:30 | ※発言する子どもが決まっていたので自ら発言しにくい子どもへの援助を考える。 | ○話し合いをする。<br>・絵本に出てきた動物を考えて答える。<br>・お風呂を見つけて入る合図を考え、決める。 | ○絵本に出てきた動物を一緒に確認する。<br>・つくってきたお風呂を出し、期待が高まるようにする。<br>・お風呂を見つけて入る合図を一緒に決める。 |
| 10:40 | △<br>ピアノ<br>○○○<br>○○　　○○<br>○○　お風呂　○○<br>○○　　○○<br>○○○<br>● | ○動物の表現遊びをする。<br>・絵本に出てきた動物の動きを自分なりに表現する。<br>・合図を聞いてみんなでお風呂に入る。<br>・身体や頭を洗う。<br>・いろいろな動物の表現をする。 | ○「どの動物からお風呂に入る？」など、子どもたちと会話をやりとりしながら、遊びを進めていく。<br>・子どもたちが表現しやすいリズムの曲をピアノで弾く。<br>・いろいろな動物の特徴をつかんで、表現している子どもを認め、周りの子どもたちにも知らせていく。 |

※表現遊びを進めていくと、いろいろな意見が出てきた。活動を認め促すことが重要であると感じた。

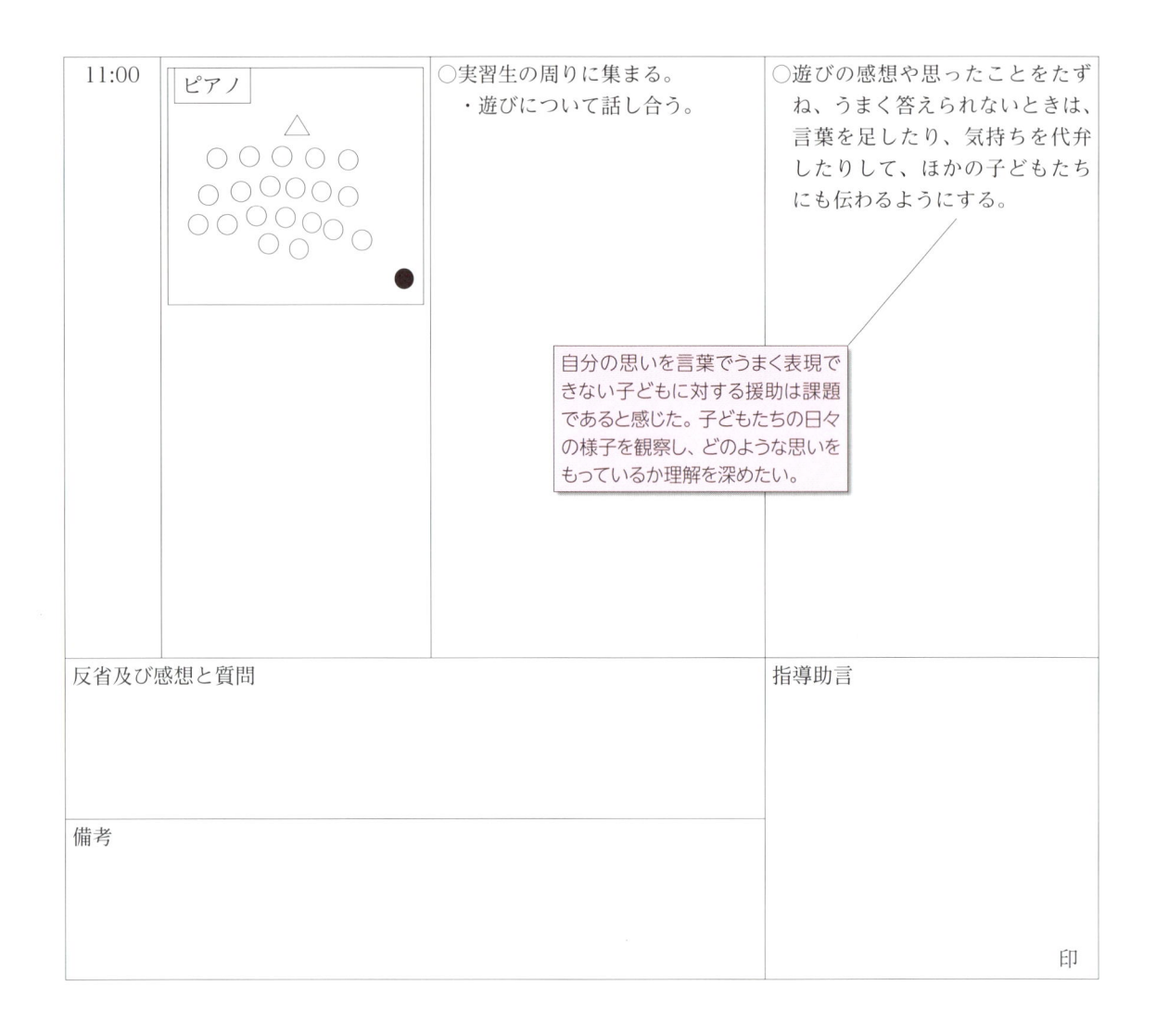

| 11:00 | ピアノ（図） | ○実習生の周りに集まる。<br>・遊びについて話し合う。 | ○遊びの感想や思ったことをたずね、うまく答えられないときは、言葉を足したり、気持ちを代弁したりして、ほかの子どもたちにも伝わるようにする。 |

> 自分の思いを言葉でうまく表現できない子どもに対する援助は課題であると感じた。子どもたちの日々の様子を観察し、どのような思いをもっているか理解を深めたい。

| 反省及び感想と質問 | 指導助言 |
|---|---|
|  |  |
| 備考 | 印 |

　このように、気づいたことや考えたことなどをメモしておくだけでも、その日の活動を振り返る際には大変役に立ちます。時間が経過すると毎日の保育に追われ、記憶は薄れてしまいます。できるだけ早くメモしておくことで、時間ができたときにしっかりと振り返ることができます。保育の観察記録においても同じことがいえますが、記録はあとで保育を振り返るうえではとても重要なものです。記録をとる意義は、「幼稚園教育指導資料第5集」に以下のように記されています。

①幼児理解を深めるために
②幼児理解を基に次の保育を構想するために
③教師と幼児との関係を省察し、教師自身の幼児の見方を振り返るために
④他の教師と情報を共有し、自分の保育を見直すために
⑤幼児の学びの軌跡を残し、保護者との連携に生かすために
文部科学省「幼稚園教育指導資料第5集」

> プラスワン
> 「幼稚園教育指導資料集第5集」
> さまざまな記録のとり方や活用について説明されている資料集。

これらを見てもわかるように、子どもに対する理解を深めたり、保育を見直したりすることのほかに、保護者との連携に活かすこともできるのが保育記録です。実習だから仕方なく記録する、という意識ではなく、将来保育者として働く際にも保育記録をとることが適切な保育を行うことにつながる、ということを理解し記録をとるよう心がけましょう。そして記録することを難しく考えるのではなく、指導計画にメモをするなど、できることから始め、継続して行うことができるように工夫しましょう。

### 2 客観的評価

活動に対し、自分自身で反省点、改善点などを見いだすことは重要です。さらに、他者からのフィードバックを受ける機会があれば、積極的に意見を聞き、客観的評価も大切にしながら保育を振り返りましょう。

実習や模擬保育、研究保育などを行うと、客観的な評価を受ける機会が与えられます。日常の保育では他者の保育をゆっくり観察したり、ほかの保育者がどのような計画のもと、保育を行っているのかを経験したりすることができません。見られる、ではなく、**見てもらえる**、と考え、客観的評価を受けるチャンスを逃さず、最大限に活かせるように準備し保育するよう心がけることが大切です。

保育を行ったあとは通常、その保育に関する総括（カンファレンス、反省会、交流会とよばれることもある）が行われます。これは、保育を観察した保育者だけでなく、参加できなかった保育者も集い、行われた公開保育について考えるための会です。そこでは、それぞれの保育者がそれぞれの視点から、行われた保育について話し合います。お互いの保育観や教育観を理解する機会にもなるため、実習生を受け入れることや、研究保育を行うことでこういった話し合いの場が設けられ、保育者たちが学ぶ機会となります。

模擬保育の場合は、ワークシートをもとに話し合います。意見交換終了後、ワークシートの得点を集計し、平均を出すことで自分自身の保育に関する課題が他者の客観的評価とともに明確になるという点で、ワークシートはとても便利な記録となります（図表15-1・2）。自分自身が保育について記録することも大切ですが、他者の客観的評価も大変貴重なものです。きちんと保管するよう心がけましょう。

図表15-1　模擬保育　子ども役用　集計表

| 評価項目 | | よくあてはまる 5点 | あてはまる 4点 | どちらでもない 3点 | あてはまらない 2点 | 全くあてはまらない 1点 | 集計（平均） |
|---|---|---|---|---|---|---|---|
| 姿勢 | 身だしなみ（髪型・爪の長さなど）は適切であった | 5点x（　）人= | 4点x（　）人= | 3点x（　）人= | 2点x（　）人= | 1点x（　）人= | |
| | 笑顔で表情豊かに保育を行っていた | 5x（　）人= | 4x（　）人= | 3x（　）人= | 2x（　）人= | 1x（　）人= | |
| | 言葉遣いは適切であった | 5x（　）人= | 4x（　）人= | 3x（　）人= | 2x（　）人= | 1x（　）人= | |
| 保育内容 | 保育者の立ち位置や教材などの見せ方は適切であった | 5x（　）人= | 4x（　）人= | 3x（　）人= | 2x（　）人= | 1x（　）人= | |
| | 子どもたちへの声のかけ方や関わり方は適切であった | 5x（　）人= | 4x（　）人= | 3x（　）人= | 2x（　）人= | 1x（　）人= | |
| | 必要な時に援助や配慮を適切に行っていた | 5x（　）人= | 4x（　）人= | 3x（　）人= | 2x（　）人= | 1x（　）人= | |
| | 予期せぬ状況に対し、臨機応変に対応していた | 5x（　）人= | 4x（　）人= | 3x（　）人= | 2x（　）人= | 1x（　）人= | |
| | 保育を進めるなかで課題を見出し、解決しようとしていた | 5x（　）人= | 4x（　）人= | 3x（　）人= | 2x（　）人= | 1x（　）人= | |
| | 時間配分が適切であった | 5x（　）人= | 4x（　）人= | 3x（　）人= | 2x（　）人= | 1x（　）人= | |
| 教材研究 | 保育を行うにあたり事前の準備は適切であった（準備物・環境構成など） | 5x（　）人= | 4x（　）人= | 3x（　）人= | 2x（　）人= | 1x（　）人= | |
| | 子どもたちの発達に即した活動であった | 5x（　）人= | 4x（　）人= | 3x（　）人= | 2x（　）人= | 1x（　）人= | |
| 総合 | 総合評価 | 5x（　）人= | 4x（　）人= | 3x（　）人= | 2x（　）人= | 1x（　）人= | |
| 自由記述（考察・質問など） | | | | | | 総合平均 | （　）点 |

図表15-2 模擬保育 観察者用 集計表

(模擬保育)　　　　　　　　　　　　(観察)

| 評価項目 | | よくあてはまる 5点 | あてはまる 4点 | どちらでもない 3点 | あてはまらない 2点 | 全くあてはまらない 1点 | 集計(平均) |
|---|---|---|---|---|---|---|---|
| 話し方 | 声の大きさや発音は聞きやすかった | 5点×( )人= | 4点×( )人= | 3点×( )人= | 2点×( )人= | 1点×( )人= | |
| | 話し方は適切であった | 5×( )人= | 4×( )人= | 3×( )人= | 2×( )人= | 1×( )人= | |
| 説明 | 教材や活動内容の説明が適切で、わかりやすかった | 5×( )人= | 4×( )人= | 3×( )人= | 2×( )人= | 1×( )人= | |
| 子どもへの対応 | 興味や関心を引き出そうと工夫していた | 5×( )人= | 4×( )人= | 3×( )人= | 2×( )人= | 1×( )人= | |
| | 言葉がけの内容は適切であった | 5×( )人= | 4×( )人= | 3×( )人= | 2×( )人= | 1×( )人= | |
| | 全体に目を配っていた | 5×( )人= | 4×( )人= | 3×( )人= | 2×( )人= | 1×( )人= | |
| | 一人ひとりの進み具合を把握しながら進めていた | 5×( )人= | 4×( )人= | 3×( )人= | 2×( )人= | 1×( )人= | |
| 計画内容 | 年齢・月齢に適した活動内容だった | 5×( )人= | 4×( )人= | 3×( )人= | 2×( )人= | 1×( )人= | |
| | 必要な物(教材など)は準備されていた | 5×( )人= | 4×( )人= | 3×( )人= | 2×( )人= | 1×( )人= | |
| | 時間配分が適切であった | 5×( )人= | 4×( )人= | 3×( )人= | 2×( )人= | 1×( )人= | |
| 態度 | 保育に熱意や意欲が感じられた | 5×( )人= | 4×( )人= | 3×( )人= | 2×( )人= | 1×( )人= | |
| 総合 | 総合評価 | 5×( )人= | 4×( )人= | 3×( )人= | 2×( )人= | 1×( )人= | |
| 感想 | | | | | | | 総合平均 ( )点 |

このように、自分自身の反省と他者からの評価を総合的に見ることで、次の保育を計画する際に気をつけるべき点や、配慮しなくてはならない事項、また、教材研究を行うにあたってどのような視点で行うべきかなど、その方向性を見いだすことができます。たとえば、保育者用・子ども役用のワークシートであれば、姿勢・保育内容の項目、観察者用であれば、話し方・説明・子どもへの対応・態度の項目の平均が4点以上であったとすると、保育における基本的な姿勢や態度、表現については意識して行っていると客観的に評価されていることになります。しかし、教材研究や計画内容において平均3点以下の項目が目立ったとなれば、教材研究は不十分であったと評価されたことになります。このように、客観的な評価を与えられることで、自分自身では気がつくことのできない課題が明確になり、より良い保育を行うことにつながります。

## 2　そのほかの保育記録について

　実践した保育についての記録以外にもさまざまな保育記録があります。毎日の記録を残すことは容易ではありませんが、1日の記録を「保育記録」として残している園がほとんどです。必ず記録しなければならないもの以外にも自分自身の記録として必要な記録は残すべきです。しかし、しなければならない記録に追われ自分がとりたい記録まで手が回らないこともあります。

　記録を残すことは簡単なことではありませんが先に述べたように、保育を記録として残し、振り返り、次の保育へと活かすことは大変重要なことです。したがって、保育を行ううえで継続的に記録をとる方法について工夫することが必要になります。自分なりの方法を見つけることが重要なのですが、ここでいくつかの方法を紹介します。参考にできる部分を見つけ、どうすれば無理せず記録をとることができるのか考えてみましょう。

　部分保育指導計画のようなくわしい計画を毎日立て、保育を行っている保育者はあまりいませんが、週日指導計画を立て保育に活かしている保育者はたくさんいます。週日指導計画は目標をしっかりと見据えて保育をするためには欠かせないものであり、また、保育が偏らないように行うためにも重要なものです。その週日指導計画を利用し、記録すると次のようになります。
165ページ…週日指導計画の活用例（2歳児・保育所・11月・第2週）

第5章 保育を実践して、評価・改善しよう

## 週日指導計画

平成　年度　　　クラス　　　2歳児

11月 第2週

| 日にち | 主な活動・準備物 | 子どもの活動 | 環境構成・配慮事項 | 家庭への支援 |
|---|---|---|---|---|
| 9日(月) | ●戸外遊び<br>・帽子・救急バッグ<br>・戸外用リュック(保育者) | ●どんぐりや落ち葉など秋の自然物に興味を持ち、拾う<br><br>朝の会で全員に話を聞けなかった<br>K、J、Nがどんぐりを取り合う | ●拾ったどんぐりを使用して、明日どんぐりケーキをつくることを伝え、しっかり見つけて拾うように促す<br><br>明日の活動に期待がもてたようだった | ●親子で土曜に行う保育参観に期待をもって参加してもらうように、どのようなことをするのかや、子どもたちが楽しみにしていることを伝え、家庭でも話題にしてもらう |
| 10日(火) | ●制作"どんぐりケーキ"<br>・生クリームボンド<br>・紙皿　・ダンボール<br><br>Y母より電話(AとDのけんかについて) | ●拾ったどんぐりや落ち葉を見て、昨日の活動を振り返る<br>●自分たちが食べたくなるようなケーキをつくる<br><br>B、P、L友だちを励ます | ●どんぐりや落ち葉がどこに落ちていたのかや、どのような形や色の違いがあるのかを伝える<br>●さまざまな見本を準備して、つくりたいものを想像できるように説明する<br>活動スムーズにいかず<br>説明の仕方工夫必要 | |
| 11日(水) | ●制作"どんぐりケーキ"<br>・絵の具<br>・紙皿<br><br>映像、写真記録あり | ●どんぐりや落ち葉を貼り付けたケーキに色をつける<br>●ケーキをのせている紙皿にも色をつける<br><br>U、G、O活動中にお互いに作品をある<br>子どもたち全員笑顔で終える | ●貼り付けた物が落ちないように色をつけることを伝える<br>●普段使っている食器の柄を思い出せるように言葉がけを行う<br><br>子どもたちがお互いに励まし、認め合ったことに対し、言葉をかけた | |
| 12日(木) | ●避難訓練・救急バッグ<br>・児童簿・名札・帽子<br>・戸外用リュック(保育者)<br><br>C欠席(体調不良)<br>A、B、D、M、N、O、Y保護者手紙 | ●避難訓練の流れがかわり、保育者の指示に従って行動する<br><br>G階段で滑って泣く J止める | ●ゆっくり落ち着いた声できちんと避難方法を伝える<br>●避難中は常に声をかけ、安心できるようにする<br><br>落ちついて避難できるようになってきたが、油断せず注意を促す必要がある | |
| 13日(金) | ●運動遊び　むっくりくまさん<br><br>D、H、R、E、G、U意見　K集中できず | ●ルールを覚える<br>●元気良く歌をうたう | ●覚えやすいように、活動しながらルールを伝える<br>●保育者が率先してうたい、何度も行うことで歌詞を覚えられるようにする<br><br>勝ち負けの話をすべきだった<br>話し合いの進め方に工夫必要 | |
| 14日(土) | ●保育参観　帽子<br>・制作　帽子<br>・親子遊び | ●保護者に見られることを喜びながら、帽子を作る<br>●保護者と関わる時間を楽しむ | ●普段通り活動ができるようにていねいに声をかけ、集中できる時間を多くもち、保護者にも楽しんでもらえるように関わる時間を多くする<br><br>緊張し、子どもや保護者の様子をしっかり観察できなかった | |

保育者の週の自己評価

上部には自己評価を書きます。

ポジティブ観察記録あり<br>BPLUGODHRE (10名)<br>ネガティブ観察記録あり<br>JKN (3名)

15コマ目　保育の評価と改善の方法を理解しよう

165

見本のなかには、子どもたちの名前の代わりにアルファベットが記入されています。このアルファベットはイニシャルである必要はありません。**個人情報として特定されないように工夫**されていれば、どのような形でも構いません。たとえば、保育者の自己評価欄下部には、「友だちを励ます」などポジティブな記録が残された10名の子どもと、「どんぐりを取り合う」などネガティブな記録が残された3名の子どもが、個人を特定できないようアルファベットで示されています。1週間を通して観察し記録することができた子どもたちと、記録することができなかった子どもたちを整理することで、次の週に観察し、成長を確かめる必要のある子どもたちが明確になります。週ごとに確認することにより、目立つ行動をとる子どもたちに記録が偏ることを防ぐことができます。また、子どもたちのポジティブな観察を増やすきっかけにもなります。

　このように、保育に関する振り返りの記録だけではなく、その日に起こった子どもたちに関する事柄を記録しておくことで、保護者に子どもたちの様子を報告できたり、1年を通してそれぞれの子どもがどのように成長したかを振り返ったりすることができます。また、子どもの言動をただちに理解することは困難であり、同じような状況を何度か観察することによってはじめてその子どもの気持ちが理解できたり、言動の意味がわかったり、成長が見えたりすることも多いため、継続的に記録することが重要となります。そして子どもたちを理解するためには、それらの記録を一定の期間まとめて分析することも必要となります。計画を立てずに保育をすることは望ましくありません。だからこそ、計画を保育の記録としても活かし、無理せず継続的に記録を残すことができるよう工夫することが大切なのです。

　文章として残す記録のほかには、**映像や写真として残す記録**があります。これらの記録は、保育の状況を視覚的に捉えることができるため、文章での記録とはまた違った価値があります。特に映像として保育の記録を残すことは、自分自身の保育をあとで客観的に見ることも可能になるため、保育を振り返り評価し、改善することに役立ちます。また、映像や写真は、子どもたちがどのように保育に参加し、活動しているのかを理解しやすくするため、保護者にとっても貴重な情報です。加えて保護者に集団活動における課題などを説明、相談するうえでも役に立つ資料となり得ます。視覚的な記録も、保育を振り返るうえで重要な役割を果たすということを念頭に置き、記録として残すよう心がけましょう。

> 記録として残す映像や写真の取り扱いには十分注意しましょう。

## 3　評価と改善

　これまで、保育を計画し、実践し、記録し、振り返り評価し、改善し、次の保育を計画する、というサイクルがいかに大切かについて理解を深めてきました。ここでは具体的に振り返り評価した内容をどのように改善し、

第5章　保育を実践して、評価・改善しよう

次の保育を計画すれば良いのかということについて説明します。

前述（159～160ページ）の部分保育指導計画での反省点を見てみると、計画時には実践しようと考えていたことでも、実際に保育を行ったときには計画通り実践できなかったことがあげられていました。意識していたにもかかわらず実践できなかった理由にはどのようなことが考えられるでしょうか？　緊張のあまり気が回らなかった、対応するタイミングを逃してしまった、活動を始めてから予期せぬ状況が起こり、対応できなかった、などいくつかの可能性が考えられます。どうしてできなかったのかということをしっかり考え、原因を明確にしなければ、改善することはできません。部分保育指導計画に書き留めた内容を振り返る際には、問題となったことに対し原因を見つけ、どのように解決するかということまで考えます。もし、緊張のあまり気が回らなかったことが原因であったのならば、保育のなかで必ず確認したい項目をメモし、保育時に参照できるよう用意しておくなど、次の保育を計画する際に具体的な改善策を講じます。

次に、同じ手遊びを行っていることが多い場合はどのように改善すれば良いのでしょうか？　保育の内容に関する改善点が見出された場合は、教材研究、保育内容の研究が必要になります。保育に関する書物や雑誌に目を通し、必要な知識や技術を獲得するために学ぶことが重要です。ほかの保育者と話し合ったり、意見を出し合ったりすることも研究方法の1つです。

このように、保育を行ったあとに気づいた点や考えたことをメモしておくだけでも、保育を見直す際のみちしるべになります。そしてそのメモをもとに課題を見いだし、改善すべきことを整理し、次の保育計画を立てることで保育の質を高めることができます。

計画を立てること、実践すること、記録すること、振り返り評価すること、そしてそれを活かし、計画を立てること、というサイクルで保育を行うことにより、子どもたちをよく理解し、子どもたちとの関係を深めることができます。また、子どもたちがのびのびと積極的に活動できる保育を行い、保護者との連携や保育者同士の連携をとることもできるようになります。どれも大切なステップであることを理解し、保育することを心がけましょう。

> 手遊びやわらべ歌などはしばらく行っていないと忘れてしまうことがあります。覚えておく工夫をするよう心がけましょう。

### おさらいテスト

❶ 実践を通して自分自身の［　　　］に気づき、改善点を［　　　］に考えることが重要である。

❷ 他者から実践に対する評価、助言などを受けることで、保育を［　　　］に見直す機会を得ることができる。

❸ 保育を計画し、実践し、記録し、振り返り評価し、［　　　］し、次の保育を計画する、という［　　　］がより良い保育を行うことにつながる。

15コマ目　保育の評価と改善の方法を理解しよう

# 演習課題

## 保育の振り返りをしてみよう

**演習テーマ 1** メモを参考に書き込んでみよう

159～160ページの指導計画のメモを参考に、自分自身の部分保育指導計画に反省や感想を書き込んでみましょう。

【振り返るポイント】
①環境の構成について振り返るときの例
　＊安全は確保できていたか
　＊子ども達が快適に活動できていたか（活動スペースは十分にあったか）
　＊時間配分は適切であったか　など

反省・感想

[　　　　　　　　　　　　　　　　　　　　　　　　　　　　　　　　　]

【改善すべき内容】
問題点とその原因　　　　　　　　　改善方法

[　　　　　　　　　　　　] ⇒ [　　　　　　　　　　　　]

②子どもの様子について振り返るときの例
　＊どの場面で子ども達が予想していた活動と異なった活動をしていたのか
　＊手遊び　　→子どもたちが楽しく動きをまねていたのか
　＊絵本　　　→興味をもって見ていたか、動物の名前を知っていたか
　＊話し合い　→偏りなく意見は聞くことができたか
　　　　　　　　一人でも多く発言できていたのか　　など

反省・感想

[　　　　　　　　　　　　　　　　　　　　　　　　　　　　　　　　　]

【改善すべき内容】
問題点とその原因　　　　　　　　　改善方法

[　　　　　　　　　　　　] ⇒ [　　　　　　　　　　　　]

# 演習課題

## 保育の振り返りをしてみよう（続き）

③援助や配慮について振り返るときの例
　＊計画を立てていた援助や配慮はできていたのかについて1つ1つの項目を確認する

反省・感想

[　　　　　　　　　　　　　　　　　　　　　　　　　　　　　　　　　　]

【改善すべき内容】
問題点とその原因　　　　　　　　　改善方法

[　　　　　　　　　] ⇒ [　　　　　　　　　]

### 演習テーマ 2　ディスカッション

写真や映像はどのような形で保護者と共有すると良いでしょうか。グループで話し合いましょう。

[　　　　　　　　　　　　　　　　　　　　　　　　　　　　　　　　　　]

## 演習課題

### 保育を観察し振り返ってみよう 💿DVD

DVDの映像を見て以下の質問に答えましょう。

①何歳児の映像でしたか？　　　　　　　＿＿＿＿＿＿歳児

②どのような活動をしていましたか？　全て書き出しましょう。
　例）・朝の会

　　　・　　　　　　　・　　　　　　　・
　　　・　　　　　　　・　　　　　　　・
　　　・　　　　　　　・　　　　　　　・

③　②の活動を1つ選んで、その活動ではどのような子どもの姿が見られましたか？
　例）　活動　朝の会　　　・元気にあいさつをしていた

　　　　活動＿＿＿＿＿＿　・
　　　　　　　　　　　　　・
　　　　　　　　　　　　　・
　　　　　　　　　　　　　・
　　　　　　　　　　　　　・
　　　　　　　　　　　　　・

④　③の活動をあなたが行うとしたら、どのように行いますか。
　　どのように行うかと、その理由も書きましょう。

# 資料集

保育所保育指針…………172

幼稚園教育要領…………181

幼保連携型認定こども園教育・保育要領…………186

観察記録・指導計画用紙…………194

# 保育所保育指針

2008（平成20）年3月28日厚生労働省告示
2009（平成21）年4月1日施行

## 第一章　総則

### 1　趣旨

（一）この指針は、児童福祉施設の設備及び運営に関する基準（昭和二十三年厚生省令第六十三号）第三十五条の規定に基づき、保育所における保育の内容に関する事項及びこれに関連する運営に関する事項を定めるものである。

（二）各保育所は、この指針において規定される保育の内容に係る基本原則に関する事項等を踏まえ、各保育所の実情に応じて創意工夫を図り、保育所の機能及び質の向上に努めなければならない。

### 2　保育所の役割

（一）保育所は、児童福祉法（昭和二十二年法律第百六十四号）第三十九条の規定に基づき、保育に欠ける子どもの保育を行い、その健全な心身の発達を図ることを目的とする児童福祉施設であり、入所する子どもの最善の利益を考慮し、その福祉を積極的に増進することに最もふさわしい生活の場でなければならない。

（二）保育所は、その目的を達成するために、保育に関する専門性を有する職員が、家庭との緊密な連携の下に、子どもの状況や発達過程を踏まえ、保育所における環境を通して、養護及び教育を一体的に行うことを特性としている。

（三）保育所は、入所する子どもを保育するとともに、家庭や地域の様々な社会資源との連携を図りながら、入所する子どもの保護者に対する支援及び地域の子育て家庭に対する支援等を行う役割を担うものである。

（四）保育所における保育士は、児童福祉法第十八条の四の規定を踏まえ、保育所の役割及び機能が適切に発揮されるように、倫理観に裏付けられた専門的知識、技術及び判断をもって、子どもを保育するとともに、子どもの保護者に対する保育に関する指導を行うものである。

### 3　保育の原理

#### （一）保育の目標

ア　保育所は、子どもが生涯にわたる人間形成にとって極めて重要な時期に、その生活時間の大半を過ごす場である。このため、保育所の保育は、子どもが現在を最も良く生き、望ましい未来をつくり出す力の基礎を培うために、次の目標を目指して行わなければならない。

（ア）十分に養護の行き届いた環境の下に、くつろいだ雰囲気の中で子どもの様々な欲求を満たし、生命の保持及び情緒の安定を図ること。

（イ）健康、安全など生活に必要な基本的な習慣や態度を養い、心身の健康の基礎を培うこと。

（ウ）人との関わりの中で、人に対する愛情と信頼感、そして人権を大切にする心を育てるとともに、自主、自立及び協調の態度を養い、道徳性の芽生えを培うこと。

（エ）生命、自然及び社会の事象についての興味や関心を育て、それらに対する豊かな心情や思考力の芽生えを培うこと。

（オ）生活の中で、言葉への興味や関心を育て、話したり、聞いたり、相手の話を理解しようとするなど、言葉の豊かさを養うこと。

（カ）様々な体験を通して、豊かな感性や表現力を育み、創造性の芽生えを培うこと。

イ　保育所は、入所する子どもの保護者に対し、その意向を受け止め、子どもと保護者の安定した関係に配慮し、保育所の特性や保育士等の専門性を生かして、その援助に当たらなければならない。

#### （二）保育の方法

保育の目標を達成するために、保育士等は、次の事項に留意して保育しなければならない。

ア　一人一人の子どもの状況や家庭及び地域社会での生活の実態を把握するとともに、子どもが安心感と信頼感を持って活動できるよう、子どもの主体としての思いや願いを受け止めること。

イ　子どもの生活リズムを大切にし、健康、安全で情緒の安定した生活ができる環境や、自己を十分に発揮できる環境を整えること。

ウ　子どもの発達について理解し、一人一人の発達過程に応じて保育すること。その際、子どもの個人差に十分配慮すること。

エ　子ども相互の関係作りや互いに尊重する心を大切にし、集団における活動を効果あるものにするよう援助すること。

オ　子どもが自発的、意欲的に関われるような環境を構成し、子どもの主体的な活動や子ども相互の関わりを大切にすること。特に、乳幼児期にふさわしい体験が得られるように、生活や遊びを通して総合的に保育すること。

カ　一人一人の保護者の状況やその意向を理解、受容し、それぞれの親子関係や家庭生活等に配慮しながら、様々な機会をとらえ、適切に援助すること。

#### （三）保育の環境

保育の環境には、保育士等や子どもなどの人的環境、施設や遊具などの物的環境、更には自然や社会の事象などがある。保育所は、こうした人、物、場などの環境が相互に関連し合い、子どもの生活が豊かなものとなるよう、次の事項に留意しつつ、計画的に環境を構成し、工夫して保育しなければならない。

ア　子ども自らが環境に関わり、自発的に活動し、様々な経験を積んでいくことができるよう配慮すること。

イ　子どもの活動が豊かに展開されるよう、保育所の設備や環

境を整え、保育所の保健的環境や安全の確保などに努めること。
ウ　保育室は、温かな親しみとくつろぎの場となるとともに、生き生きと活動できる場となるように配慮すること。
エ　子どもが人と関わる力を育てていくため、子ども自らが周囲の子どもや大人と関わっていくことができる環境を整えること。

### 4　保育所の社会的責任

(一) 保育所は、子どもの人権に十分配慮するとともに、子ども一人一人の人格を尊重して保育を行わなければならない。
(二) 保育所は、地域社会との交流や連携を図り、保護者や地域社会に、当該保育所が行う保育の内容を適切に説明するよう努めなければならない。
(三) 保育所は、入所する子ども等の個人情報を適切に取り扱うとともに、保護者の苦情などに対し、その解決を図るよう努めなければならない。

---

## 第二章　子どもの発達

　子どもは、様々な環境との相互作用により発達していく。すなわち、子どもの発達は、子どもがそれまでの体験を基にして、環境に働きかけ、環境との相互作用を通して、豊かな心情、意欲及び態度を身に付け、新たな能力を獲得していく過程である。特に大切なのは、人との関わりであり、愛情豊かで思慮深い大人による保護や世話などを通して、大人と子どもの相互の関わりが十分に行われることが重要である。この関係を起点として、次第に他の子どもとの間でも相互に働きかけ、関わりを深め、人への信頼感と自己の主体性を形成していくのである。
　これらのことを踏まえ、保育士等は、次に示す子どもの発達の特性や発達過程を理解し、発達及び生活の連続性に配慮して保育しなければならない。その際、保育士等は、子どもと生活や遊びを共にする中で、一人一人の子どもの心身の状態を把握しながら、その発達の援助を行うことが必要である。

### 1　乳幼児期の発達の特性

(一) 子どもは、大人によって生命を守られ、愛され、信頼されることにより、情緒が安定するとともに、人への信頼感が育つ。そして、身近な環境（人、自然、事物、出来事など）に興味や関心を持ち、自発的に働きかけるなど、次第に自我が芽生える。
(二) 子どもは、子どもを取り巻く環境に主体的に関わることにより、心身の発達が促される。
(三) 子どもは、大人との信頼関係を基にして、子ども同士の関係を持つようになる。この相互の関わりを通じて、身体的な発達及び知的な発達とともに、情緒的、社会的及び道徳的な発達が促される。
(四) 乳幼児期は、生理的、身体的な諸条件や生育環境の違いにより、一人一人の心身の発達の個人差が大きい。
(五) 子どもは、遊びを通して、仲間との関係を育み、その中で個の成長も促される。
(六) 乳幼児期は、生涯にわたる生きる力の基礎が培われる時期であり、特に身体感覚を伴う多様な経験が積み重なることにより、豊かな感性とともに好奇心、探究心や思考力が養われる。また、それらがその後の生活や学びの基礎になる。

### 2　発達過程

　子どもの発達過程は、おおむね次に示す八つの区分としてとらえられる。ただし、この区分は、同年齢の子どもの均一的な発達の基準ではなく、一人一人の子どもの発達過程としてとらえるべきものである。また、様々な条件により、子どもに発達上の課題や保育所の生活になじみにくいなどの状態が見られても、保育士等は、子ども自身の力を十分に認め、一人一人の発達過程や心身の状態に応じた適切な援助及び環境構成を行うことが重要である。

#### (一) おおむね六か月未満

　誕生後、母体内から外界への急激な環境の変化に適応し、著しい発達が見られる。首がすわり、手足の動きが活発になり、その後、寝返り、腹ばいなど全身の動きが活発になる。視覚、聴覚などの感覚の発達はめざましく、泣く、笑うなどの表情の変化や体の動き、喃語などで自分の欲求を表現し、これに応答的に関わる特定の大人との間に情緒的な絆が形成される。

#### (二) おおむね六か月から一歳三か月未満

　座る、はう、立つ、つたい歩きといった運動機能が発達すること、及び腕や手先を意図的に動かせるようになることにより、周囲の人や物に興味を示し、探索活動が活発になる。特定の大人との応答的な関わりにより、情緒的な絆が深まり、あやしてもらうと喜ぶなどやり取りが盛んになる一方で、人見知りをするようになる。また、身近な大人との関係の中で、自分の意思や欲求を身振りなどで伝えようとし、大人から自分に向けられた気持ちや簡単な言葉が分かるようになる。食事は、離乳食から幼児食へ徐々に移行する。

#### (三) おおむね一歳三か月から二歳未満

　歩き始め、手を使い、言葉を話すようになることにより、身近な人や身の回りの物に自発的に働きかけていく。歩く、押す、つまむ、めくるなど様々な運動機能の発達や新しい行動の獲得により、環境に働きかける意欲を一層高める。その中で、物をやり取りしたり、取り合ったりする姿が見られるとともに、玩具等を実物に見立てるなどの象徴機能が発達し、人や物との関わりが強まる。また、大人の言うことが分かるようになり、自分の意思を親しい大人に伝えたいという欲求が高まる。指差し、身振り、片言などを盛んに使うようになり、二語文を話し始める。

#### (四) おおむね二歳

　歩く、走る、跳ぶなどの基本的な運動機能や、指先の機能が発達する。それに伴い、食事、衣類の着脱など身の回りのことを自分でしようとする。また、排泄の自立のための身体的機能も整ってくる。発声が明瞭になり、語彙も著しく増加し、自分の意思や欲求を言葉で表出できるようになる。行動範囲が広がり探索活動が盛んになる中、自我の育ちの表れとして、強く自己主張する姿が見られる。盛んに模倣し、物事の間の共通性を見

173

いだすことができるようになるとともに、象徴機能の発達により、大人と一緒に簡単なごっこ遊びを楽しむようになる。

（五）おおむね三歳

基本的な運動機能が伸び、それに伴い、食事、排泄、衣類の着脱などもほぼ自立できるようになる。話し言葉の基礎ができて、盛んに質問するなど知的興味や関心が高まる。自我がよりはっきりしてくるとともに、友達との関わりが多くなるが、実際には、同じ場所で同じような遊びをそれぞれが楽しんでいる平行遊びであることが多い。大人の行動や日常生活において経験したことをごっこ遊びに取り入れたり、象徴機能や観察力を発揮して、遊びの内容に発展性が見られるようになる。予想や意図、期待を持って行動できるようになる。

（六）おおむね四歳

全身のバランスを取る能力が発達し、体の動きが巧みになる。自然など身近な環境に積極的に関わり、様々な物の特性を知り、それらとの関わり方や遊び方を体得していく。想像力が豊かになり、目的を持って行動し、つくったり、かいたり、試したりするようになるが、自分の行動やその結果を予測して不安になるなどの葛藤も経験する。仲間とのつながりが強くなる中で、けんかも増えてくる。その一方で、決まりの大切さに気付き、守ろうとするようになる。感情が豊かになり、身近な人の気持ちを察し、少しずつ自分の気持ちを抑えられたり、我慢ができるようになってくる。

（七）おおむね五歳

基本的な生活習慣が身に付き、運動機能はますます伸び、喜んで運動遊びをしたり、仲間とともに活発に遊ぶ。言葉により共通のイメージを持って遊んだり、目的に向かって集団で行動することが増える。さらに、遊びを発展させ、楽しむために、自分たちで決まりを作ったりする。また、自分なりに考えて判断したり、批判する力が生まれ、けんかを自分たちで解決しようとするなど、お互いに相手を許したり、異なる思いや考えを認めたりといった社会生活に必要な基本的な力を身に付けていく。他人の役に立つことを嬉しく感じたりして、仲間の中の一人としての自覚が生まれる。

（八）おおむね六歳

全身運動が滑らかで巧みになり、快活に跳び回るようになる。これまでの体験から、自信や、予想や見通しを立てる力が育ち、心身ともに力があふれ、意欲が旺盛になる。仲間の意思を大切にしようとし、役割の分担が生まれるような協同遊びやごっこ遊びを行い、満足するまで取り組もうとする。様々な知識や経験を生かし、創意工夫を重ね、遊びを発展させる。思考力や認識力も高まり、自然事象や社会事象、文字などへの興味や関心も深まっていく。身近な大人に甘え、気持ちを休めることもあるが、様々な経験を通して自立心が一層高まっていく。

# 第三章　保育の内容

　保育の内容は、「ねらい」及び「内容」で構成される。「ねらい」は、第一章（総則）に示された保育の目標をより具体化したものであり、子どもが保育所において、安定した生活を送り、充実した活動ができるように、保育士等が行わなければならない事項及び子どもが身に付けることが望まれる心情、意欲、態度などの事項を示したものである。また、「内容」は、「ねらい」を達成するために、子どもの生活やその状況に応じて保育士等が適切に行う事項と、保育士等が援助して子どもが環境に関わって経験する事項を示したものである。

　保育士等が、「ねらい」及び「内容」を具体的に把握するための視点として、「養護に関わるねらい及び内容」と「教育に関わるねらい及び内容」との両面から示しているが、実際の保育においては、養護と教育が一体となって展開されることに留意することが必要である。

　ここにいう「養護」とは、子どもの生命の保持及び情緒の安定を図るために保育士等が行う援助や関わりである。また、「教育」とは、子どもが健やかに成長し、その活動がより豊かに展開されるための発達の援助であり、「健康」、「人間関係」、「環境」、「言葉」及び「表現」の五領域から構成される。この五領域並びに「生命の保持」及び「情緒の安定」に関わる保育の内容は、子どもの生活や遊びを通して相互に関連を持ちながら、総合的に展開されるものである。

## 1　保育のねらい及び内容

（一）養護に関わるねらい及び内容

ア　生命の保持

　　（ア）ねらい

①一人一人の子どもが、快適に生活できるようにする。

②一人一人の子どもが、健康で安全に過ごせるようにする。

③一人一人の子どもの生理的欲求が、十分に満たされるようにする。

④一人一人の子どもの健康増進が、積極的に図られるようにする。

（イ）内容

①一人一人の子どもの平常の健康状態や発育及び発達状態を的確に把握し、異常を感じる場合は、速やかに適切に対応する。

②家庭との連絡を密にし、嘱託医等との連携を図りながら、子どもの疾病や事故防止に関する認識を深め、保健的で安全な保育環境の維持及び向上に努める。

③清潔で安全な環境を整え、適切な援助や応答的な関わりを通して、子どもの生理的欲求を満たしていく。また、家庭と協力しながら、子どもの発達過程等に応じた適切な生活リズムが作られていくようにする。

④子どもの発達過程等に応じて、適度な運動と休息を取ることができるようにする。また、食事、排泄、睡眠、衣類の着脱、身の回りを清潔にすることなどについて、子どもが意欲的に生活できるよう適切に援助する。

イ　情緒の安定

　　（ア）ねらい

①一人一人の子どもが、安定感を持って過ごせるようにする。

②一人一人の子どもが、自分の気持ちを安心して表すことができるようにする。

③一人一人の子どもが、周囲から主体として受け止められ、主体として育ち、自分を肯定する気持ちが育まれていくようにする。
④一人一人の子どもの心身の疲れが癒されるようにする。
（イ）内容
①一人一人の子どもの置かれている状態や発達過程などを的確に把握し、子どもの欲求を適切に満たしながら、応答的な触れ合いや言葉がけを行う。
②一人一人の子どもの気持ちを受容し、共感しながら、子どもとの継続的な信頼関係を築いていく。
③保育士等との信頼関係を基盤に、一人一人の子どもが主体的に活動し、自発性や探索意欲などを高めるとともに、自分への自信を持つことができるよう成長の過程を見守り、適切に働きかける。
④一人一人の子どもの生活リズム、発達過程、保育時間などに応じて、活動内容のバランスや調和を図りながら、適切な食事や休息が取れるようにする。

（二）教育に関わるねらい及び内容
ア　健康
　健康な心と体を育て、自ら健康で安全な生活をつくり出す力を養う。
　（ア）ねらい
①明るく伸び伸びと行動し、充実感を味わう。
②自分の体を十分に動かし、進んで運動しようとする。
③健康、安全な生活に必要な習慣や態度を身に付ける。
　（イ）内容
①保育士等や友達と触れ合い、安定感を持って生活する。
②いろいろな遊びの中で十分に体を動かす。
③進んで戸外で遊ぶ。
④様々な活動に親しみ、楽しんで取り組む。
⑤健康な生活のリズムを身に付け、楽しんで食事をする。
⑥身の回りを清潔にし、衣類の着脱、食事、排泄など生活に必要な活動を自分でする。
⑦保育所における生活の仕方を知り、自分たちで生活の場を整えながら見通しを持って行動する。
⑧自分の健康に関心を持ち、病気の予防などに必要な活動を進んで行う。
⑨危険な場所や災害時などの行動の仕方が分かり、安全に気を付けて行動する。

イ　人間関係
　他の人々と親しみ、支え合って生活するために、自立心を育て、人と関わる力を養う。
　（ア）ねらい
①保育所生活を楽しみ、自分の力で行動することの充実感を味わう。
②身近な人と親しみ、関わりを深め、愛情や信頼感を持つ。
③社会生活における望ましい習慣や態度を身に付ける。
　（イ）内容
①安心できる保育士等との関係の下で、身近な大人や友達に関心を持ち、模倣して遊んだり、親しみを持って自ら関わろうとする。
②保育士等や友達との安定した関係の中で、共に過ごすことの喜びを味わう。
③自分で考え、自分で行動する。

④自分でできることは自分でする。
⑤友達と積極的に関わりながら喜びや悲しみを共感し合う。
⑥自分の思ったことを相手に伝え、相手の思っていることに気付く。
⑦友達の良さに気付き、一緒に活動する楽しさを味わう。
⑧友達と一緒に活動する中で、共通の目的を見いだし、協力して物事をやり遂げようとする気持ちを持つ。
⑨良いことや悪いことがあることに気付き、考えながら行動する。
⑩身近な友達との関わりを深めるとともに、異年齢の友達など、様々な友達と関わり、思いやりや親しみを持つ。
⑪友達と楽しく生活する中で決まりの大切さに気付き、守ろうとする。
⑫共同の遊具や用具を大切にし、みんなで使う。
⑬高齢者を始め地域の人々など自分の生活に関係の深いいろいろな人に親しみを持つ。
⑭外国人など、自分とは異なる文化を持った人に親しみを持つ。

ウ　環境
　周囲の様々な環境に好奇心や探究心を持って関わり、それらを生活に取り入れていこうとする力を養う。
　（ア）ねらい
①身近な環境に親しみ、自然と触れ合う中で様々な事象に興味や関心を持つ。
②身近な環境に自分から関わり、発見を楽しんだり、考えたりし、それを生活に取り入れようとする。
③身近な事物を見たり、考えたり、扱ったりする中で、物の性質や数量、文字などに対する感覚を豊かにする。
　（イ）内容
①安心できる人的及び物的環境の下で、聞く、見る、触れる、嗅ぐ、味わうなどの感覚の働きを豊かにする。
②好きな玩具や遊具に興味を持って関わり、様々な遊びを楽しむ。
③自然に触れて生活し、その大きさ、美しさ、不思議さなどに気付く。
④生活の中で、様々な物に触れ、その性質や仕組みに興味や関心を持つ。
⑤季節により自然や人間の生活に変化のあることに気付く。
⑥自然などの身近な事象に関心を持ち、遊びや生活に取り入れようとする。
⑦身近な動植物に親しみを持ち、いたわったり、大切にしたり、作物を育てたり、味わうなどして、生命の尊さに気付く。
⑧身近な物を大切にする。
⑨身近な物や遊具に興味を持って関わり、考えたり、試したりして工夫して遊ぶ。
⑩日常生活の中で数量や図形などに関心を持つ。
⑪日常生活の中で簡単な標識や文字などに関心を持つ。
⑫近隣の生活に興味や関心を持ち、保育所内外の行事などに喜んで参加する。

エ　言葉
　経験したことや考えたことなどを自分なりの言葉で表現し、相手の話す言葉を聞こうとする意欲や態度を育て、言葉に対する感覚や言葉で表現する力を養う。

（ア）ねらい
①自分の気持ちを言葉で表現する楽しさを味わう。
②人の言葉や話などをよく聞き、自分の経験したことや考えたことを話し、伝え合う喜びを味わう。
③日常生活に必要な言葉が分かるようになるとともに、絵本や物語などに親しみ、保育士等や友達と心を通わせる。
（イ）内容
①保育士等の応答的な関わりや話しかけにより、自ら言葉を使おうとする。
②保育士等と一緒にごっこ遊びなどをする中で、言葉のやり取りを楽しむ。
③保育士等や友達の言葉や話に興味や関心を持ち、親しみを持って聞いたり、話したりする。
④したこと、見たこと、聞いたこと、味わったこと、感じたこと、考えたことを自分なりに言葉で表現する。
⑤したいこと、してほしいことを言葉で表現したり、分からないことを尋ねたりする。
⑥人の話を注意して聞き、相手に分かるように話す。
⑦生活の中で必要な言葉が分かり、使う。
⑧親しみを持って日常のあいさつをする。
⑨生活の中で言葉の楽しさや美しさに気付く。
⑩いろいろな体験を通じてイメージや言葉を豊かにする。
⑪絵本や物語などに親しみ、興味を持って聞き、想像する楽しさを味わう。
⑫日常生活の中で、文字などで伝える楽しさを味わう。

オ　表現
　感じたことや考えたことを自分なりに表現することを通して、豊かな感性や表現する力を養い、創造性を豊かにする。
（ア）ねらい
①いろいろな物の美しさなどに対する豊かな感性を持つ。
②感じたことや考えたことを自分なりに表現して楽しむ。
③生活の中でイメージを豊かにし、様々な表現を楽しむ。
（イ）内容
①水、砂、土、紙、粘土など様々な素材に触れて楽しむ。
②保育士等と一緒に歌ったり、手遊びをしたり、リズムに合わせて体を動かしたりして遊ぶ。
③生活の中で様々な音、色、形、手触り、動き、味、香りなどに気付いたり、感じたりして楽しむ。
④生活の中で様々な出来事に触れ、イメージを豊かにする。
⑤様々な出来事の中で、感動したことを伝え合う楽しさを味わう。
⑥感じたこと、考えたことなどを音や動きなどで表現したり、自由にかいたり、つくったりする。
⑦いろいろな素材や用具に親しみ、工夫して遊ぶ。
⑧音楽に親しみ、歌を歌ったり、簡単なリズム楽器を使ったりする楽しさを味わう。
⑨かいたり、つくったりすることを楽しみ、それを遊びに使ったり、飾ったりする。
⑩自分のイメージを動きや言葉などで表現したり、演じて遊んだりする楽しさを味わう。

## 2　保育の実施上の配慮事項

　保育士等は、一人一人の子どもの発達過程やその連続性を踏まえ、ねらいや内容を柔軟に取り扱うとともに、特に、次の事項に配慮して保育しなければならない。

（一）保育に関わる全般的な配慮事項
ア　子どもの心身の発達及び活動の実態などの個人差を踏まえるとともに、一人一人の子どもの気持ちを受け止め、援助すること。
イ　子どもの健康は、生理的、身体的な育ちとともに、自主性や社会性、豊かな感性の育ちとがあいまってもたらされることに留意すること。
ウ　子どもが自ら周囲に働きかけ、試行錯誤しつつ自分の力で行う活動を見守りながら、適切に援助すること。
エ　子どもの入所時の保育に当たっては、できるだけ個別的に対応し、子どもが安定感を得て、次第に保育所の生活になじんでいくようにするとともに、既に入所している子どもに不安や動揺を与えないよう配慮すること。
オ　子どもの国籍や文化の違いを認め、互いに尊重する心を育てるよう配慮すること。
カ　子どもの性差や個人差にも留意しつつ、性別などによる固定的な意識を植え付けることがないよう配慮すること。

（二）乳児保育に関わる配慮事項
ア　乳児は疾病への抵抗力が弱く、心身の機能の未熟さに伴う疾病の発生が多いことから、一人一人の発育及び発達状態や健康状態についての適切な判断に基づく保健的な対応を行うこと。
イ　一人一人の子どもの生育歴の違いに留意しつつ、欲求を適切に満たし、特定の保育士が応答的に関わるように努めること。
ウ　乳児保育に関わる職員間の連携や嘱託医との連携を図り、第五章（健康及び安全）に示された事項を踏まえ、適切に対応すること。栄養士及び看護師等が配置されている場合は、その専門性を生かした対応を図ること。
エ　保護者との信頼関係を築きながら保育を進めるとともに、保護者からの相談に応じ、保護者への支援に努めていくこと。
オ　担当の保育士が替わる場合には、子どものそれまでの経験や発達過程に留意し、職員間で協力して対応すること。

（三）三歳未満児の保育に関わる配慮事項
ア　特に感染症にかかりやすい時期であるので、体の状態、機嫌、食欲などの日常の状態の観察を十分に行うとともに、適切な判断に基づく保健的な対応を心がけること。
イ　食事、排泄、睡眠、衣類の着脱、身の回りを清潔にすることなど、生活に必要な基本的な習慣については、一人一人の状態に応じ、落ち着いた雰囲気の中で行うようにし、子どもが自分でしようとする気持ちを尊重すること。
ウ　探索活動が十分できるように、事故防止に努めながら活動しやすい環境を整え、全身を使う遊びなど様々な遊びを取り入れること。
エ　子どもの自我の育ちを見守り、その気持ちを受け止めるとともに、保育士等が仲立ちとなって、友達の気持ちや友達との関わり方を丁寧に伝えていくこと。
オ　情緒の安定を図りながら、子どもの自発的な活動を促していくこと。
カ　担当の保育士が替わる場合には、子どものそれまでの経験や発達過程に留意し、職員間で協力して対応すること。

（四）三歳以上児の保育に関わる配慮事項
ア　生活に必要な基本的な習慣や態度を身に付けることの大切

さを理解し、適切な行動を選択できるよう配慮すること。
イ 子どもの情緒が安定し、自己を十分に発揮して活動することを通して、やり遂げる喜びや自信を持つことができるように配慮すること。
ウ 様々な遊びの中で、全身を動かして意欲的に活動することにより、体の諸機能の発達が促されることに留意し、子どもの興味や関心が戸外にも向くようにすること。
エ けんかなど葛藤を経験しながら次第に相手の気持ちを理解し、相互に必要な存在であることを実感できるよう配慮すること。
オ 生活や遊びを通して、決まりがあることの大切さに気付き、自ら判断して行動できるよう配慮すること。
カ 自然との触れ合いにより、子どもの豊かな感性や認識力、思考力及び表現力が培われることを踏まえ、自然との関わりを深めることができるよう工夫すること。
キ 自分の気持ちや経験を自分なりの言葉で表現することの大切さに留意し、子どもの話しかけに応じるよう心がけること。また、子どもが仲間と伝え合ったり、話し合うことの楽しさが味わえるようにすること。
ク 感じたことや思ったこと、想像したことなどを、様々な方法で創意工夫を凝らして自由に表現できるよう、保育に必要な素材や用具を始め、様々な環境の設定に留意すること。
ケ 保育所の保育が、小学校以降の生活や学習の基盤の育成につながることに留意し、幼児期にふさわしい生活を通して、創造的な思考や主体的な生活態度などの基礎を培うようにすること。

# 第四章　保育の計画及び評価

保育所は、第一章（総則）に示された保育の目標を達成するために、保育の基本となる「保育課程」を編成するとともに、これを具体化した「指導計画」を作成しなければならない。

保育課程及び指導計画（以下「保育の計画」という。）は、すべての子どもが、入所している間、安定した生活を送り、充実した活動ができるように、柔軟で発展的なものとし、また、一貫性のあるものとなるよう配慮することが重要である。

また、保育所は、保育の計画に基づいて保育し、保育の内容の評価及びこれに基づく改善に努め、保育の質の向上を図るとともに、その社会的責任を果たさなければならない。

## 1 保育の計画

### (一) 保育課程
ア 保育課程は、各保育所の保育の方針や目標に基づき、第二章（子どもの発達）に示された子どもの発達過程を踏まえ、前章（保育の内容）に示されたねらい及び内容が保育所生活の全体を通して、総合的に展開されるよう、編成されなければならない。
イ 保育課程は、地域の実態、子どもや家庭の状況、保育時間などを考慮し、子どもの育ちに関する長期的見通しを持って適切に編成されなければならない。
ウ 保育課程は、子どもの生活の連続性や発達の連続性に留意し、各保育所が創意工夫して保育できるよう、編成されなければならない。

### (二) 指導計画
ア 指導計画の作成
指導計画の作成に当たっては、次の事項に留意しなければならない。
　(ア) 保育課程に基づき、子どもの生活や発達を見通した長期的な指導計画と、それに関連しながら、より具体的な子どもの日々の生活に即した短期的な指導計画を作成して、保育が適切に展開されるようにすること。
　(イ) 子ども一人一人の発達過程や状況を十分に踏まえること。
　(ウ) 保育所の生活における子どもの発達過程を見通し、生活の連続性、季節の変化などを考慮し、子どもの実態に即した具体的なねらい及び内容を設定すること。
　(エ) 具体的なねらいが達成されるよう、子どもの生活する姿や発想を大切にして適切な環境を構成し、子どもが主体的に活動できるようにすること。
イ 指導計画の展開
指導計画に基づく保育の実施に当たっては、次の事項に留意しなければならない。
　(ア) 施設長、保育士などすべての職員による適切な役割分担と協力体制を整えること。
　(イ) 子どもが行う具体的な活動は、生活の中で様々に変化することに留意して、子どもが望ましい方向に向かって自ら活動を展開できるよう必要な援助を行うこと。
　(ウ) 子どもの主体的な活動を促すためには、保育士等が多様な関わりを持つことが重要であることを踏まえ、子どもの情緒の安定や発達に必要な豊かな体験が得られるよう援助すること。
　(エ) 保育士等は、子どもの実態や子どもを取り巻く状況の変化などに即して保育の過程を記録するとともに、これらを踏まえ、指導計画に基づく保育の内容の見直しを行い、改善を図ること。

### (三) 指導計画の作成上、特に留意すべき事項
指導計画の作成に当たっては、第二章（子どもの発達）、前章（保育の内容）及びその他の関連する章に示された事項を踏まえ、特に次の事項に留意しなければならない。
ア 発達過程に応じた保育
　(ア) 三歳未満児については、一人一人の子どもの生育歴、心身の発達、活動の実態等に即して、個別的な計画を作成すること。
　(イ) 三歳以上児については、個の成長と、子ども相互の関係や協同的な活動が促されるよう配慮すること。
　(ウ) 異年齢で構成される組やグループでの保育においては、一人一人の子どもの生活や経験、発達過程などを把握し、適切な援助や環境構成ができるよう配慮すること。
イ 長時間にわたる保育

長時間にわたる保育については、子どもの発達過程、生活のリズム及び心身の状態に十分配慮して、保育の内容や方法、職員の協力体制、家庭との連携などを指導計画に位置付けること。
ウ　障害のある子どもの保育
(ア) 障害のある子どもの保育については、一人一人の子どもの発達過程や障害の状態を把握し、適切な環境の下で、障害のある子どもが他の子どもとの生活を通して共に成長できるよう、指導計画の中に位置付けること。また、子どもの状況に応じた保育を実施する観点から、家庭や関係機関と連携した支援のための計画を個別に作成するなど適切な対応を図ること。
(イ) 保育の展開に当たっては、その子どもの発達の状況や日々の状態によっては、指導計画にとらわれず、柔軟に保育したり、職員の連携体制の中で個別の関わりが十分行えるようにすること。
(ウ) 家庭との連携を密にし、保護者との相互理解を図りながら、適切に対応すること。
(エ) 専門機関との連携を図り、必要に応じて助言等を得ること。
エ　小学校との連携
(ア) 子どもの生活や発達の連続性を踏まえ、保育の内容の工夫を図るとともに、就学に向けて、保育所の子どもと小学校の児童との交流、職員同士の交流、情報共有や相互理解など小学校との積極的な連携を図るよう配慮すること。
(イ) 子どもに関する情報共有に関して、保育所に入所している子どもの就学に際し、市町村の支援の下に、子どもの育ちを支えるための資料が保育所から小学校へ送付されるようにすること。
オ　家庭及び地域社会との連携
子どもの生活の連続性を踏まえ、家庭及び地域社会と連携して保育が展開されるよう配慮すること。その際、家庭や地域の機関及び団体の協力を得て、地域の自然、人材、行事、施設等の資源を積極的に活用し、豊かな生活体験を始め保育内容の充実が図られるよう配慮すること。

### 2　保育の内容等の自己評価

#### (一) 保育士等の自己評価

ア　保育士等は、保育の計画や保育の記録を通して、自らの保育実践を振り返り、自己評価することを通して、その専門性の向上や保育実践の改善に努めなければならない。
イ　保育士等による自己評価に当たっては、次の事項に留意しなければならない。
(ア) 子どもの活動内容やその結果だけでなく、子どもの心の育ちや意欲、取り組む過程などに十分配慮すること。
(イ) 自らの保育実践の振り返りや職員相互の話し合い等を通じて、専門性の向上及び保育の質の向上のための課題を明確にするとともに、保育所全体の保育の内容に関する認識を深めること。

#### (二) 保育所の自己評価

ア　保育所は、保育の質の向上を図るため、保育の計画の展開や保育士等の自己評価を踏まえ、当該保育所の保育の内容等について、自ら評価を行い、その結果を公表するよう努めなければならない。
イ　保育所の自己評価を行うに当たっては、次の事項に留意しなければならない。
(ア) 地域の実情や保育所の実態に即して、適切に評価の観点や項目等を設定し、全職員による共通理解を持って取り組むとともに、評価の結果を踏まえ、当該保育所の保育の内容等の改善を図ること。
(イ) 児童福祉施設の設備及び運営に関する基準第三十六条の趣旨を踏まえ、保育の内容等の評価に関し、保護者及び地域住民等の意見を聴くことが望ましいこと。

# 第五章　健康及び安全

子どもの健康及び安全は、子どもの生命の保持と健やかな生活の基本であり、保育所においては、一人一人の子どもの健康の保持及び増進並びに安全の確保とともに、保育所の子ども集団全体の健康及び安全の確保に努めなければならない。また、子どもが、自らの体や健康に関心を持ち、心身の機能を高めていくことが大切である。このため、保育所は、第一章（総則）、第三章（保育の内容）等の関連する事項に留意し、次に示す事項を踏まえ、保育しなければならない。

## 1　子どもの健康支援

### (一) 子どもの健康状態並びに発育及び発達状態の把握

ア　子どもの心身の状態に応じて保育するために、子どもの健康状態並びに発育及び発達状態について、定期的、継続的に、また、必要に応じて随時、把握すること。
イ　保護者からの情報とともに、登所時及び保育中を通じて子どもの状態を観察し、何らかの疾病が疑われる状態や傷害が認められた場合には、保護者に連絡するとともに、嘱託医と相談するなど適切な対応を図ること。
ウ　子どもの心身の状態等を観察し、不適切な養育の兆候が見られる場合には、市町村や関係機関と連携し、児童福祉法第二十五条の二第一項に規定する要保護児童対策地域協議会（以下「要保護児童対策地域協議会」という。）で検討するなど適切な対応を図ること。また、虐待が疑われる場合には、速やかに市町村又は児童相談所に通告し、適切な対応を図ること。

### (二) 健康増進

ア　子どもの健康に関する保健計画を作成し、全職員がそのねらいや内容を明確にしながら、一人一人の子どもの健康の保持及び増進に努めていくこと。
イ　子どもの心身の健康状態や疾病等の把握のために、嘱託医等により定期的に健康診断を行い、その結果を記録し、保育に活用するとともに、保護者に連絡し、保護者が子ども

の状態を理解し、日常生活に活用できるようにすること。

#### （三）疾病等への対応
ア　保育中に体調不良や傷害が発生した場合には、その子どもの状態等に応じて、保護者に連絡するとともに、適宜、嘱託医や子どものかかりつけ医等と相談し、適切な処置を行うこと。看護師等が配置されている場合には、その専門性を生かした対応を図ること。

イ　感染症やその他の疾病の発生予防に努め、その発生や疑いがある場合には、必要に応じて嘱託医、市町村、保健所等に連絡し、その指示に従うとともに、保護者や全職員に連絡し、協力を求めること。また、感染症に関する保育所の対応方法等について、あらかじめ関係機関の協力を得ておくこと。看護師等が配置されている場合には、その専門性を生かした対応を図ること。

ウ　子どもの疾病等の事態に備え、医務室等の環境を整え、救急用の薬品、材料等を常備し、適切な管理の下に全職員が対応できるようにしておくこと。

### 2　環境及び衛生管理並びに安全管理

#### （一）環境及び衛生管理
ア　施設の温度、湿度、換気、採光、音などの環境を常に適切な状態に保持するとともに、施設内外の設備、用具等の衛生管理に努めること。

イ　子ども及び職員が、手洗い等により清潔を保つようにするとともに、施設内外の保健的環境の維持及び向上に努めること。

#### （二）事故防止及び安全対策
ア　保育中の事故防止のために、子どもの心身の状態等を踏まえつつ、保育所内外の安全点検に努め、安全対策のために職員の共通理解や体制作りを図るとともに、家庭や地域の諸機関の協力の下に安全指導を行うこと。

イ　災害や事故の発生に備え、危険箇所の点検や避難訓練を実施するとともに、外部からの不審者等の侵入防止のための措置や訓練など不測の事態に備えて必要な対応を図ること。また、子どもの精神保健面における対応に留意すること。

### 3　食育の推進

保育所における食育は、健康な生活の基本としての「食を営む力」の育成に向け、その基礎を培うことを目標として、次の事項に留意して実施しなければならない。

（一）子どもが生活と遊びの中で、意欲を持って食に関わる体験を積み重ね、食べることを楽しみ、食事を楽しみ合う子どもに成長していくことを期待するものであること。

（二）乳幼児期にふさわしい食生活が展開され、適切な援助が行われるよう、食事の提供を含む食育の計画を作成し、保育の計画に位置付けるとともに、その評価及び改善に努めること。

（三）子どもが自らの感覚や体験を通して、自然の恵みとしての食材や調理する人への感謝の気持ちが育つように、子どもと調理員との関わりや、調理室など食に関わる保育環境に配慮すること。

（四）体調不良、食物アレルギー、障害のある子どもなど、一人一人の子どもの心身の状態等に応じ、嘱託医、かかりつけ医等の指示や協力の下に適切に対応すること。栄養士が配置されている場合は、専門性を生かした対応を図ること。

### 4　健康及び安全の実施体制等

施設長は、入所する子どもの健康及び安全に最終的な責任を有することにかんがみ、この章の1から3までに規定する事項が保育所において適切に実施されるように、次の事項に留意し、保育所における健康及び安全の実施体制等の整備に努めなければならない。

（一）全職員が健康及び安全に関する共通理解を深め、適切な分担と協力の下に年間を通じて計画的に取り組むこと。

（二）取組の方針や具体的な活動の企画立案及び保育所内外の連絡調整の業務について、専門的職員が担当することが望ましいこと。栄養士及び看護師等が配置されている場合には、その専門性を生かして業務に当たること。

（三）保護者と常に密接な連携を図るとともに、保育所全体の方針や取組について、周知するよう努めること。

（四）市町村の支援の下に、地域の関係機関等との日常的な連携を図り、必要な協力が得られるよう努めること。

## 第六章　保護者に対する支援

保育所における保護者への支援は、保育士等の業務であり、その専門性を生かした子育て支援の役割は、特に重要なものである。保育所は、第一章（総則）に示されているように、その特性を生かし、保育所に入所する子どもの保護者に対する支援及び地域の子育て家庭への支援について、職員間の連携を図りながら、次の事項に留意して、積極的に取り組むことが求められる。

### 1　保育所における保護者に対する支援の基本

（一）子どもの最善の利益を考慮し、子どもの福祉を重視すること。

（二）保護者とともに、子どもの成長の喜びを共有すること。

（三）保育に関する知識や技術などの保育士の専門性や、子どもの集団が常に存在する環境など、保育所の特性を生かすこと。

（四）一人一人の保護者の状況を踏まえ、子どもと保護者の安定した関係に配慮して、保護者の養育力の向上に資するよう、適切に支援すること。

（五）子育て等に関する相談や助言に当たっては、保護者の気持ちを受け止め、相互の信頼関係を基本に、保護者一人一人の自己決定を尊重すること。

（六）子どもの利益に反しない限りにおいて、保護者や子どものプライバシーの保護、知り得た事柄の秘密保持に留意すること。

（七）地域の子育て支援に関する資源を積極的に活用するとともに、子育て支援に関する地域の関係機関、団体等との連携及び協力を図ること。

## 2　保育所に入所している子どもの保護者に対する支援

（一）保育所に入所している子どもの保護者に対する支援は、子どもの保育との密接な関連の中で、子どもの送迎時の対応、相談や助言、連絡や通信、会合や行事など様々な機会を活用して行うこと。

（二）保護者に対し、保育所における子どもの様子や日々の保育の意図などを説明し、保護者との相互理解を図るよう努めること。

（三）保育所において、保護者の仕事と子育ての両立等を支援するため、通常の保育に加えて、保育時間の延長、休日、夜間の保育、病児・病後児に対する保育など多様な保育を実施する場合には、保護者の状況に配慮するとともに、子どもの福祉が尊重されるよう努めること。

（四）子どもに障害や発達上の課題が見られる場合には、市町村や関係機関と連携及び協力を図りつつ、保護者に対する個別の支援を行うよう努めること。

（五）保護者に育児不安等が見られる場合には、保護者の希望に応じて個別の支援を行うよう努めること。

（六）保護者に不適切な養育等が疑われる場合には、市町村や関係機関と連携し、要保護児童対策地域協議会で検討するなど適切な対応を図ること。また、虐待が疑われる場合には、速やかに市町村又は児童相談所に通告し、適切な対応を図ること。

## 3　地域における子育て支援

（一）保育所は、児童福祉法第四十八条の三の規定に基づき、その行う保育に支障がない限りにおいて、地域の実情や当該保育所の体制等を踏まえ、次に掲げるような地域の保護者等に対する子育て支援を積極的に行うよう努めること。
　ア　地域の子育ての拠点としての機能
　　（ア）子育て家庭への保育所機能の開放（施設及び設備の開放、体験保育等）
　　（イ）子育て等に関する相談や援助の実施
　　（ウ）子育て家庭の交流の場の提供及び交流の促進
　　（エ）地域の子育て支援に関する情報の提供
　イ　一時保育

（二）市町村の支援を得て、地域の関係機関、団体等との積極的な連携及び協力を図るとともに、子育て支援に関わる地域の人材の積極的な活用を図るよう努めること。

（三）地域の要保護児童への対応など、地域の子どもをめぐる諸課題に対し、要保護児童対策地域協議会など関係機関等と連携、協力して取り組むよう努めること。

# 第七章　職員の資質向上

　第一章（総則）から前章（保護者に対する支援）までに示された事項を踏まえ、保育所は、質の高い保育を展開するため、絶えず、一人一人の職員についての資質向上及び職員全体の専門性の向上を図るよう努めなければならない。

## 1　職員の資質向上に関する基本的事項

　職員の資質向上に関しては、次の事項に留意して取り組むよう努めなければならない。

（一）子どもの最善の利益を考慮し、人権に配慮した保育を行うためには、職員一人一人の倫理観、人間性並びに保育所職員としての職務及び責任の理解と自覚が基盤となること。

（二）保育所全体の保育の質の向上を図るため、職員一人一人が、保育実践や研修などを通じて保育の専門性などを高めるとともに、保育実践や保育の内容に関する職員の共通理解を図り、協働性を高めていくこと。

（三）職員同士の信頼関係とともに、職員と子ども及び職員と保護者との信頼関係を形成していく中で、常に自己研鑽に努め、喜びや意欲を持って保育に当たること。

## 2　施設長の責務

　施設長は、保育の質及び職員の資質の向上のため、次の事項に留意するとともに、必要な環境の確保に努めなければならない。

（一）施設長は、保育所の役割や社会的責任を遂行するために、法令等を遵守し、保育所を取り巻く社会情勢などを踏まえ、その専門性等の向上に努めること。

（二）第四章（保育の計画及び評価）の2の（一）（保育士等の自己評価）及び（二）（保育所の自己評価）等を踏まえ、職員が保育所の課題について共通理解を深め、協力して改善に努めることができる体制を作ること。

（三）職員及び保育所の課題を踏まえた保育所内外の研修を体系的、計画的に実施するとともに、職員の自己研鑽に対する援助や助言に努めること。

## 3　職員の研修等

（一）職員は、子どもの保育及び保護者に対する保育に関する指導が適切に行われるように、自己評価に基づく課題等を踏まえ、保育所内外の研修等を通じて、必要な知識及び技術の修得、維持及び向上に努めなければならない。

（二）職員一人一人が課題を持って主体的に学ぶとともに、他の職員や地域の関係機関など、様々な人や場との関わりの中で共に学び合う環境を醸成していくことにより、保育所の活性化を図っていくことが求められる。

# 幼稚園教育要領

2008（平成20）年3月28日文部科学省告示
2009（平成21）年4月1日施行

## 第1章　総則

### 第1　幼稚園教育の基本

　幼児期における教育は、生涯にわたる人格形成の基礎を培う重要なものであり、幼稚園教育は、学校教育法第22条に規定する目的を達成するため、幼児期の特性を踏まえ、環境を通して行うものであることを基本とする。

　このため、教師は幼児との信頼関係を十分に築き、幼児と共によりよい教育環境を創造するように努めるものとする。これらを踏まえ、次に示す事項を重視して教育を行わなければならない。

1. 幼児は安定した情緒の下で自己を十分に発揮することにより発達に必要な体験を得ていくものであることを考慮して、幼児の主体的な活動を促し、幼児期にふさわしい生活が展開されるようにすること。
2. 幼児の自発的な活動としての遊びは、心身の調和のとれた発達の基礎を培う重要な学習であることを考慮して、遊びを通しての指導を中心として第2章に示すねらいが総合的に達成されるようにすること。
3. 幼児の発達は、心身の諸側面が相互に関連し合い、多様な経過をたどって成し遂げられていくものであること、また、幼児の生活経験がそれぞれ異なることなどを考慮して、幼児一人一人の特性に応じ、発達の課題に即した指導を行うようにすること。

　その際、教師は、幼児の主体的な活動が確保されるよう幼児一人一人の行動の理解と予想に基づき、計画的に環境を構成しなければならない。この場合において、教師は、幼児と人やものとのかかわりが重要であることを踏まえ、物的・空間的環境を構成しなければならない。また、教師は、幼児一人一人の活動の場面に応じて、様々な役割を果たし、その活動を豊かにしなければならない。

### 第2　教育課程の編成

　幼稚園は、家庭との連携を図りながら、この章の第1に示す幼稚園教育の基本に基づいて展開される幼稚園生活を通して、生きる力の基礎を育成するよう学校教育法第23条に規定する幼稚園教育の目標の達成に努めなければならない。幼稚園は、このことにより、義務教育及びその後の教育の基礎を培うものとする。

　これらを踏まえ、各幼稚園においては、教育基本法及び学校教育法その他の法令並びにこの幼稚園教育要領の示すところに従い、創意工夫を生かし、幼児の心身の発達と幼稚園及び地域の実態に即応した適切な教育課程を編成するものとする。

1. 幼稚園生活の全体を通して第2章に示すねらいが総合的に達成されるよう、教育課程に係る教育期間や幼児の生活経験や発達の過程などを考慮して具体的なねらいと内容を組織しなければならないこと。この場合においては、特に、自我が芽生え、他者の存在を意識し、自己を抑制しようとする気持ちが生まれる幼児期の発達の特性を踏まえ、入園から修了に至るまでの長期的な視野をもって充実した生活が展開できるように配慮しなければならないこと。
2. 幼稚園の毎学年の教育課程に係る教育週数は、特別の事情のある場合を除き、39週を下ってはならないこと。
3. 幼稚園の1日の教育課程に係る教育時間は、4時間を標準とすること。ただし、幼児の心身の発達の程度や季節などに適切に配慮すること。

### 第3　教育課程に係る教育時間の終了後等に行う教育活動など

　幼稚園は、地域の実態や保護者の要請により教育課程に係る教育時間の終了後等に希望する者を対象に行う教育活動について、学校教育法第22条及び第23条並びにこの章の第1に示す幼稚園教育の基本を踏まえ実施すること。また、幼稚園の目的の達成に資するため、幼児の生活全体が豊かなものとなるよう家庭や地域における幼児期の教育の支援に努めること。

## 第2章　ねらい及び内容

　この章に示すねらいは、幼稚園修了までに育つことが期待される生きる力の基礎となる心情、意欲、態度などであり、内容は、ねらいを達成するために指導する事項である。これらを幼児の発達の側面から、心身の健康に関する領域「健康」、人とのかかわりに関する領域「人間関係」、身近な環境とのかかわりに関する領域「環境」、言葉の獲得に関する領域「言葉」及び感性と表現に関する領域「表現」としてまとめ、示したものである。

　各領域に示すねらいは、幼稚園における生活の全体を通じ、幼児が様々な体験を積み重ねる中で相互に関連をもちながら次第に達成に向かうものであること、内容は、幼児が環境にかかわって展開する具体的な活動を通して総合的に指導されるものであることに留意しなければならない。

　なお、特に必要な場合には、各領域に示すねらいの趣旨に基づいて適切な、具体的な内容を工夫し、それを加えても差し支えないが、その場合には、それが第1章の第1に示す幼稚園教育の基本を逸脱しないよう慎重に配慮する必要がある。

健康
　健康な心と体を育て、自ら健康で安全な生活をつくり出す力を養う。
1　ねらい
（1）　明るく伸び伸びと行動し、充実感を味わう。
（2）　自分の体を十分に動かし、進んで運動しようとする。
（3）　健康、安全な生活に必要な習慣や態度を身に付ける。
2　内容
（1）　先生や友達と触れ合い、安定感をもって行動する。
（2）　いろいろな遊びの中で十分に体を動かす。
（3）　進んで戸外で遊ぶ。
（4）　様々な活動に親しみ、楽しんで取り組む。
（5）　先生や友達と食べることを楽しむ。
（6）　健康な生活のリズムを身に付ける。
（7）　身の回りを清潔にし、衣服の着脱、食事、排泄などの生活に必要な活動を自分でする。
（8）　幼稚園における生活の仕方を知り、自分たちで生活の場を整えながら見通しをもって行動する。
（9）　自分の健康に関心をもち、病気の予防などに必要な活動を進んで行う。
（10）　危険な場所、危険な遊び方、災害時などの行動の仕方が分かり、安全に気を付けて行動する。
3　内容の取扱い
　上記の取扱いに当たっては、次の事項に留意する必要がある。
（1）　心と体の健康は、相互に密接な関連があるものであることを踏まえ、幼児が教師や他の幼児との温かい触れ合いの中で自己の存在感や充実感を味わうことなどを基盤として、しなやかな心と体の発達を促すこと。特に、十分に体を動かす気持ちよさを体験し、自ら体を動かそうとする意欲が育つようにすること。
（2）　様々な遊びの中で、幼児が興味や関心、能力に応じて全身を使って活動することにより、体を動かす楽しさを味わい、安全についての構えを身に付け、自分の体を大切にしようとする気持ちが育つようにすること。
（3）　自然の中で伸び伸びと体を動かして遊ぶことにより、体の諸機能の発達が促されることに留意し、幼児の興味や関心が戸外にも向くようにすること。その際、幼児の動線に配慮した園庭や遊具の配置などを工夫すること。
（4）　健康な心と体を育てるためには食育を通じた望ましい食習慣の形成が大切であることを踏まえ、幼児の食生活の実情に配慮し、和やかな雰囲気の中で教師や他の幼児と食べる喜びや楽しさを味わったり、様々な食べ物への興味や関心をもったりするなどし、進んで食べようとする気持ちが育つようにすること。
（5）　基本的な生活習慣の形成に当たっては、家庭での生活経験に配慮し、幼児の自立心を育て、幼児が他の幼児とかかわりながら主体的な活動を展開する中で、生活に必要な習慣を身に付けるようにすること。

人間関係
　他の人々と親しみ、支え合って生活するために、自立心を育て、人とかかわる力を養う。
1　ねらい
（1）　幼稚園生活を楽しみ、自分の力で行動することの充実感を味わう。
（2）　身近な人と親しみ、かかわりを深め、愛情や信頼感をもつ。
（3）　社会生活における望ましい習慣や態度を身に付ける。
2　内容
（1）　先生や友達と共に過ごすことの喜びを味わう。
（2）　自分で考え、自分で行動する。
（3）　自分でできることは自分でする。
（4）　いろいろな遊びを楽しみながら物事をやり遂げようとする気持ちをもつ。
（5）　友達と積極的にかかわりながら喜びや悲しみを共感し合う。
（6）　自分の思ったことを相手に伝え、相手の思っていることに気付く。
（7）　友達のよさに気付き、一緒に活動する楽しさを味わう。
（8）　友達と楽しく活動する中で、共通の目的を見いだし、工夫したり、協力したりなどする。
（9）　よいことや悪いことがあることに気付き、考えながら行動する。
（10）　友達とのかかわりを深め、思いやりをもつ。
（11）　友達と楽しく生活する中できまりの大切さに気付き、守ろうとする。
（12）　共同の遊具や用具を大切にし、みんなで使う。
（13）　高齢者をはじめ地域の人々などの自分の生活に関係の深いいろいろな人に親しみをもつ。
3　内容の取扱い
　上記の取扱いに当たっては、次の事項に留意する必要がある。
（1）　教師との信頼関係に支えられて自分自身の生活を確立していくことが人とかかわる基盤となることを考慮し、幼児が自ら周囲に働き掛けることにより多様な感情を体験し、試行錯誤しながら自分の力で行うことの充実感を味わうことができるよう、幼児の行動を見守りながら適切な援助を行うようにすること。
（2）　幼児の主体的な活動は、他の幼児とのかかわりの中で深まり、豊かになるものであり、幼児はその中で互いに必要な存在であることを認識するようになることを踏まえ、一人一人を生かした集団を形成しながら人とかかわる力を育てていくようにすること。特に、集団の生活の中で、幼児が自己を発揮し、教師や他の幼児に認められる体験をし、自信をもって行動できるようにすること。
（3）　幼児が互いにかかわりを深め、協同して遊ぶようになるため、自ら行動する力を育てるようにするとともに、他の幼児と試行錯誤しながら活動を展開する楽しさや共通の目的が実現する喜びを味わうことができるようにすること。
（4）　道徳性の芽生えを培うに当たっては、基本的な生活習慣の形成を図るとともに、幼児が他の幼児とのかかわりの中で他人の存在に気付き、相手を尊重する気持ちをもって行動できるようにし、また、自然や身近な動植物に親しむことなどを通して豊かな心情が育つようにすること。特に、人に対する信頼感や思いやりの気持ちは、葛藤やつまずきをも体験し、それらを乗り越えることにより次第に芽生えてくることに配慮すること。
（5）　集団の生活を通して、幼児が人とのかかわりを深め、規範意識の芽生えが培われることを考慮し、幼児が教師との

信頼関係に支えられて自己を発揮する中で、互いに思いを主張し、折り合いを付ける体験をし、きまりの必要性などに気付き、自分の気持ちを調整する力が育つようにすること。
(6) 高齢者をはじめ地域の人々などの自分の生活に関係の深いいろいろな人と触れ合い、自分の感情や意志を表現しながら共に楽しみ、共感し合う体験を通して、これらの人々などに親しみをもち、人とかかわることの楽しさや人の役に立つ喜びを味わうことができるようにすること。また、生活を通して親や祖父母などの家族の愛情に気付き、家族を大切にしようとする気持ちが育つようにすること。

### 環境
周囲の様々な環境に好奇心や探究心をもってかかわり、それらを生活に取り入れていこうとする力を養う。

1　ねらい
(1) 身近な環境に親しみ、自然と触れ合う中で様々な事象に興味や関心をもつ。
(2) 身近な環境に自分からかかわり、発見を楽しんだり、考えたりし、それを生活に取り入れようとする。
(3) 身近な事象を見たり、考えたり、扱ったりする中で、物の性質や数量、文字などに対する感覚を豊かにする。

2　内容
(1) 自然に触れて生活し、その大きさ、美しさ、不思議さなどに気付く。
(2) 生活の中で、様々な物に触れ、その性質や仕組みに興味や関心をもつ。
(3) 季節により自然や人間の生活に変化のあることに気付く。
(4) 自然などの身近な事象に関心をもち、取り入れて遊ぶ。
(5) 身近な動植物に親しみをもって接し、生命の尊さに気付き、いたわったり、大切にしたりする。
(6) 身近な物を大切にする。
(7) 身近な物や遊具に興味をもってかかわり、考えたり、試したりして工夫して遊ぶ。
(8) 日常生活の中で数量や図形などに関心をもつ。
(9) 日常生活の中で簡単な標識や文字などに関心をもつ。
(10) 生活に関係の深い情報や施設などに興味や関心をもつ。
(11) 幼稚園内外の行事において国旗に親しむ。

3　内容の取扱い
上記の取扱いに当たっては、次の事項に留意する必要がある。
(1) 幼児が、遊びの中で周囲の環境とかかわり、次第に周囲の世界に好奇心を抱き、その意味や操作の仕方に関心をもち、物事の法則性に気付き、自分なりに考えることができるようになる過程を大切にすること。特に、他の幼児の考えなどに触れ、新しい考えを生み出す喜びや楽しさを味わい、自ら考えようとする気持ちが育つようにすること。
(2) 幼児期において自然のもつ意味は大きく、自然の大きさ、美しさ、不思議さなどに直接触れる体験を通して、幼児の心が安らぎ、豊かな感情、好奇心、思考力、表現力の基礎が培われることを踏まえ、幼児が自然とのかかわりを深めることができるよう工夫すること。
(3) 身近な事象や動植物に対する感動を伝え合い、共感し合うことなどを通して自分からかかわろうとする意欲を育てるとともに、様々なかかわり方を通してそれらに対する親しみや畏敬の念、生命を大切にする気持ち、公共心、探究心な

どが養われるようにすること。
(4) 数量や文字などに関しては、日常生活の中で幼児自身の必要感に基づく体験を大切にし、数量や文字などに関する興味や関心、感覚が養われるようにすること。

### 言葉
経験したことや考えたことなどを自分なりの言葉で表現し、相手の話す言葉を聞こうとする意欲や態度を育て、言葉に対する感覚や言葉で表現する力を養う。

1　ねらい
(1) 自分の気持ちを言葉で表現する楽しさを味わう。
(2) 人の言葉や話などをよく聞き、自分の経験したことや考えたことを話し、伝え合う喜びを味わう。
(3) 日常生活に必要な言葉が分かるようになるとともに、絵本や物語などに親しみ、先生や友達と心を通わせる。

2　内容
(1) 先生や友達の言葉や話に興味や関心をもち、親しみをもって聞いたり、話したりする。
(2) したり、見たり、聞いたり、感じたり、考えたりなどしたことを自分なりに言葉で表現する。
(3) したいこと、してほしいことを言葉で表現したり、分からないことを尋ねたりする。
(4) 人の話を注意して聞き、相手に分かるように話す。
(5) 生活の中で必要な言葉が分かり、使う。
(6) 親しみをもって日常のあいさつをする。
(7) 生活の中で言葉の楽しさや美しさに気付く。
(8) いろいろな体験を通じてイメージや言葉を豊かにする。
(9) 絵本や物語などに親しみ、興味をもって聞き、想像をする楽しさを味わう。
(10) 日常生活の中で、文字などで伝える楽しさを味わう。

3　内容の取扱い
上記の取扱いに当たっては、次の事項に留意する必要がある。
(1) 言葉は、身近な人に親しみをもって接し、自分の感情や意志などを伝え、それに相手が応答し、その言葉を聞くことを通して次第に獲得されていくものであることを考慮して、幼児が教師や他の幼児とかかわることにより心を動かすような体験をし、言葉を交わす喜びを味わえるようにすること。
(2) 幼児が自分の思いを言葉で伝えるとともに、教師や他の幼児などの話を興味をもって注意して聞くことを通して次第に話を理解するようになっていき、言葉による伝え合いができるようにすること。
(3) 絵本や物語などで、その内容と自分の経験とを結び付けたり、想像を巡らせたりするなど、楽しみを十分に味わうことによって、次第に豊かなイメージをもち、言葉に対する感覚が養われるようにすること。
(4) 幼児が日常生活の中で、文字などを使いながら思ったことや考えたことを伝える喜びや楽しさを味わい、文字に対する興味や関心をもつようにすること。

### 表現
感じたことや考えたことを自分なりに表現することを通して、豊かな感性や表現する力を養い、創造性を豊かにする。

1　ねらい
(1) いろいろなものの美しさなどに対する豊かな感性をもつ。
(2) 感じたことや考えたことを自分なりに表現して楽しむ。

(3) 生活の中でイメージを豊かにし、様々な表現を楽しむ。

## 2　内容

(1) 生活の中で様々な音、色、形、手触り、動きなどに気付いたり、感じたりするなどして楽しむ。
(2) 生活の中で美しいものや心を動かす出来事に触れ、イメージを豊かにする。
(3) 様々な出来事の中で、感動したことを伝え合う楽しさを味わう。
(4) 感じたこと、考えたことなどを音や動きなどで表現したり、自由にかいたり、つくったりなどする。
(5) いろいろな素材に親しみ、工夫して遊ぶ。
(6) 音楽に親しみ、歌を歌ったり、簡単なリズム楽器を使ったりなどする楽しさを味わう。
(7) かいたり、つくったりすることを楽しみ、遊びに使ったり、飾ったりなどする。
(8) 自分のイメージを動きや言葉などで表現したり、演じて遊んだりするなどの楽しさを味わう。

## 3　内容の取扱い

上記の取扱いに当たっては、次の事項に留意する必要がある。

(1) 豊かな感性は、自然などの身近な環境と十分にかかわる中で美しいもの、優れたもの、心を動かす出来事などに出会い、そこから得た感動を他の幼児や教師と共有し、様々に表現することなどを通して養われるようにすること。
(2) 幼児の自己表現は素朴な形で行われることが多いので、教師はそのような表現を受容し、幼児自身の表現しようとする意欲を受け止めて、幼児が生活の中で幼児らしい様々な表現を楽しむことができるようにすること。
(3) 生活経験や発達に応じ、自ら様々な表現を楽しみ、表現する意欲を十分に発揮させることができるように、遊具や用具などを整えたり、他の幼児の表現に触れられるよう配慮したりし、表現する過程を大切にして自己表現を楽しめるように工夫すること。

# 第3章　指導計画及び教育課程に係る教育時間の終了後等に行う教育活動などの留意事項

## 第1　指導計画の作成に当たっての留意事項

幼稚園教育は、幼児が自ら意欲をもって環境とかかわることによりつくり出される具体的な活動を通して、その目標の達成を図るものである。

幼稚園においてはこのことを踏まえ、幼児期にふさわしい生活が展開され、適切な指導が行われるよう、次の事項に留意して調和のとれた組織的、発展的な指導計画を作成し、幼児の活動に沿った柔軟な指導を行わなければならない。

### 1　一般的な留意事項

(1) 指導計画は、幼児の発達に即して一人一人の幼児が幼児期にふさわしい生活を展開し、必要な体験を得られるようにするために、具体的に作成すること。
(2) 指導計画の作成に当たっては、次に示すところにより、具体的なねらい及び内容を明確に設定し、適切な環境を構成することなどにより活動が選択・展開されるようにすること。
　ア　具体的なねらい及び内容は、幼稚園生活における幼児の発達の過程を見通し、幼児の生活の連続性、季節の変化などを考慮して、幼児の興味や関心、発達の実情などに応じて設定すること。
　イ　環境は、具体的なねらいを達成するために適切なものとなるように構成し、幼児が自らその環境にかかわることにより様々な活動を展開しつつ必要な体験を得られるようにすること。その際、幼児の生活する姿や発想を大切にし、常にその環境が適切なものとなるようにすること。
　ウ　幼児の行う具体的な活動は、生活の流れの中で様々に変化するものであることに留意し、幼児が望ましい方向に向かって自ら活動を展開していくことができるよう必要な援助をすること。

その際、幼児の実態及び幼児を取り巻く状況の変化などに即して指導の過程についての反省や評価を適切に行い、常に指導計画の改善を図ること。

(3) 幼児の生活は、入園当初の一人一人の遊びや教師との触れ合いを通して幼稚園生活に親しみ、安定していく時期から、やがて友達同士で目的をもって幼稚園生活を展開し、深めていく時期などに至るまでの過程を様々に経ながら広げられていくものであることを考慮し、活動がそれぞれの時期にふさわしく展開されるようにすること。その際、入園当初、特に、3歳児の入園については、家庭との連携を緊密にし、生活のリズムや安全面に十分配慮すること。また、認定こども園（就学前の子どもに関する教育、保育等の総合的な提供の推進に関する法律（平成18年法律第77号）第6条第2項に規定する認定こども園をいう。）である幼稚園については、幼稚園入園前の当該認定こども園における生活経験に配慮すること。
(4) 幼児が様々な人やものとのかかわりを通して、多様な体験をし、心身の調和のとれた発達を促すようにしていくこと。その際、心が動かされる体験が次の活動を生み出すことを考慮し、一つ一つの体験が相互に結び付き、幼稚園生活が充実するようにすること。
(5) 長期的に発達を見通した年、学期、月などにわたる長期の指導計画やこれとの関連を保ちながらより具体的な幼児の生活に即した週、日などの短期の指導計画を作成し、適切な指導が行われるようにすること。特に、週、日などの短期の指導計画については、幼児の生活のリズムに配慮し、幼児の意識や興味の連続性のある活動が相互に関連して幼稚園生活の自然な流れの中に組み込まれるようにすること。
(6) 幼児の行う活動は、個人、グループ、学級全体などで多様に展開されるものであるが、いずれの場合にも、幼稚園全体の教師による協力体制をつくりながら、一人一人の

幼児が興味や欲求を十分に満足させるよう適切な援助を行うようにすること。
(7) 幼児の主体的な活動を促すためには、教師が多様なかかわりをもつことが重要であることを踏まえ、教師は、理解者、共同作業者など様々な役割を果たし、幼児の発達に必要な豊かな体験が得られるよう、活動の場面に応じて、適切な指導を行うようにすること。
(8) 幼児の生活は、家庭を基盤として地域社会を通じて次第に広がりをもつものであることに留意し、家庭との連携を十分に図るなど、幼稚園における生活が家庭や地域社会と連続性を保ちつつ展開されるようにすること。その際、地域の自然、人材、行事や公共施設などの地域の資源を積極的に活用し、幼児が豊かな生活体験が得られるように工夫すること。また、家庭との連携に当たっては、保護者との情報交換の機会を設けたり、保護者と幼児との活動の機会を設けたりなどすることを通じて、保護者の幼児期の教育に関する理解が深まるよう配慮すること。
(9) 幼稚園においては、幼稚園教育が、小学校以降の生活や学習の基盤の育成につながることに配慮し、幼児期にふさわしい生活を通して、創造的な思考や主体的な生活態度などの基礎を培うようにすること。

**2 特に留意する事項**

(1) 安全に関する指導に当たっては、情緒の安定を図り、遊びを通して状況に応じて機敏に自分の体を動かすことができるようにするとともに、危険な場所や事物などが分かり、安全についての理解を深めるようにすること。また、交通安全の習慣を身に付けるようにするとともに、災害などの緊急時に適切な行動がとれるようにするための訓練なども行うようにすること。

(2) 障害のある幼児の指導に当たっては、集団の中で生活することを通して全体的な発達を促していくことに配慮し、特別支援学校などの助言又は援助を活用しつつ、例えば指導についての計画又は家庭や医療、福祉などの業務を行う関係機関と連携した支援のための計画を個別に作成することなどにより、個々の幼児の障害の状態などに応じた指導内容や指導方法の工夫を計画的、組織的に行うこと。

(3) 幼児の社会性や豊かな人間性をはぐくむため、地域や幼稚園の実態等により、特別支援学校などの障害のある幼児との活動を共にする機会を積極的に設けるよう配慮すること。

(4) 行事の指導に当たっては、幼稚園生活の自然の流れの中で生活に変化や潤いを与え、幼児が主体的に楽しく活動できるようにすること。なお、それぞれの行事についてはその教育的価値を十分検討し、適切なものを精選し、幼児の負担にならないようにすること。

(5) 幼稚園教育と小学校教育との円滑な接続のため、幼児と児童の交流の機会を設けたり、小学校の教師との意見交換や合同の研究の機会を設けたりするなど、連携を図るようにすること。

## 第2 教育課程に係る教育時間の終了後等に行う教育活動などの留意事項

1 地域の実態や保護者の要請により、教育課程に係る教育時間の終了後等に希望する者を対象に行う教育活動については、幼児の心身の負担に配慮すること。また、以下の点にも留意すること。

(1) 教育課程に基づく活動を考慮し、幼児期にふさわしい無理のないものとなるようにすること。その際、教育課程に基づく活動を担当する教師と緊密な連携を図るようにすること。

(2) 家庭や地域での幼児の生活も考慮し、教育課程に係る教育時間の終了後等に行う教育活動の計画を作成するようにすること。その際、地域の様々な資源を活用しつつ、多様な体験ができるようにすること。

(3) 家庭との緊密な連携を図るようにすること。その際、情報交換の機会を設けたりするなど、保護者が、幼稚園と共に幼児を育てるという意識が高まるようにすること。

(4) 地域の実態や保護者の事情とともに幼児の生活のリズムを踏まえつつ、例えば実施日数や時間などについて、弾力的な運用に配慮すること。

(5) 適切な指導体制を整備した上で、幼稚園の教師の責任と指導の下に行うようにすること。

2 幼稚園の運営に当たっては、子育ての支援のために保護者や地域の人々に機能や施設を開放して、園内体制の整備や関係機関との連携及び協力に配慮しつつ、幼児期の教育に関する相談に応じたり、情報を提供したり、幼児と保護者との登園を受け入れたり、保護者同士の交流の機会を提供したりするなど、地域における幼児期の教育のセンターとしての役割を果たすよう努めること。

# 幼保連携型認定こども園 教育・保育要領

2014（平成26）年4月30日内閣府　文部科学省　厚生労働省　告示
2015（平成27）年4月1日施行

## 第1章　総則

### 第1　幼保連携型認定こども園における教育及び保育の基本及び目標

#### 1　教育及び保育の基本

　乳幼児期における教育及び保育は、子どもの健全な心身の発達を図りつつ生涯にわたる人格形成の基礎を培う重要なものであり、幼保連携型認定こども園における教育及び保育は、就学前の子どもに関する教育、保育等の総合的な提供の推進に関する法律（以下「認定こども園法」という。）第2条第7項に規定する目的を達成するため、乳幼児期の特性及び保護者や地域の実態を踏まえ、環境を通して行うものであることを基本とし、家庭や地域での生活を含め園児の生活全体が豊かなものとなるように努めなければならない。

　このため、保育教諭等は、園児との信頼関係を十分に築き、園児が自ら安心して環境にかかわりその活動が豊かに展開されるよう環境を整え、園児と共によりよい教育及び保育の環境を創造するように努めるものとする。これらを踏まえ、次に示す事項を重視して教育及び保育を行わなければならない。

（1）乳幼児期は周囲への依存を基盤にしつつ自立に向かうものであることを考慮して、周囲との信頼関係に支えられた生活の中で、園児一人一人が安心感と信頼感を持っていろいろな活動に取り組む体験を十分に積み重ねられるようにすること。

（2）乳幼児期においては生命の保持が図られ安定した情緒の下で自己を十分に発揮することにより発達に必要な体験を得ていくものであることを考慮して、園児の主体的な活動を促し、乳幼児期にふさわしい生活が展開されるようにすること。

（3）乳幼児期における自発的な活動としての遊びは、心身の調和のとれた発達の基礎を培う重要な学習であることを考慮して、遊びを通しての指導を中心として第2章の第1に示すねらいが総合的に達成されるようにすること。

（4）乳幼児期における発達は、心身の諸側面が相互に関連し合い、多様な経過をたどって成し遂げられていくものであること、また、園児の生活経験がそれぞれ異なることなどを考慮して、園児一人一人の特性や発達の過程に応じ、発達の課題に即した指導を行うようにすること。

　その際、保育教諭等は、園児の主体的な活動が確保されるよう園児一人一人の行動の理解と予想に基づき、計画的に環境を構成しなければならない。この場合において、保育教諭等は、園児と人やものとのかかわりが重要であることを踏まえ、物的・空間的環境を構成しなければならない。また、保育教諭等は、園児一人一人の活動の場面に応じて、様々な役割を果たし、その活動を豊かにしなければならない。

#### 2　教育及び保育の目標

　幼保連携型認定こども園は、家庭との連携を図りながら、この章の第1の1に示す幼保連携型認定こども園における教育及び保育の基本に基づいて一体的に展開される幼保連携型認定こども園における生活を通して、生きる力の基礎を育成するよう認定こども園法第9条に規定する幼保連携型認定こども園の教育及び保育の目標の達成に努めなければならない。幼保連携型認定こども園は、このことにより、義務教育及びその後の教育の基礎を培うとともに、子どもの最善の利益を考慮しつつ、その生活を保障し、保護者と共に園児を心身ともに健やかに育成するものとする。

　なお、認定こども園法第9条に規定する幼保連携型認定こども園の教育及び保育の目標については、小学校就学の始期に達するまでの時期を通じ、その達成に向けて努力すべき目当てとなるものであることから、満3歳未満の園児の保育にも当てはまることに留意すること。

### 第2　教育及び保育の内容に関する全体的な計画の作成

　各幼保連携型認定こども園においては、教育基本法（平成18年法律第120号）、児童福祉法（昭和22年法律第164号）及び認定こども園法その他の法令並びにこの幼保連携型認定こども園教育・保育要領の示すところに従い、教育及び保育を一体的に提供するため、創意工夫を生かし、園児の心身の発達と幼保連携型認定こども園、家庭及び地域の実態に即応した適切な教育及び保育の内容に関する全体的な計画を作成するものとする。

1　幼保連携型認定こども園における生活の全体を通して第2章の第1に示すねらいが総合的に達成されるよう、教育課程に係る教育期間や園児の生活経験や発達の過程などを考慮して具体的なねらいと内容を組織しなければならない。この場合においては、特に、自我が芽生え、他者の存在を意識し、自己を抑制しようとする気持ちが生まれるなどの乳幼児期の発達の特性を踏まえ、入園から修了に至るまでの長期的な視野を持って充実した生活が展開できるように配慮しなければならないこと。

2　幼保連携型認定こども園の毎学年の教育課程に係る教育週数は、特別の事情のある場合を除き、39週を下ってはならないこと。

3　幼保連携型認定こども園の1日の教育課程に係る教育時間は、4時間を標準とすること。ただし、園児の心身の発達の程度や季節などに適切に配慮すること。

4　幼保連携型認定こども園の保育を必要とする子どもに該当する園児に対する教育及び保育の時間（満3歳以上の保育を必要とする子どもに該当する園児については、この章の第2の3に規定する教育時間を含む。）は、1日につき8時間を

原則とし、園長がこれを定めること。ただし、その地方における園児の保護者の労働時間その他家庭の状況等を考慮すること。

### 第3 幼保連携型認定こども園として特に配慮すべき事項

幼保連携型認定こども園における教育及び保育を行うに当たっては、次の事項について特に配慮しなければならない。

1 当該幼保連携型認定こども園に入園した年齢により集団生活の経験年数が異なる園児がいることに配慮する等、0歳から小学校就学前までの一貫した教育及び保育を園児の発達の連続性を考慮して展開していくこと。
2 園児の一日の生活の連続性及びリズムの多様性に配慮するとともに、保護者の生活形態を反映した園児の在園時間の長短、入園時期や登園日数の違いを踏まえ、園児一人一人の状況に応じ、教育及び保育の内容やその展開について工夫をすること。特に、入園及び年度当初においては、家庭との連携の下、園児一人一人の生活の仕方やリズムに十分に配慮して一日の自然な生活の流れをつくり出していくようにすること。
3 環境を通して行う教育及び保育の活動の充実を図るため、幼保連携型認定こども園における教育及び保育の環境の構成に当たっては、乳幼児期の特性を踏まえ、次の事項に留意すること。
  (1) 0歳から小学校就学前までの様々な年齢の園児の発達の特性を踏まえ、満3歳未満の園児については特に健康、安全や発達の確保を十分に図るとともに、満3歳以上の園児については同一学年の園児で編制される学級による集団活動の中で遊びを中心とする園児の主体的な活動を通して発達を促す経験が得られるよう工夫をすること。
  (2) 在園時間が異なる多様な園児がいることを踏まえ、園児の生活が安定するよう、家庭や地域、幼保連携型認定こども園における生活の連続性を確保するとともに、一日の生活のリズムを整えるよう工夫をすること。特に満3歳未満の園児については睡眠時間等の個人差に配慮するとともに、満3歳以上の園児については集中して遊ぶ場と家庭的な雰囲気の中でくつろぐ場との適切な調和等の工夫をすること。
  (3) 家庭や地域において異年齢の子どもとかかわる機会が減少していることを踏まえ、満3歳以上の園児については、学級による集団活動とともに、満3歳未満の園児を含む異年齢の園児による活動を、園児の発達の状況にも配慮しつつ適切に組み合わせて設定するなどの工夫をすること。
4 養護の行き届いた環境の下生命の保持や情緒の安定を図るため、幼保連携型認定こども園における教育及び保育を展開するに当たっては、次の事項に留意すること。
  (1) 園児一人一人が、快適にかつ健康で安全に過ごせるようにするとともに、その生理的欲求が十分に満たされ、健康増進が積極的に図られるようにするため、次の事項に留意するものとする。
    ア 園児一人一人の平常の健康状態や発育及び発達の状態を的確に把握し、異常を感じる場合は、速やかに適切に対応すること。
    イ 家庭との連携を密にし、学校医等との連携を図りながら、園児の疾病や事故防止に関する認識を深め、保健的で安全な環境の維持及び向上に努めること。
    ウ 清潔で安全な環境を整え、適切な援助や応答的なかかわりを通して、園児の生理的欲求を満たしていくこと。また、家庭と協力しながら、園児の発達の過程等に応じた適切な生活のリズムがつくられていくようにすること。
    エ 園児の発達の過程等に応じて、適度な運動と休息をとることができるようにすること。また、食事、排泄、睡眠、衣類の着脱、身の回りを清潔にすることなどについて、園児が意欲的に生活できるよう適切に援助すること。
  (2) 園児一人一人が安定感を持って過ごし、自分の気持ちを安心して表すことができるようにするとともに、周囲から主体として受け止められ主体として育ち、自分を肯定する気持ちが育まれていくようにし、心身の疲れが癒やされるようにするため、次の事項に留意するものとする。
    ア 園児一人一人の置かれている状態や発達の過程などを的確に把握し、園児の欲求を適切に満たしながら、応答的な触れ合いや言葉掛けを行うこと。
    イ 園児一人一人の気持ちを受容し、共感しながら、園児との継続的な信頼関係を築いていくこと。
    ウ 保育教諭等との信頼関係を基盤に、園児一人一人が主体的に活動し、自発性や探索意欲などを高めるとともに、自分への自信を持つことができるよう成長の過程を見守り、適切に働き掛けること。
    エ 園児一人一人の生活のリズム、発達の過程、在園時間などに応じて、活動内容のバランスや調和を図りながら、適切な食事や休息がとれるようにすること。
5 園児の健康及び安全は、園児の生命の保持と健やかな生活の基本であることから、次の事項に留意するものとする。
  (1) 健康支援
    ア 健康状態や発育及び発達の状態の把握
      (ｱ) 園児の心身の状態に応じた教育及び保育を行うために、園児の健康状態や発育及び発達の状態について、定期的、継続的に、また、必要に応じて随時、把握すること。
      (ｲ) 保護者からの情報とともに、登園時及び在園時に園児の状態を観察し、何らかの疾病が疑われる状態や傷害が認められた場合には、保護者に連絡するとともに、学校医と相談するなど適切な対応を図ること。
      (ｳ) 園児の心身の状態等を観察し、不適切な養育の兆候が見られる場合には、市町村（特別区を含む。以下同じ。）や関係機関と連携し、児童福祉法第25条の2第1項に規定する要保護児童対策地域協議会（以下「要保護児童対策地域協議会」という。）で検討するなど適切な対応を図ること。また、虐待が疑われる場合には、速やかに市町村又は児童相談所に通告し、適切な対応を図ること。
    イ 健康増進
      (ｱ) 認定こども園法第27条において準用する学校保健安全法（昭和33年法律第56号）第5条の学校保健計画を作成する際は、全ての職員がそのねらいや内容を明確にしながら、園児一人一人の健康の保持及び増進に努めていくこと。

(イ) 認定こども園法第27条において準用する学校保健安全法第13条第1項の健康診断を行ったときは、認定こども園法第27条において準用する学校保健安全法第14条の措置を行い、教育及び保育に活用するとともに、保護者が園児の状態を理解し、日常生活に活用できるようにすること。
ウ　疾病等への対応
(ア) 在園時に体調不良や傷害が発生した場合には、その園児の状態等に応じて、保護者に連絡するとともに、適宜、学校医やかかりつけ医等と相談し、適切な処置を行うこと。養護教諭や看護師等が配置されている場合には、その専門性を生かした対応を図ること。
(イ) 感染症やその他の疾病の発生予防に努め、その発生や疑いがある場合には必要に応じて学校医、市町村、保健所等に連絡し、その指示に従うとともに、保護者や全ての職員に連絡し、協力を求めること。また、感染症に関する幼保連携型認定こども園の対応方法等について、あらかじめ関係機関の協力を得ておくこと。養護教諭や看護師等が配置されている場合には、その専門性を生かした対応を図ること。
(ウ) 園児の疾病等の事態に備え、保健室等の環境を整え、救急用の薬品、材料等を常備し、適切な管理の下に全ての職員が対応できるようにしておくこと。

(2) 環境及び衛生管理並びに安全管理
ア　環境及び衛生管理
(ア) 認定こども園法第27条において準用する学校保健安全法第6条の学校環境衛生基準に基づき幼保連携型認定こども園の適切な環境の維持に努めるとともに、施設内外の設備、用具等の衛生管理に努めること。
(イ) 認定こども園法第27条において準用する学校保健安全法第6条の学校環境衛生基準に基づき幼保連携型認定こども園の適切な環境の維持に努めるとともに、園児及び職員が手洗い等により清潔を保つようにすること。
イ　事故防止及び安全対策
(ア) 在園時の事故防止のために、園児の心身の状態等を踏まえつつ、認定こども園法第27条において準用する学校保健安全法第27条の学校安全計画の策定等を通じ、職員の共通理解と体制づくりを図るとともに、家庭や地域の諸機関の協力の下に安全指導を行うこと。
(イ) 認定こども園法第27条において準用する学校保健安全法第29条の危険等発生時対処要領に基づき、災害や事故の発生に備えるとともに外部からの不審者等の侵入防止のための措置や訓練など不測の事態に備え必要な対応を図ること。また、園児の精神保健面における対応に留意すること。

(3) 食育の推進
幼保連携型認定こども園における食育は、健康な生活の基本としての食を営む力の育成に向け、その基礎を培うことを目標として、次の事項に留意するものとする。
ア　園児が生活と遊びの中で、意欲を持って食にかかわる体験を積み重ね、食べることを楽しみ、食事を楽しみ合う園児に成長していくことを期待するものであること。
イ　乳幼児期にふさわしい食生活が展開され、適切な援助が行われるよう、食事の提供を含む食育の計画を作成し、教育及び保育の内容に関する全体的な計画並びに指導計画に位置付けるとともに、その評価及び改善に努めること。
ウ　園児が自らの感覚や体験を通して、自然の恵みとしての食材や調理する人への感謝の気持ちが育つように、園児と調理員とのかかわりや、調理室など食に関する環境に配慮すること。栄養教諭や栄養士等が配置されている場合は、専門性を生かした対応を図ること。
エ　体調不良、食物アレルギー、障害のある園児など、園児一人一人の心身の状態等に応じ、学校医、かかりつけ医等の指示や協力の下に適切に対応すること。栄養教諭や栄養士等が配置されている場合は、専門性を生かした対応を図ること。

6　保護者に対する子育ての支援に当たっては、この章の第1に示す幼保連携型認定こども園における教育及び保育の基本及び目標を踏まえ、子どもに対する学校としての教育及び児童福祉施設としての保育並びに保護者に対する子育ての支援について相互に有機的な連携が図られるよう、保護者及び地域の子育てを自ら実践する力を高める観点に立って、次の事項に留意するものとする。
(1) 幼保連携型認定こども園の園児の保護者に対する子育ての支援
ア　園児の送迎時の対応、相談や助言、連絡や通信、会合や行事など日常の教育及び保育に関連した様々な機会を活用して行うこと。
イ　園児の様子や日々の教育及び保育の意図などの説明を通じ、保護者との相互理解を図るよう努めること。
ウ　教育及び保育の活動に対する保護者の積極的な参加は、保護者の子育てを自ら実践する力の向上に寄与するだけでなく、地域社会における家庭や住民の子育てを自ら実践する力の向上及び子育ての経験の継承につながることから、これを促すこと。その際、保護者の生活形態が異なることを踏まえ、全ての保護者の相互理解が深まるように配慮すること。
エ　保護者の就労と子育ての両立等を支援するため、病児保育事業など多様な事業を実施する場合には、保護者の状況に配慮するとともに、園児の福祉が尊重されるよう努めること。
オ　地域の実態や保護者の要請により教育を行う標準的な時間の終了後等に希望する者を対象に一時預かり事業などとして行う活動については、園児の心身の負担に配慮するとともに、地域の実態や保護者の事情とともに園児の生活のリズムを踏まえつつ、例えば実施日数や時間などについて、弾力的な運用に配慮すること。その際、教育を行う標準的な時間の活動と保育を必要とする園児に対する教育を行う標準的な時間終了後の保育における活動との関連を考慮すること。
カ　園児に障害や発達上の課題が見られる場合には、市町村や関係機関と連携及び協力を図りつつ、保護者に対する個別の支援を行うよう努めること。
キ　保護者に育児不安等が見られる場合には、保護者の

希望に応じて個別の支援を行うよう努めること。
　　ク　保護者に不適切な養育等が疑われる場合には、市町村や関係機関と連携し、要保護児童対策地域協議会で検討するなど適切な対応を図ること。また、虐待が疑われる場合には、速やかに市町村又は児童相談所に通告し、適切な対応を図ること。
　(2)　地域における子育て家庭の保護者等に対する支援
　　ア　幼保連携型認定こども園において、認定こども園法第2条第12項に規定する子育て支援事業を実施する際には、当該幼保連携型認定こども園が持つ地域性や専門性などを十分に考慮して当該地域において必要と認められるものを適切に実施すること。
　　イ　市町村の支援を得て、地域の関係機関等との積極的な連携及び協力を図るとともに、子育ての支援に関する地域の人材の積極的な活用を図るよう努めること。また、地域の要保護児童への対応など、地域の子どもを巡る諸課題に対し、要保護児童対策地域協議会など関係機関等と連携及び協力して取り組むよう努めること。

# 第2章　ねらい及び内容並びに配慮事項

　この章に示すねらいは、幼保連携型認定こども園修了までに育つことが期待される生きる力の基礎となる心情、意欲、態度などであり、内容は、ねらいを達成するために指導する事項である。これらを園児の発達の側面から、心身の健康に関する領域「健康」、人とのかかわりに関する領域「人間関係」、身近な環境とのかかわりに関する領域「環境」、言葉の獲得に関する領域「言葉」及び感性と表現に関する領域「表現」としてまとめ、示したものである。

　各領域に示すねらいは、幼保連携型認定こども園における生活の全体を通じ、園児が様々な体験を積み重ねる中で相互に関連を持ちながら次第に達成に向かうものであること、内容は、園児が環境にかかわって展開する具体的な活動を通して総合的に指導されるものであることに留意しなければならない。

　この章に示すねらい及び内容は、主として教育にかかわるねらい及び内容であり、保育の実施に当たっては、園児一人一人の発達の過程やその連続性を踏まえ、この章の第1に示すねらい及び内容を柔軟に取り扱うとともに、この章の第2に示す保育の実施上の配慮事項を踏まえなければならない。その際、教育及び保育の内容が相互に関連を持つよう留意する必要がある。

　なお、特に必要な場合には、各領域に示すねらいの趣旨に基づいて適切な、具体的な内容を工夫し、それを加えても差し支えないが、その場合には、それが第1章の第1に示す幼保連携型認定こども園における教育及び保育の基本及び目標を逸脱しないよう慎重に配慮する必要がある。

## 第1　ねらい及び内容

**健康**
〔健康な心と体を育て、自ら健康で安全な生活をつくり出す力を養う。〕
1　ねらい
　(1)　明るく伸び伸びと行動し、充実感を味わう。
　(2)　自分の体を十分に動かし、進んで運動しようとする。
　(3)　健康、安全な生活に必要な習慣や態度を身に付ける。
2　内容
　(1)　保育教諭等や友達と触れ合い、安定感を持って行動する。
　(2)　いろいろな遊びの中で十分に体を動かす。
　(3)　進んで戸外で遊ぶ。
　(4)　様々な活動に親しみ、楽しんで取り組む。
　(5)　保育教諭等や友達と食べることを楽しむ。
　(6)　健康な生活のリズムを身に付ける。
　(7)　身の回りを清潔にし、衣類の着脱、食事、排泄などの生活に必要な活動を自分でする。
　(8)　幼保連携型認定こども園における生活の仕方を知り、自分たちで生活の場を整えながら見通しを持って行動する。
　(9)　自分の健康に関心を持ち、病気の予防などに必要な活動を進んで行う。
　(10)　危険な場所、危険な遊び方、災害時などの行動の仕方が分かり、安全に気を付けて行動する。
3　内容の取扱い
　上記の取扱いに当たっては、次の事項に留意する必要がある。
(1)　心と体の健康は、相互に密接な関連があるものであることを踏まえ、園児が保育教諭等や他の園児との温かい触れ合いの中で自己の存在感や充実感を味わうことなどを基盤として、しなやかな心と体の発達を促すこと。特に、十分に体を動かす気持ちよさを体験し、自ら体を動かそうとする意欲が育つようにすること。
(2)　様々な遊びの中で、園児が興味や関心、能力に応じて全身を使って活動することにより、体を動かす楽しさを味わい、安全についての構えを身に付け、自分の体を大切にしようとする気持ちが育つようにすること。
(3)　自然の中で伸び伸びと体を動かして遊ぶことにより、体の諸機能の発達が促されることに留意し、園児の興味や関心が戸外にも向くようにすること。その際、園児の動線に配慮した園庭や遊具の配置などの工夫をすること。
(4)　健康な心と体を育てるためには食育を通じた望ましい食習慣の形成が大切であることを踏まえ、園児の食生活の実情に配慮し、和やかな雰囲気の中で保育教諭等や他の園児と食べる喜びや楽しさを味わったり、様々な食べ物への興味や関心を持ったりするなどし、進んで食べようとする気持ちが育つようにすること。
(5)　基本的な生活習慣の形成に当たっては、家庭での生活経験に配慮し、園児の自立心を育て、園児が他の園児とかかわりながら主体的な活動を展開する中で、生活に必要な習慣を身に付けるようにすること。

**人間関係**
〔他の人々と親しみ、支え合って生活するために、自立心を育て、人とかかわる力を養う。〕
1　ねらい

(1)　幼保連携型認定こども園の生活を楽しみ、自分の力で行動することの充実感を味わう。
　(2)　身近な人と親しみ、かかわりを深め、愛情や信頼感を持つ。
　(3)　社会生活における望ましい習慣や態度を身に付ける。
2　内容
　(1)　保育教諭等や友達と共に過ごすことの喜びを味わう。
　(2)　自分で考え、自分で行動する。
　(3)　自分でできることは自分でする。
　(4)　いろいろな遊びを楽しみながら物事をやり遂げようとする気持ちを持つ。
　(5)　友達と積極的にかかわりながら喜びや悲しみを共感し合う。
　(6)　自分の思ったことを相手に伝え、相手の思っていることに気付く。
　(7)　友達のよさに気付き、一緒に活動する楽しさを味わう。
　(8)　友達と楽しく活動する中で、共通の目的を見いだし、工夫したり、協力したりなどする。
　(9)　よいことや悪いことがあることに気付き、考えながら行動する。
　(10)　友達とのかかわりを深め、思いやりを持つ。
　(11)　友達と楽しく生活する中できまりの大切さに気付き、守ろうとする。
　(12)　共同の遊具や用具を大切にし、みんなで使う。
　(13)　高齢者を始め地域の人々などの自分の生活に関係の深いいろいろな人に親しみを持つ。
3　内容の取扱い
　上記の取扱いに当たっては、次の事項に留意する必要がある。
　(1)　保育教諭等との信頼関係に支えられて自分自身の生活を確立していくことが人とかかわる基盤となることを考慮し、園児が自ら周囲に働き掛けることにより多様な感情を体験し、試行錯誤しながら自分の力で行うことの充実感を味わうことができるよう、園児の行動を見守りながら適切な援助を行うようにすること。
　(2)　園児の主体的な活動は、他の園児とのかかわりの中で深まり、豊かになるものであり、園児はその中で互いに必要な存在であることを認識するようになることを踏まえ、一人一人を生かした集団を形成しながら人とかかわる力を育てていくようにすること。特に、園児が自己を発揮し、保育教諭等や他の園児に認められる体験をし、自信を持って行動できるようにすること。
　(3)　園児が互いにかかわりを深め、協同して遊ぶようになるため、集団の生活の中で、自ら行動する力を育てるようにするとともに、他の園児と試行錯誤しながら活動を展開する楽しさや共通の目的が実現する喜びを味わうことができるようにすること。
　(4)　道徳性の芽生えを培うに当たっては、基本的な生活習慣の形成を図るとともに、園児が他の園児とのかかわりの中で他人の存在に気付き、相手を尊重する気持ちを持って行動できるようにし、また、自然や身近な動植物に親しむことなどを通して豊かな心情が育つようにすること。特に、人に対する信頼感や思いやりの気持ちは、葛藤やつまずきをも体験し、それらを乗り越えることにより次第に芽生えてくることに配慮すること。
　(5)　集団の生活を通して、園児が人とのかかわりを深め、規範意識の芽生えが培われることを考慮し、園児が保育教諭等との信頼関係に支えられて自己を発揮する中で、互いに思いを主張し、折り合いを付ける体験をし、きまりの必要性などに気付き、自分の気持ちを調整する力が育つようにすること。
　(6)　高齢者を始め地域の人々などの自分の生活に関係の深いいろいろな人と触れ合い、自分の感情や意志を表現しながら共に楽しみ、共感し合う体験を通して、これらの人々などに親しみを持ち、人とかかわることの楽しさや人の役に立つ喜びを味わうことができるようにすること。また、生活を通して親や祖父母などの家族の愛情に気付き、家族を大切にしようとする気持ちが育つようにすること。

環境
〔周囲の様々な環境に好奇心や探究心を持ってかかわり、それらを生活に取り入れていこうとする力を養う。〕
1　ねらい
　(1)　身近な環境に親しみ、自然と触れ合う中で様々な事象に興味や関心を持つ。
　(2)　身近な環境に自分からかかわり、発見を楽しんだり、考えたりし、それを生活に取り入れようとする。
　(3)　身近な事象を見たり、考えたり、扱ったりする中で、物の性質や数量、文字などに対する感覚を豊かにする。
2　内容
　(1)　自然に触れて生活し、その大きさ、美しさ、不思議さなどに気付く。
　(2)　生活の中で、様々な物に触れ、その性質や仕組みに興味や関心を持つ。
　(3)　季節により自然や人間の生活に変化のあることに気付く。
　(4)　自然などの身近な事象に関心を持ち、取り入れて遊ぶ。
　(5)　身近な動植物に親しみを持って接し、生命の尊さに気付き、いたわったり、大切にしたりする。
　(6)　身近な物を大切にする。
　(7)　身近な物や遊具に興味を持ってかかわり、考えたり、試したりして工夫して遊ぶ。
　(8)　日常生活の中で数量や図形などに関心を持つ。
　(9)　日常生活の中で簡単な標識や文字などに関心を持つ。
　(10)　生活に関係の深い情報や施設などに興味や関心を持つ。
　(11)　幼保連携型認定こども園内外の行事において国旗に親しむ。
3　内容の取扱い
　上記の取扱いに当たっては、次の事項に留意する必要がある。
　(1)　園児が、遊びの中で周囲の環境とかかわり、次第に周囲の世界に好奇心を抱き、その意味や操作の仕方に関心を持ち、物事の法則性に気付き、自分なりに考えることができるようになる過程を大切にすること。特に、他の園児の考えなどに触れ、新しい考えを生み出す喜びや楽しさを味わい、自ら考えようとする気持ちが育つようにすること。
　(2)　乳幼児期において自然の持つ意味は大きく、自然の大きさ、美しさ、不思議さなどに直接触れる体験を通して、園児の心が安らぎ、豊かな感情、好奇心、思考力、表現力の基礎が培われることを踏まえ、園児が自然とのかかわりを深めることができるよう工夫をすること。
　(3)　身近な事象や動植物に対する感動を伝え合い、共感し合

うことなどを通して自分からかかわろうとする意欲を育てるとともに、様々なかかわり方を通してそれらに対する親しみや畏敬の念、生命を大切にする気持ち、公共心、探究心などが養われるようにすること。
　（4）数量や文字などに関しては、日常生活の中で園児自身の必要感に基づく体験を大切にし、数量や文字などに関する興味や関心、感覚が養われるようにすること。

## 言葉
〔経験したことや考えたことなどを自分なりの言葉で表現し、相手の話す言葉を聞こうとする意欲や態度を育て、言葉に対する感覚や言葉で表現する力を養う。〕
1　ねらい
　（1）自分の気持ちを言葉で表現する楽しさを味わう。
　（2）人の言葉や話などをよく聞き、自分の経験したことや考えたことを話し、伝え合う喜びを味わう。
　（3）日常生活に必要な言葉が分かるようになるとともに、絵本や物語などに親しみ、保育教諭等や友達と心を通わせる。
2　内容
　（1）保育教諭等や友達の言葉や話に興味や関心を持ち、親しみを持って聞いたり、話したりする。
　（2）したり、見たり、聞いたり、感じたり、考えたりなどしたことを自分なりに言葉で表現する。
　（3）したいこと、してほしいことを言葉で表現したり、分からないことを尋ねたりする。
　（4）人の話を注意して聞き、相手に分かるように話す。
　（5）生活の中で必要な言葉が分かり、使う。
　（6）親しみを持って日常の挨拶をする。
　（7）生活の中で言葉の楽しさや美しさに気付く。
　（8）いろいろな体験を通じてイメージや言葉を豊かにする。
　（9）絵本や物語などに親しみ、興味を持って聞き、想像をする楽しさを味わう。
　（10）日常生活の中で、文字などで伝える楽しさを味わう。
3　内容の取扱い
　上記の取扱いに当たっては、次の事項に留意する必要がある。
　（1）言葉は、身近な人に親しみを持って接し、自分の感情や意志などを伝え、それに相手が応答し、その言葉を聞くことを通して次第に獲得されていくものであることを考慮して、園児が保育教諭等や他の園児とかかわることにより心を動かすような体験をし、言葉を交わす喜びを味わえるようにすること。
　（2）園児が自分の思いを言葉で伝えるとともに、保育教諭等や他の園児などの話を興味を持って注意して聞くことを通して次第に話を理解するようになっていき、言葉による伝え合いができるようにすること。
　（3）絵本や物語などで、その内容と自分の経験とを結び付けたり、想像を巡らせたりするなど、楽しみを十分に味わうことによって、次第に豊かなイメージを持ち、言葉に対する感覚が養われるようにすること。
　（4）園児が日常生活の中で、文字などを使いながら思ったことや考えたことを伝える喜びや楽しさを味わい、文字に対する興味や関心を持つようにすること。

## 表現
〔感じたことや考えたことを自分なりに表現することを通して、豊かな感性や表現する力を養い、創造性を豊かにする。〕
1　ねらい
　（1）いろいろなものの美しさなどに対する豊かな感性を持つ。
　（2）感じたことや考えたことを自分なりに表現して楽しむ。
　（3）生活の中でイメージを豊かにし、様々な表現を楽しむ。
2　内容
　（1）生活の中で様々な音、色、形、手触り、動きなどに気付いたり、感じたりするなどして楽しむ。
　（2）生活の中で美しいものや心を動かす出来事に触れ、イメージを豊かにする。
　（3）様々な出来事の中で、感動したことを伝え合う楽しさを味わう。
　（4）感じたこと、考えたことなどを音や動きなどで表現したり、自由にかいたり、つくったりなどする。
　（5）いろいろな素材に親しみ、工夫して遊ぶ。
　（6）音楽に親しみ、歌を歌ったり、簡単なリズム楽器を使ったりなどする楽しさを味わう。
　（7）かいたり、つくったりすることを楽しみ、遊びに使ったり、飾ったりなどする。
　（8）自分のイメージを動きや言葉などで表現したり、演じて遊んだりするなどの楽しさを味わう。
3　内容の取扱い
　上記の取扱いに当たっては、次の事項に留意する必要がある。
　（1）豊かな感性は、自然などの身近な環境と十分にかかわる中で美しいもの、優れたもの、心を動かす出来事などに出会い、そこから得た感動を他の園児や保育教諭等と共有し、様々に表現することなどを通して養われるようにすること。
　（2）乳幼児期における自己表現は素朴な形で行われることが多いので、保育教諭等はそのような表現を受容し、園児自身の表現しようとする意欲を受け止めて、園児が生活の中で乳幼児期らしい様々な表現を楽しむことができるようにすること。
　（3）生活経験や発達に応じ、自ら様々な表現を楽しみ、表現する意欲を十分に発揮させることができるように、遊具や用具などを整えたり、他の園児の表現に触れられるよう配慮したりし、表現する過程を大切にして自己表現を楽しめるように工夫をすること。

## 第2　保育の実施上の配慮事項
### 1　乳児期の園児の保育に関する配慮事項
　（1）疾病への抵抗力が弱く、心身の機能の未熟さに伴う疾病の発生が多いことから、園児一人一人の発育及び発達の状態や健康状態についての適切な判断に基づく保健的な対応を行うこと。
　（2）園児一人一人の生育歴の違いに留意しつつ、欲求を適切に満たし、特定の保育教諭等が応答的にかかわるように努めること。
　（3）乳児期の園児の保育に関する職員間の連携や学校医との連携を図り、第1章の第3の5に示す園児の健康及び安全に関する配慮事項を踏まえ、適切に対応すること。栄養教諭や栄養士等、養護教諭や看護師等が配置されている場合は、その専門性を生かした対応を図ること。
　（4）保護者との信頼関係を築きながら保育を進めるとともに、

保護者からの相談に応じ、保護者への支援に努めていくこと。
　(5) 担当の保育教諭等が替わる場合には、園児のそれまでの経験や発達の過程に留意し、職員間で協力して対応すること。

2　満1歳以上満3歳未満の園児の保育に関する配慮事項
　(1) 特に感染症にかかりやすい時期であるため、体の状態、機嫌、食欲などの日常の状態の観察を十分に行うとともに、適切な判断に基づく保健的な対応を行うこと。
　(2) 食事、排泄、睡眠、衣類の着脱、身の回りを清潔にすることなど、生活に必要な基本的な習慣については、園児一人一人の状態に応じ、落ち着いた雰囲気の中で行うようにし、園児が自分でしようとする気持ちを尊重すること。
　(3) 探索活動が十分できるように、事故防止に努めながら活動しやすい環境を整え、全身を使う遊びなど様々な遊びを取り入れること。
　(4) 園児の自我の育ちを見守り、その気持ちを受け止めるとともに、保育教諭等が仲立ちとなって、友達の気持ちや友達とのかかわり方を丁寧に伝えていくこと。
　(5) 情緒の安定を図りながら、園児の自発的な活動を促していくこと。
　(6) 担当の保育教諭等が替わる場合には、園児のそれまでの経験や発達の過程に留意し、職員間で協力して対応すること。

3　満3歳以上の園児の保育に関する配慮事項
　(1) 生活に必要な基本的な習慣や態度を身に付けることの大切さを理解し、適切な行動を選択できるよう配慮すること。
　(2) 園児の情緒が安定し、自己を十分に発揮して活動することを通して、やり遂げる喜びや自信を持つことができるよう配慮すること。
　(3) 様々な遊びの中で、全身を動かして意欲的に活動することにより、体の諸機能の発達が促されることに留意し、園児の興味や関心が戸外にも向くようにすること。
　(4) けんかなど葛藤を経験しながら次第に相手の気持ちを理解し、相互に必要な存在であることを実感できるよう配慮すること。
　(5) 生活や遊びを通して、きまりがあることの大切さに気付き、自ら判断して行動できるよう配慮すること。
　(6) 自然と触れ合う中で、園児の豊かな感性や認識力、思考力及び表現力が培われることを踏まえ、自然とのかかわりを深めることができるよう工夫をすること。
　(7) 自分の気持ちや経験を自分なりの言葉で表現することの大切さに留意し、園児の話し掛けに応じるよう心掛けること。また、園児が仲間と伝え合ったり、話し合ったりすることの楽しさが味わえるようにすること。
　(8) 感じたことや思ったこと、想像したことなどを、様々な方法で創意工夫を凝らして自由に表現できるよう、保育に必要な素材や用具を始め、様々な環境の設定に留意すること。

# 第3章　指導計画作成に当たって配慮すべき事項

　幼保連携型認定こども園における教育及び保育は、園児が自ら意欲を持って環境とかかわることによりつくり出される具体的な活動を通して、その目標の達成を図るものである。
　幼保連携型認定こども園においてはこのことを踏まえ、乳幼児期にふさわしい生活が展開され、適切な指導が行われるよう、次の事項に留意して調和のとれた組織的、発展的な指導計画を作成し、園児の活動に沿った柔軟な指導を行わなければならない。

## 第1　一般的な配慮事項

1　指導計画は、園児の発達に即して園児一人一人が乳幼児期にふさわしい生活を展開し、必要な体験を得られるようにするために、具体的に作成すること。また、指導計画の作成に当たっては、次に示すところにより、具体的なねらい及び内容を明確に設定し、適切な環境を構成することなどにより活動が選択・展開されるようにすること。
　(1) 具体的なねらい及び内容は、幼保連携型認定こども園の生活における園児の発達の過程を見通し、園児の生活の連続性、季節の変化などを考慮して、園児の興味や関心、発達の実情などに応じて設定すること。
　(2) 環境は、具体的なねらいを達成するために適切なものとなるように構成し、園児が自らその環境にかかわることにより様々な活動を展開しつつ必要な体験を得られるようにすること。その際、園児の生活する姿や発想を大切にし、常にその環境が適切なものとなるようにすること。
　(3) 園児の行う具体的な活動は、生活の流れの中で様々に変化するものであることに留意し、園児が望ましい方向に向かって自ら活動を展開していくことができるよう必要な援助をすること。
　その際、園児の実態及び園児を取り巻く状況の変化などに即して指導の過程についての反省や評価を適切に行い、常に指導計画の改善を図ること。
2　園児の生活は、入園当初の一人一人の遊びや保育教諭等との触れ合いを通して幼保連携型認定こども園の生活に親しみ、安定していく時期から、やがて友達同士で目的を持って幼保連携型認定こども園の生活を展開し、深めていく時期などに至るまでの過程を様々に経ながら広げられていくものであることを考慮し、活動がそれぞれの時期にふさわしく展開されるようにすること。また、園児の入園当初の教育及び保育に当たっては、既に在園している園児に不安や動揺を与えないようにしつつ、可能な限り個別的に対応し、園児が安定感を得て、次第に幼保連携型認定こども園の生活になじんでいくよう配慮すること。
3　園児が様々な人やものとのかかわりを通して、多様な体験をし、心身の調和のとれた発達を促すようにしていくこと。その際、心が動かされる体験が次の活動を生み出すことを考慮し、一つ一つの体験が相互に結び付き、幼保連携型認定こども園の生活が充実するようにすること。
4　長期的に発達を見通した年、学期、月などにわたる長期の指導計画やこれとの関連を保ちながらより具体的な園児の生活に即した週、日などの短期の指導計画を作成し、適切な

指導が行われるようにすること。特に、週、日などの短期の指導計画については、園児の生活のリズムに配慮し、園児の意識や興味の連続性のある活動が相互に関連して幼保連携型認定こども園の生活の自然な流れの中に組み込まれるようにすること。
5 園児の行う活動は、個人、グループ、学級全体などで多様に展開されるものであるが、いずれの場合にも、幼保連携型認定こども園全体の職員による協力体制をつくりながら、園児一人一人が興味や欲求を十分に満足させるよう適切な援助を行うようにすること。
6 園児の主体的な活動を促すためには、保育教諭等が多様なかかわりを持つことが重要であることを踏まえ、保育教諭等は、理解者、共同作業者など様々な役割を果たし、園児の情緒の安定や発達に必要な豊かな体験が得られるよう、活動の場面に応じて、園児の人権や園児一人一人の個人差等に配慮した適切な指導を行うようにすること。
7 幼保連携型認定こども園においては、その教育及び保育が、小学校以降の生活や学習の基盤の育成につながることに配慮し、乳幼児期にふさわしい生活を通して、創造的な思考や主体的な生活態度などの基礎を培うようにすること。

### 第2 特に配慮すべき事項

1 園児の発達の個人差、入園した年齢の違いなどによる集団生活の経験年数の差、家庭環境等を踏まえ、園児一人一人の発達の特性や課題に十分留意すること。特に満3歳未満の園児については、大人への依存度が極めて高い等の特性があることから、個別的な対応を図ること。また、園児の集団生活への円滑な接続について、家庭との連携及び協力を図る等十分留意すること。
2 園児の発達の連続性を考慮した教育及び保育を展開する際には、次の事項に留意すること。
　(1) 満3歳未満の園児については、園児一人一人の生育歴、心身の発達、活動の実態等に即して、個別的な計画を作成すること。
　(2) 満3歳以上の園児については、個の成長と、園児相互の関係や協同的な活動が促されるよう配慮すること。
　(3) 異年齢で構成されるグループ等での指導に当たっては、園児一人一人の生活や経験、発達の過程などを把握し、適切な指導や環境の構成ができるよう配慮すること。
3 一日の生活のリズムや在園時間が異なる園児が共に過ごすことを踏まえ、活動と休息、緊張感と解放感等の調和を図るとともに、園児に不安や動揺を与えないようにする等の配慮を行うこと。
4 午睡は生活のリズムを構成する重要な要素であり、安心して眠ることのできる環境を確保するとともに、在園時間が異なることや、睡眠時間は園児の発達の状況や個人によって差があることから、一律とならないよう配慮すること。
5 長時間にわたる保育については、園児の発達の過程、生活のリズム及び心身の状態に十分配慮して、保育の内容や方法、職員の協力体制、家庭との連携などを指導計画に位置付けること。
6 障害のある園児の指導に当たっては、集団の中で生活することを通して全体的な発達を促していくことに配慮し、適切な環境の下で、障害のある園児が他の園児との生活を通して共に成長できるよう、特別支援学校などの助言又は援助を活用しつつ、例えば指導についての計画又は家庭や医療、福祉などの業務を行う関係機関と連携した支援のための計画を個別に作成することなどにより、個々の園児の障害の状態などに応じた指導内容や指導方法の工夫を計画的、組織的に行うこと。
7 園児の社会性や豊かな人間性を育むため、地域や幼保連携型認定こども園の実態等により、特別支援学校などの障害のある子どもとの活動を共にする機会を積極的に設けるよう配慮すること。
8 健康状態、発達の状況、家庭環境等から特別に配慮を要する園児について、一人一人の状況を的確に把握し、専門機関との連携を含め、適切な環境の下で健やかな発達が図られるよう留意すること。
9 行事の指導に当たっては、幼保連携型認定こども園の生活の自然な流れの中で生活に変化や潤いを与え、園児が主体的に楽しく活動できるようにすること。なお、それぞれの行事については教育的及び保育的価値を十分検討し、適切なものを精選し、園児の負担にならないようにすること。
10 園児の発達や学びの連続性を確保する観点から、小学校教育への円滑な接続に向けた教育及び保育の内容の工夫を図るとともに、幼保連携型認定こども園の園児と小学校の児童の交流の機会を設けたり、小学校の教師との意見交換や合同の研究の機会を設けたりするなど、連携を通じた質の向上を図ること。
11 園児の生活は、家庭を基盤として地域社会を通じて次第に広がりを持つものであることに留意し、家庭との連携を十分に図るなど、幼保連携型認定こども園における生活が家庭や地域社会と連続性を保ちつつ展開されるようにすること。その際、地域の自然、人材、行事や公共施設などの地域の資源を積極的に活用し、園児が豊かな生活体験を得られるように工夫をすること。また、家庭との連携に当たっては、保護者との情報交換の機会を設けたり、保護者と園児との活動の機会を設けたりなどすることを通じて、保護者の乳幼児期の教育及び保育に関する理解が深まるよう配慮すること。

## 観察記録・指導計画用紙

この用紙は146ページの演習課題で使用します。練習用に何度でもコピーをして使いましょう。

観察記録

| 　月　　　日　　曜日　　天候　　　観察者（実習生）氏名 | |
|---|---|
| 担当クラス　　　　組　　　　歳児　計　　名（男児　　名・女児　　名）欠席　　名 | |
| 観察者（実習生）の目標 | 今日の主な活動 |
| ねらい | 内　容 |

| 時間 | 環境の構成 | 子どもの活動 | 保育者の援助・配慮 | 実習生の援助・考察 |
|---|---|---|---|---|
|  |  |  |  |  |

観察記録・指導計画用紙

| | | | | |
|---|---|---|---|---|
| | | | | |

| 反省及び感想と質問 | 指導助言 |
|---|---|
| | 印 |

195

## 指導計画用紙

この用紙は129ページの演習課題で使用します。練習用に何度でもコピーをして使いましょう。

指導計画　　　　　　責任実習（部分・半日・全日）

| 　月　　　日　　曜日　　天候　　　　実習生氏名　　　　　　　　　　　印 |
|---|
| 担当クラス　　　組　　　歳児　　男児　　　名・女児　　名　・　計　　　名 |
| 子どもの姿 |

| ねらい | 内　容 |
|---|---|
|  |  |

| 時間 | 環境の構成 | 予想される子どもの活動 | 実習生の援助（配慮） |
|---|---|---|---|
|  |  |  |  |

観察記録・指導計画用紙

| | | | |
|---|---|---|---|
| 備考 | | | |

反省及び感想と質問

指導助言

備考

印

# 演習課題の解答例

体験型・自主学習型以外の演習課題の解答例を提示します。
自分で考える際の参考にしましょう。

# 演習課題の解答例

## 1コマ目の解答例

●14ページ「1コマ目の内容を復習しよう」
①保育所保育指針
②厚生労働省
③保育課程
④幼稚園教育要領
⑤文部科学省
⑥教育課程
⑦指導計画
⑧長期の指導計画：年間指導計画、期間指導計画、月間指導計画
　短期の指導計画：週間指導計画、一日指導計画、週日指導計画

●16ページ「保育の評価について復習しよう」
①計画　記録　保育実践　自己評価　専門性　改善

## 9コマ目の解答例

●98ページ
生命：活動量に合わせて、しっかりと身体を動かしたり、休息する時間をとったりして成長につなげる
情緒：活動に合わせた目標を掲げて取り組むなかで、気持ちが高まるような言葉をかけ、頑張ったときには存分に褒め、最後まで頑張る気持ちを引き出す
健康：さまざまな運動を経験するなかで好きな運動を見つけたり、楽しさを感じたりできるようにする
人間関係：集団で過ごすなかで役割分担を行い、活動することで、自分が何をするべきなのかを考えられるようにする
環境：絵本や歌などを通して、季節ごとの特徴や四季の変化について具体的に教える
言葉：友達と大人に対しての話し方を教え、区別をつけるように日ごろから話し、習慣づくようにする
表現：心に響くような歌や言葉に触れる機会をつくり、さまざまな思いや感情の表現の仕方がわかるようにする
食育：日々の給食で自分が食べる量を考えるように促し判断力をつける
健康・安全：手洗い・うがいの方法をきちんと伝え、実践するように促す

●99ページ
健康：一人ひとりの体調に気をつけ、衣服の調節をするように声をかける
　　　マラソンなどの運動遊びを行い、温かくなることが実感できるようにする
人間関係：年長児から当番活動を引き継ぎ、進級することへの期待をもてるようにする
　　　　　楽しく遊ぶためには相手の気持ちを考え、理解することの必要性を伝える

環境：氷づくりへの興味が持続し、自分でも試す気持ちがもてるように、条件を変えたり友だちがどうしているか気づいたりできるようにする
言葉：一人ひとりが自信をもって表現できるように援助していく
表現：言葉の意味を伝えながら、伴奏をよくきいて歌えるようにする
食育：好き嫌いなく食べることの大切さや食事のマナーについても理解できるようにする
健康・安全：避難の仕方や約束を覚えて、自分の命を守ることの大切さを伝える

## 10コマ目の解答例

● 106ページ

1日（月）： 自信をもって声に出すように伝え、がんばりを認める
　　　　　子どもたちをよく観察して合図をおくり、スムーズに演じられるようにする
2日（火）： 身体をしっかり動かす鬼ごっこや中当てを提案し、寒さを吹き飛ばせるようにする
3日（水）： 保育者の出し物をしっかり見るように促す
　　　　　鬼を怖がらず豆をまくよう励ます
4日（木）： 歌詞を確認して、覚えて歌えることに満足感をもてるようにする
　　　　　異年齢児や保育者に聞いてもらい、感想などを伝えてもらう
5日（金）： 練習が最後となることや、保護者の方が楽しみにしていること、今までのがんばりを伝え、一生懸命演じるように促す
6日（土）： 練習してきたことをしっかり確認して、楽しんで発表できるように声をかける
　　　　　発表中や発表していない時でも発表会の雰囲気を楽しみ、きちんと最後まで参加するように促す

● 107ページ

15日（月）：劇遊びを見に来てもらうことで、自信をもって参観を迎えられるようにする
　　　　　自分たちで劇遊びに必要な道具や衣装を確認し直せるようにする
16日（火）：参観の予行練習をしていることを伝えたうえで、行えるようにする
　　　　　できるだけ自分たちで劇遊びを進められるように、見守ったり声をかけたりする
17日（水）：自分なりの力が発揮できるように、声をかけて励ます
　　　　　子どもたちの頑張りを認め、充実感や自信につながるようにする
18日（木）：種芋の植え方を確認し、収穫を楽しみに植えられるようにする
　　　　　クラスでルールを守って遊ぶ楽しさを感じられるように、遊びを見守ったりルールを伝えたりする
19日（金）：年長児と交流することで、年長への憧れをもち、年長児になることへの期待をもてるようにする
　　　　　年長児と楽しい思い出をつくることができる内容になるように話し合うことを伝える

## 11コマ目の解答例

●115ページ

養護：体調管理を行い、体力がつくように戸外活動や運動遊びを行うように促す

教育：話そうとしていることを代弁して、言い回しを覚えられるようにする
　　　グループで活動する機会を増やし、友だちと多く関われるようにする

食育：アレルギー食に気をつけて配膳する
　　　姿勢を正して食べる習慣をつける

援助と配慮：体調の変化に十分気をつけて、少しの変化にも気づくことができるように保育者同士や家庭と連携をとる

家庭支援：預かる際に体調について細かく聞くことで、保育者が気に掛けていることを実感でき、安心して預けてもらえるようにする

# 索引

## かな

### ■あ
朝の出会い ................................. 23
遊び ............................................ 7

### ■い
生きる力 ...................................... 6
一日観察記録（なかよし保育園
　4歳） ..................................... 131
1日の大まかな活動の流れ ........ 47
1日の流れ ............. 42, 58, 137
一日保育指導計画 .................. 131
一日保育指導計画（なかよし保育園
　4歳） ..................................... 139
5つの側面 ................................. 27

### ■え
映像 ........................................ 166
援助 .......................................... 26

### ■か
改善 ........................................ 166
環境 ............................................ 7
環境構成 ................... 19, 122
観察記録 ..................... 49, 53
観察記録の振り返り ....... 60, 63
観察実習 .................................. 18
観察実習の記録様式 ............ 117
観察実習の目的 ..................... 18

### ■き
基本的な情報 ................. 40, 47
客観的評価 ........................... 161
教育 ................................ 11, 72
教育課程 ......................... 66, 70
教材研究 ............................... 118
記録 .......................... 13, 18, 38
記録の手順 ............................. 39
記録を書くときの注意 ..........
　....................... 46, 49, 52, 53

### ■け
計画 ............................................ 6
月間指導計画 .......................... 86
月間指導計画（5歳児・保育所・
　6月） ....................................... 89
月間指導計画（5歳児・幼稚園・
　6月） ....................................... 91
月間指導計画（0歳児・保育所・
　12月） ................................... 110

### ■こ
広域カリキュラム ..................... 83
個人情報の保護 ..................... 51
言葉がけ .................................. 52
子ども像 .................................. 11
子どもの遊び .......................... 20
子どもの活動 .................. 59, 61
子どもの姿 ............................ 119
子どもの発達の8区分 ..... 28, 29
個別指導計画 ....................... 108
個別指導計画（0歳児・保育所・
　12月） ................................... 111
5領域 ........................................ 11

### ■し
自己評価 ....................... 12, 158
実習生の援助・考察 .............. 62
指導計画 ............................ 9, 67
児童憲章 ................................... 8
児童の権利に関する条約 ........ 8
写真 ........................................ 166
集団としての成長 ................... 32
集団保育 .................................. 47
週日指導計画 ....................... 100
週日指導計画（5歳児・保育所・
　6月・第3週） ....................... 102
週日指導計画（5歳児・幼稚園・
　6月・第3週） ....................... 103
週日指導計画の活用例（2歳児・
　保育所・11月・第2週） ...... 165

### ■せ
生活リズム ............................... 43
制作活動 ............................... 104
設定保育 .................................. 47
設定保育指導案 .................. 116

### ■た
短期の指導計画 ........................ 9

### ■ち
長期の指導計画 ........................ 9

### ■て
デイリープログラム ................. 43

### ■な
内容 ........................................ 119
流れ .......................................... 61

### ■に
日課 ................................ 43, 58

### ■ね
ねらい .................................... 119
年間行事予定 .......................... 75
年間行事予定表（保育所） ...... 76
年間行事予定表（幼稚園） ...... 77
年間指導計画 .................. 9, 74
年間指導計画（5歳児・保育所） ......
　............................................... 78
年間指導計画（5歳児・幼稚園） ......
　............................................... 80
年間指導計画（0歳児・保育所） ......
　............................................. 109

### ■は
発達 .......................................... 26
発達過程 .......................... 6, 27
発達の個人差 ................. 32, 74

### ■ひ
PDCAサイクル ........................ 12
評価 ........................................ 166

### ■ふ
部分保育指導計画 ............... 116
部分保育指導計画の見本（1歳児） ..
　................................... 124, 126
部分保育指導計画の見本（5歳児） ..
　............................................. 120
部分保育指導計画様式 ........ 117
部分保育指導計画を立てるに際し
　重要なこと ........................ 127
振り返り ................................. 158

203

■ ほ
保育課程……………………8, 66, 68
保育課程・教育課程の編成の流れ…
……………………………………67
保育室………………………………43
保育士等の自己評価………………12
保育者…………………………………7
保育者・観察者の援助・配慮……61
保育者の援助・配慮………………59
保育所の自己評価…………………12
保育所保育指針………………………7
保育の内容…………………………11
保育のねらい………………………10
保育の評価…………………………13
保育の振り返り……………………10
保育方針……………………………72
保育目標……………………………72
保育理念……………………………72

■ み
3つの視点……………………56, 59

■ め
メモする事項………………………42
メモをとるタイミング……………41

■ も
模擬保育…………………………148
模擬保育　観察者用　振り返り……
…………………………………154
模擬保育　観察者用　集計表…163
模擬保育　子ども役用……振り返り
…………………………………153
模擬保育　子ども役用　集計表……
…………………………………162
模擬保育　保育者用　振り返り……
…………………………………152

■ や
8つの区分…………………………27

■ よ
養護……………………………11, 72
幼稚園教育指導資料集第5集…160
幼稚園教育要領………………7, 72
幼保連携型認定こども園…………72

幼保連携型認定こども園教育・
保育要領………………………………7
予想される子どもの活動………116
4つの側面…………………………27

参考文献

今井和子監修『0・1・2歳児の担任になったら読む本　育ちの理解と指導計画』　小学館　2014年

岩崎淳子・及川留美・粕谷亘正『教育・保育課程論―書いて学べる指導計画』　萌文書林　2015年

植原邦子編著『やさしく学べる保育実践ポートフォリオ』　ミネルヴァ書房　2005年

開仁志編著『これで安心!保育指導案の書き方―実習生・初任者からベテランまで』　北大路書房　2008年

神長美津子監修『3・4・5歳児の指導計画　幼稚園編』　小学館　2013年

厚生労働省「保育所保育指針」　2008年

柴崎正行・戸田雅美・増田まゆみ編『保育課程・教育課程総論』　ミネルヴァ書房　2010年

髙橋哲郎・菱谷信子監修・田尻由美子・元田幸代編著『改訂版　保育者をめざす学生のための実習指導サブノート』　ふくろう出版　2011年

内閣府・文部科学省・厚生労働省「幼保連携型認定こども園保育・教育要領」　2014年

保育総合研究会監修『新　保育所保育指針サポートブック～保育課程から指導計画作成まで～』　世界文化社　2008年

保育総合研究会監修『新　保育所保育指針サポートブックⅡ～指導計画・保育実践から自己評価まで～』　世界文化社　2009年

待井和江・福岡貞子編『乳児保育[第9版]』　ミネルヴァ書房　2015年

文部科学省「幼稚園教育要領」　2008年

文部科学省『幼稚園教育指導資料第5集　指導と評価に生かす記録』　チャイルド本社　2013年

### 監修者、執筆者紹介

●編著者(50音順)

**門谷真希**(もんたに　まき)
3コマ目、4コマ目、7コマ目、8コマ目、9コマ目、10コマ目、14コマ目、15コマ目を執筆
白鳳短期大学こども教育専攻准教授
『生徒指導のフロンティア』(共著・晃洋書房)
『学校教育のフロンティア』(共著・晃洋書房)
『新版　生徒指導のフロンティア』(共著・晃洋書房)

**山中早苗**(やまなか　さなえ)
1コマ目、5コマ目、9コマ目、12コマ目を執筆
白鳳短期大学こども教育専攻講師

●執筆者(50音順)

**北村麻樹**(きたむら　まき)
4コマ目、5コマ目、6コマ目、8コマ目、9コマ目を執筆
白鳳短期大学こども教育専攻講師

**辻柿光子**(つじがき　みつこ)
2コマ目、8コマ目、9コマ目、10コマ目を執筆
白鳳短期大学こども教育専攻教授

**南　真由美**(みなみ　まゆみ)
8コマ目、9コマ目、10コマ目、15コマ目を執筆
八尾市職員

**門谷有希**(もんたに　ゆうき)
6コマ目、7コマ目、8コマ目、9コマ目、10コマ目、11コマ目、12コマ目、13コマ目を執筆
白鳳短期大学こども教育専攻講師

---

編集協力：株式会社桂樹社グループ
表紙・本文イラスト：植木美江
装丁・デザイン：中田聡美

よくわかる！保育士エクササイズ①
保育の指導計画と実践 演習ブック

| 2016年3月30日　初版第1刷発行 | 〈検印省略〉 |
|---|---|
|  | 定価はカバーに表示しています |

|  | 門谷　真希 |
| 編著者 | 山中　早苗 |
| 発行者 | 杉田　啓三 |
| 印刷者 | 藤森　英夫 |

発行所　株式会社　ミネルヴァ書房
607-8494　京都市山科区日ノ岡堤谷町1
電話代表（075）581-5191
振替口座　01020-0-8076

©門谷・山中ほか，2016　　　亜細亜印刷

ISBN978-4-623-07578-2

Printed in Japan

# 最新保育講座

B5判／美装カバー

1. 保育原理
   森上史朗・小林紀子・若月芳浩 編
   本体2000円

2. 保育者論
   汐見稔幸・大豆生田啓友 編
   本体2200円

3. 子ども理解と援助
   髙嶋景子・砂上史子・森上史朗 編
   本体2200円

4. 保育内容総論
   大豆生田啓友・渡辺英則・柴崎正行・増田まゆみ 編
   本体2200円

5. 保育課程・教育課程総論
   柴崎正行・戸田雅美・増田まゆみ 編
   本体2200円

6. 保育方法・指導法
   大豆生田啓友・渡辺英則・森上史朗 編
   本体2200円

7. 保育内容「健康」
   河邉貴子・柴崎正行・杉原隆 編
   本体2200円

8. 保育内容「人間関係」
   森上史朗・小林紀子・渡辺英則 編
   本体2200円

9. 保育内容「環境」
   柴崎正行・若月芳浩 編
   本体2200円

10. 保育内容「言葉」
    柴崎正行・戸田雅美・秋田喜代美 編
    本体2200円

11. 保育内容「表現」
    平田智久・小林紀子・砂上史子 編
    本体2200円

12. 幼稚園実習 保育所・施設実習
    大豆生田啓友・高杉展・若月芳浩 編
    本体2200円

13. 保育実習
    阿部和子・増田まゆみ・小櫃智子 編
    本体2200円

14. 乳児保育
    増田まゆみ・天野珠路・阿部和子 編
    2016年12月刊行予定

15. 障害児保育
    鯨岡峻 編
    本体2200円

# 新・プリマーズ

A5判／美装カバー

社会福祉
石田慎二・山縣文治 編著
本体1800円

児童家庭福祉
福田公教・山縣文治 編著
本体1800円

社会的養護
小池由佳・山縣文治 編著
本体1800円

社会的養護内容
谷口純世・山縣文治 編著
本体2000円

保育相談支援
柏女霊峰・橋本真紀 編著
本体2000円

発達心理学
無藤隆・中坪史典・西山修 編著
本体2200円

保育の心理学
河合優年・中野茂 編著
本体2000円

相談援助
久保美紀・林浩康・湯浅典人 著
本体2000円

（続刊予定）

ミネルヴァ書房
http://www.minervashobo.co.jp/